法国汉学家戴遂良
对道家典籍的译介传播

姬艳芳◎著

经济管理出版社
ECONOMY & MANAGEMENT PUBLISHING HOUSE

图书在版编目（CIP）数据

法国汉学家戴遂良对道家典籍的译介传播 / 姬艳芳著 . —北京：经济管理出版社，2020.10
ISBN 978-7-5096-7334-8

Ⅰ . ①法… Ⅱ . ①姬… Ⅲ . ①戴遂良（1856–1993）—人物研究 ②道家—古籍—翻译—研究
Ⅳ . ① K856.551 ② B223.04

中国版本图书馆 CIP 数据核字（2020）第 194836 号

组稿编辑：王格格
责任编辑：王格格　丁光尧
责任印制：黄章平
责任校对：王纪慧

出版发行：经济管理出版社
（北京市海淀区北蜂窝 8 号中雅大厦 A 座 11 层　100038）
网　址：www.E-mp.com.cn
电　话：（010）51915602
印　刷：唐山昊达印刷有限公司
经　销：新华书店
开　本：710mm × 1000mm/16
印　张：12
字　数：210 千字
版　次：2021 年 1 月第 1 版　2021 年 1 月第 1 次印刷
书　号：ISBN 978-7-5096-7334-8
定　价：69.00 元

图 1　戴遂良（左边）与他的秘书

（该相片现存于法国巴黎耶稣会士档案馆）

图 2　戴遂良的墓碑

（现存于河北省献县云台山神职公墓）

序　言

拜读了姬艳芳的《法国汉学家戴遂良对道家典籍的译介传播》书稿，感触良多，这本书在西方汉学史研究上有三点开拓：

第一，这本书填补了国内法国汉学史研究一个重要环节的空白。目前国内对法国汉学史的研究主要集中在对明清之际法国来华耶稣会士的研究和对20世纪后沙畹弟子们的研究。因为法国汉学成就巨大，这两部分的研究也是刚刚开始，基础文献的收集、翻译与整理，人物与流派的专题研究都需进一步深入。而从法国汉学史的发展来说，在这两段之间有一个重要的环节就是19~20世纪的法国汉学研究，无论是对在此期间来华传教士的研究还是对雷慕沙、儒莲、德理文的研究，都相对比较薄弱。这本书从戴遂良入手，从而使19~20世纪的法国汉学有了亮色，有了这个环节，我们就可以清楚地看到法国汉学发展的脉络。

第二，这本书进一步证实了西方汉学发展中传教士汉学的地位与价值。我曾提出西方汉学的发展分为三个阶段，即游记汉学、传教士汉学和专业汉学。从宏观历史看，西方汉学的确是沿着这样的阶段发展的。这里应该补充说明的是，这三个阶段的划分既是历时性的，也是形态性的。这是说，从西方汉学的宏观发展史来说，汉学的确经历了这样的历时性发展。同时，这也是研究中国和记述中国的三种汉学叙述形态，在19世纪西方汉学诞生以后，这三种形态同时存在，直到今天仍是如此。因此，历时性的阶段划分只是从宏观上分析所用，而形态性的划分则成为研究19世纪后西方汉学的基本进入方式。从这本书我们就可以看到，在巴黎的专业汉学家们和在中国徐家汇与献县的传教士汉学家们如此频繁的互动。同时，从19世纪开始，西方的游记汉学形态更是前所未有地快速发展起来。法国汉学家施舟人将理雅各、卫礼贤、顾赛芬并称为20世纪中国典籍外译的三大汉学家，其实应该加上戴遂良。这说明即便在专业汉学诞生以后，传教士汉学仍扮演着重要的角色，他们在西方汉学史上具有重要的学术地位。

第三，首次向国内学术界介绍了促使道教在西方传播的重要人物戴遂良。一般学术界在谈到 19~20 世纪的河北献县汉学时，关注顾赛芬的较多，对戴遂良所知不多。读了姬艳芳的书稿，戴遂良这个人物开始清晰起来，特别是他在向西方介绍道家方面功劳很大。如姬艳芳所说："纵观整个 20 世纪，戴遂良的译本《道家三祖：老子、列子与庄子》与著述《中国宗教信仰与哲学思想史：从萌芽期到现代》自从 20 世纪初首次出版后，随后又经历了不断的再版，其主要流通在中国、法国、荷兰、英国、美国与摩洛哥等地。如果将戴遂良与他同时代在巴黎的专业汉学家相比，他在道教及其典籍的翻译研究方面较全面，他的《道藏目录》是第一部西文道藏著述，他还率先强调，如果要研究道家思想，不能忽视庄子与列子的思想。他的观点在他那个时代颇具学术先见。虽说他对道家经典的译本不能算是忠实于原文的译本，但是他对道家思想的诠释影响了法国对道家典籍的复译风潮，后世多个法译本是参考戴氏译本完成的。他的《中国宗教信仰与哲学思想史：从萌芽期到现代》一书系统地阐述了道教的发展史，可以说是西方道教史的开篇之作，同时也启发了同时代的英国学者对比较宗教学的研究。"

一本学术著作能有这样三个重要贡献，这是很不容易的。中国学术界自改革开放以来，翻译出版了近 2000 部海外汉学的著作，对海外汉学的研究也成为学术界的一个热点。耿昇先生无疑是改革开放以来，冯承钧之后对法国汉学翻译和研究做出重大贡献的学者，但仍留下众多的研究课题尚未开发。姬艳芳是法国汉学史研究的新人，这本书展现了她的未来发展。

江山代有人才出，各领风骚数百年。愿姬艳芳这一代的青年学者继承前辈的学术传统，将海外汉学研究不断推向新的研究深度和高度。

张西平
2020 年 8 月 28 日大疫之年写于北京游心书屋

目 录
CONTENTS

绪　论

一、学术史回顾

在对来华耶稣会士的研究版图中，围绕明清耶稣会士活动与著述的研究可谓汗牛充栋，集中了海内外最为庞大的研究阵容与资源。比如：有关耶稣会士传记与书目统计的专著有费赖之（Louis Pfister，1833~1891）的《在华耶稣会士列传及书目》① 与《明清间在华耶稣会士列传 1552~1773 年》②，荣振华（Joseph Dehergne，1903~1990）的《在华耶稣会士列传及书目补编》③，方豪的《中国天主教人物传》④ 等；整理耶稣会士著述文献的专著有比利时鲁汶大学钟鸣旦（Nicolas Tandaert）等主编的《徐家汇藏书楼明清天主教文献》⑤《耶稣会罗马档案馆明清天主教文献》⑥，吴相湘主编的《天主教东传文献》⑦《天主教东传文献续编》⑧ 与《天主教东传文献三编》⑨，北京大学宗教研究所郑安德编辑的《明末清初耶稣会思想文献汇编》⑩ 等；研究耶稣会士与社会文化的论文有复旦大学李天纲的《早期天主教与明清多元社会文化》⑪《天儒同异——明末清初中西文化学说评述》⑫ 等，不胜枚举。这些著作研究的焦点是 1840 年以前明清时期的来华耶稣会

① （法）费赖之著，冯秉承译：《在华耶稣会士列传及书目》，中华书局，1995 年版。

② （法）费赖之著，梅乘骐、梅乘骏译：《明清间在华耶稣会士列传 1552~1773 年》，上海光启社，1997 年版。

③ （法）荣振华著，耿升译：《在华耶稣会士列传及书目补编》，中华书局，1995 年版。

④ 方豪：《中国天主教人物传》，中华书局，2007 年版。

⑤ （比利时）钟鸣旦等编：《徐家汇藏书楼明清天主教文献》（五册），方济出版社，1996 年版。

⑥ （比利时）钟鸣旦、杜鼎克编：《耶稣会罗马档案馆明清天主教文献》，利氏学社，2002 年版。

⑦ 吴相湘：《天主教东传文献》，学生书局，1982 年版。

⑧ 吴相湘：《天主教东传文献续编》，学生书局，1966 年版。

⑨ 吴相湘：《天主教东传文献三编》，学生书局，1984 年版。

⑩ 郑安德：《明末清初耶稣会思想文献汇编》，北京大学出版社，2003 年版。

⑪ 李天纲：《早期天主教与明清多元社会文化》，《史林》，2000 年第 1 期，第 38–51 页。

⑫ 李天纲：《天儒同异——明末清初中西文化学说评述》，《复旦学报》，1997 年第 3 期，第 29–34 页。

士，相比较而言，晚清来华耶稣会士汉学家的研究著述鲜少受到重视。就目前的研究现状而言，国内外的研究不可一概而论。国内学者多由于文献的匮乏与文献语种的陌生性（英汉以外的语言），对晚清耶稣会士的研究多是泛泛而论。由于先天的语言优势和资料方面的便利与丰富，西方学者尤其是欧洲学者，相对于中国学者，均显示出不对称的优势，因此，不论是广度还是深度，两者的研究成果都有天壤之别。

（一）国内学术成果

目前，国内尚未出现有关戴遂良（Léon Wieger，1856~1933）的研究专著，仅有一些相关的研究论文：研究教材与白话文关系的论文有上海师范大学宋莉华的《〈汉语入门〉的小说改编及其白话语体研究》，她在文中对戴遂良在 1892 年编纂的汉语教材《汉语入门》第五、第六卷中选取的中国小说进行了分析，并认为："这本书带有 18 世纪以来中国文学在欧洲影响下的烙印和 19 世纪中国文学发展的新印记，可以作为典型的个案考察来自异质文化的白话文运动的推动因素。"① 林彬晖在《戴遂良与〈汉语教材〉》一文中简单地讨论了戴遂良的汉学著作，着重分析了戴氏《汉语入门》《中国现代民间传说》与中国古代小说的关系，他认为这两部著述不仅在一定程度上折射出中国古代小说对西方的影响，还反映了中西文学相互渗透和交融的双向关系。② 邢心蕊认为，《汉语入门》词汇难度的安排具有一定的科学性和规律性，有利于学生的词汇学习。③ 吴吉煌称："戴遂良对汉字表意属性的深入认识和自觉运用，与母语非汉语者对汉语、汉字的理解和把握有密切联系，为我们认识跨语言、跨文化背景下汉字使用的相关现象及特点提供了宝贵材料。"④

关于宗教思想对文学影响的研究论文有济南大学刘丽霞的《近代来华耶稣会士对中国文学中他界书写的译介——以戴遂良、禄是遒等为例》，她评论说："戴遂良译介的他界书写主要体现在受到佛道宗教思想影响的中国文学作品，其译介的意义主要体现在对汉学研究及其对跨文化宗教思想传递的贡献，有助于西方读

① 宋莉华：《〈汉语入门〉的小说改编及其白话语体研究》，《社会科学》，2010 年第 11 期，第 174–182。

② 林彬晖：《域外汉语教科书编选中国古代小说戏曲作品研究》，湖南人民出版社，2010 年版，第 168–174 页。

③ 邢心蕊：《清末汉语教科书〈汉语入门〉词汇研究》，广州大学硕士学位论文，2019 年。

④ 吴吉煌：《戴遂良〈汉语入门〉用字特点论略》，《汉字汉语研究》，2019 年第 3 期，第 88–105 页。

者全面地了解真实的中国。”[①] 天津外国语大学的尹永达在《戴遂良〈现代中国民间故事〉一书的耶稣会色彩》中说：“戴遂良的翻译活动为耶稣会培养来华传教士提供了学术上和理论上的支持，他的译著《现代中国民间故事》体现了耶稣会色彩。”[②] 山东大学的卢梦雅与刘宗迪认为《近世中国民间故事集》是西方学者编撰的第一本民间故事集，可视为民间故事母题索引的先声。[③]

关于戴遂良与河间府方言的研究主要有刘亚男的《戴遂良与河间府方言文献〈汉语入门〉》，她认为在戴遂良所留下的大量汉学著作中，河间府方言文献的语料价值最高。[④] 傅林在《河北献县方言一百二十年来的语音演变——以戴遂良（Léon Wieger）系列汉语教材和民国〈献县志〉为基础》一文中根据戴遂良系列汉语教材与民国《献县志》对当时献县方言的描述，对比当代献县方言，总结出河北献县方言 120 年来的语言变化。[⑤]

关于戴遂良汉学研究的论文有谢海涛的《浅析戴遂良的汉学研究》，他认为戴遂良的汉学研究是“无所不包又浅尝辄止”，他的评论与法国汉学家戴密微对戴遂良汉学的评价一致。[⑥]

本书系笔者于 2016 年所完成的博士学位论文，在 2016 年以前学界的研究都未涉及戴遂良对道家典籍的法译研究。关于戴遂良对道家典籍的译介研究主要有笔者近两年所发表的 3 篇文章。《戴遂良〈老子〉法译本（1913）的流传与影响》分析了戴氏《老子》译本的文学体例、译介策略、道与德的诠释以及译本的流传与影响；[⑦]《诠释还是重写——戴遂良对道家治世哲学的译介》一文析出戴遂良以解读文本的方式向西方读者呈现出一种解读中国历史的方法，体现了西方汉学家与中国传统经典之间的诠释空间与张力，是反观中国历史文化的另面镜子；[⑧]《误

---

① 刘丽霞:《近代来华耶稣会士对中国文学中他界书写的译介——以戴遂良、禄是遒等为例》,《齐鲁学刊》, 2012 年第 5 期，第 134–140 页。

② 尹永达:《戴遂良〈现代中国民间故事〉一书的耶稣会色彩》,《天津大学外国语大学学报》, 2014 年第 6 期，第 67–73 页。

③ 卢梦雅、刘宗迪:《戴遂良与中国故事学》,《民族文学研究》, 2017 年第 2 期，第 124–134 页。

④ 刘亚男:《戴遂良与河间府方言文献〈汉语入门〉》,《文化遗产》, 2017 年第 2 期，第 121–128 页。

⑤ 傅林:《河北献县方言一百二十年来的语音演变——以戴遂良（Léon Wieger）系列汉语教材和民国〈献县志〉为基础》,《河北师范大学学报》, 2017 年第 1 期，第 92–108 页。

⑥ 谢海涛:《浅析戴遂良的汉学研究》,《文汇报》, 2013 年 11 月 23 日第 11 版。

⑦ 姬艳芳:《戴遂良〈老子〉法译本（1913）的流传与影响》,《北京行政学院学报》, 2019 年第 6 期，第 118–125 页。

⑧ 姬艳芳:《诠释还是重写——戴遂良对道家治世哲学的译介》,《牡丹江大学学报》, 2019 年第 1 期，第 86–90 页。

读还是文化偏见？——法国汉学家戴遂良对道家生命哲学的译介》探讨了对戴遂良译本的研究，有助于发现在中国国际外交话语权处于弱势地位的晚清时期，道家文化作为外来文化是如何走进西方并成功吸引法国汉学界注意力的。[①]

综上所述，国内学者主要对戴遂良《汉语入门》与《现代中国民间故事》进行了研究，谢海涛对戴遂良汉学研究做了整体评论，其他学者都是对戴遂良的一部或者两部作品进行了研究评论。

（二）国外学术成果

1.对戴遂良的全面研究

法国对戴遂良及其著作的研究，始于戴氏系列汉学巨著《汉语入门》的问世，这套巨著不仅获得了法国同时代与近代汉学家的高度评价与赞赏，同时也遭到了学界的批评。考狄（Henri Cordier，1849~1925）在《通报》上高度评价了这本书，他说："这套书的创作初衷并非为欧洲人所写，却使他们受益匪浅。"[②]沙畹（Edouard Chavannes，1865~1918）认为《汉语入门》系列书籍为读者们提供了详尽的汉语文学资料，展示了中国文明与汉字，对欧洲人了解中国文明具有重大的现实意义，[③]还评论《汉语入门：历史文集》说："这本书系统地论述了中国史学领域中的最新研究课题，与其他的汉语历史教材相比，这本书向读者提供的知识更准确。"[④]耶稣会士汉学家裴化行（Henri Bernard-Maître，1889~1948）在《戴遂良著作书目》中列举了戴遂良的著述，根据他的统计达60余部。[⑤]若瑟·佛莱什（José Frèches）在《从法国汉学到国际汉学》一文中评论道："虽说戴遂良一生中留下了30多部与中国语言学相关的著作，但是他在宗教领域的贡献更大，他所著的历史著作是研究中国民初第一次革命的重要参考文献。"[⑥]除了这些好评，戴遂良也遭受了法国汉学家的抨击，戴密微（Paul Demiéville，1894~1979）评价

---

① 姬艳芳：《误读还是文化偏见？——法国汉学家戴遂良对道家生命哲学的译介》，《成都师范学院学报》，2019年第2期，第111-118页。

② Henri Cordier, "Appréciations, 1903", *Histoire des croyances religieuses et des opinions philosophiques en Chine depuis l'origine jusqu'à nos jours*. Sienhsien：Impr. de Sienhsien，1917，p.794.

③ Edouard Chavannes, "Textes philosophiques by Léon Wieger", *T'oung Pao*, Second Series, 1906, Vol. 7, No. 4，pp.533-534.

④ Edouard Chavannes，"Appréciations，1906"，*Histoire des croyances religieuses et des opinions philosophiques en Chine depuis l'origine jusqu'à nos jours*. Sienhsien：Impr. de Sienhsien，1917，p.794.

⑤ Henri Bernard-Maître，"Bibliographie méthodique des oeuvres du père Léon Wieger"，*T'oung Pao*，Second Series，1927，Vol. 25，No. 3/4，pp.333-345.

⑥（法）戴仁编，耿昇译：《法国中国学的历史与现状》，上海辞书出版社，2010年版，第31-32页。

戴遂良说："他性格刻板，思想固执，还将新入教教徒的虔诚发展到了思想的狭隘性，总是不失时机地对中国的'异教徒'表现出轻蔑或嘲讽。他的汉学研究是无所不包又浅尝辄止。"[①] 中国学者谢海涛的研究结论与他的批评一致。[②]

近几年，对戴遂良的主要研究有：法国学者丽萨（Lisa Bresner）在 1997 年发表的《汉学神父：从利玛窦的方法到戴遂良的药方》，她称自己的文章为历史纲要，以期将这位伟大的汉学家从遗忘中拯救出来；[③] 美国乔治敦大学历史系的魏若望（Fr. John W. Witek）在 2007 年北京大学汉学大会上发表会议论文《关于戴遂良出版物的思考》，这篇文章在 2009 年被改题为《在中国从事汉学研究：戴遂良著述回顾》，发表在《世界汉学》上，他在文中主要讨论了戴遂良关于中国语言与中国哲学思想的主要著作，并评价戴遂良是他那个时代顶尖的耶稣会士汉学家。[④]

从以上论述可知，国外对戴遂良研究最深刻最广泛的是法国学者，考狄与沙畹都对戴遂良的《汉语入门》给出了高度评价。裴化行对戴氏的书目做了统计并给出详尽的目录。戴密微对戴遂良及其汉学成果进行了严厉的批评，从其行文中可以看出，他在批评戴遂良的汉学成就时，仅列举了部分著作来论证，因此，他给出的评论不免会以偏概全。法国当代汉学家若瑟·佛莱什肯定了戴遂良在宗教界与历史学方面的汉学成就，但是并未对戴氏在中国宗教方面的成果进行具体研究。丽萨期待自己的文章能够将戴遂良从遗忘中拯救出来，尽管大体上达到了这一目的，但是文中多数长短引文并未说明出处，令人生疑，影响了人们对文章论点的接受。其他国家对戴遂良研究得比较深刻的是美国的魏若望，他从史学的角度详细而客观地回顾了戴遂良的语言与哲学类著述，但是并没有就戴氏的哲学类著述尤其是道家典籍法译研究展开讨论。

国外学者还发表了关于戴遂良著述的书评。1906 年，沙畹在《通报》上发表了《戴遂良〈哲学文集〉（*Texte philosophes*）书评》，他的评价如下："第一，这本书的书名有些不合适，因为这本书几乎有一半内容是与宗教哲学内容不相关的；第二，这本书追溯了中国古代信仰的思想历程，戴遂良的文本选取得当，翻译得体，但是，他对一些复杂文学理论的译介，也引起了许多争议，戴

---

① （法）戴仁编，耿昇译：《法国中国学的历史与现状》，上海辞书出版社，2010 年版，第 102–103 页。

② 谢海涛：《浅析戴遂良的汉学研究》，《文汇报》，2013 年 11 月 23 日第 11 版。

③ Lisa Bresner，"The Fathers of Sinology：From the Ricci Method to Léon Wieger' s Remedies"，*Diogenes*，1997，Vol. 45，No.178，: 2，pp.107–124.

④ （美）魏若望：《在中国从事汉学研究：戴遂良著述回顾》，《世界汉学（2009 秋季号）》，2009 年，第 146–156 页。

遂良在文中仅对这些复杂理论进行了简单化处理，这对于一般读者来说，可能已经颇为详尽，但不能视其为中国古代信仰核心概念的标准定义；第三，颇为遗憾的是，戴氏的研究仅局限于中国春秋晚期的宗教，他在书中对孔子的论述颇不连贯，缺乏条理。”①1914 年，沙畹又在《通报》上评论了戴遂良的《佛传》（*Les vies chinoises de Bouddha*）②，他认为：“戴遂良的翻译忠实于原著，书内所附的佛生平插图对于研究中国宗教的学生而言，颇具文献价值。”③1909 年，怀特（A. R. Wright）在《民俗》(*Folklore*）中评论了戴遂良的《中国现代民间故事》（*Folk-Lore Chinois Modern*)，他认为：“这本书可以让不熟悉中国文化的人获悉许多文化原典，有助于读者了解中国民间宗教信仰不连贯和时而又相矛盾的大杂烩特征。”他高度评价了这本书的实用性，并推荐对远东民俗感兴趣的同学购置这本书。④1921 年，沃尔特·斯文各（Walter T. Swingle）在《中国历史渊源》（*Chinese Historical Sources*）一文中，对戴遂良的《跨世纪的中国》(*La Chine à travers les âges*）一书做了评论，他认为：“这本书可以说是部中国简史，文中的许多篇章译自中国历朝历代名家篇章。书中最有价值的部分包括 4500 位历史人物的传记索引和 1000 部中国作品的文献索引。”⑤ 通过上文论述可知，戴遂良同时代的汉学家沙畹对戴遂良的《哲学文集》与《佛传》做了客观的评价；怀特肯定了《中国现代民间故事》一书的价值；沃尔特·斯文各肯定了《跨世纪的中国》一书对中国历史研究的文献价值。这些学者仅仅对戴遂良的个别著述进行了评述，但是都未关注戴氏对道家思想研究的著述，也未涉及戴氏对道家典籍法译的价值。

2.对戴遂良道家典籍法译的研究

目前，国内除了笔者上文中所提到的 3 篇与戴遂良对道家典籍法译的论文之外，尚没有相关的专著与期刊论文。

国外的主要研究以法国与美国学者为主，其相关专著与论文如下：

法国学者发表了对戴氏的《道家三祖：老子、列子与庄子》(*Les pères du système taoïsme*，*Lao-tzeu*，*Lie- tzeu*，*Tchoang-tzeu*）一书的价值评论文章。1911

---

① Edouard Chavannes,“Textes philosophiques by Léon Wieger”, *T'oung Pao*, Second Series, 1906, Vol. 7, No. 4，pp.533–534.

② 这本书包括明代僧侣宝成所撰的《释迦如来应化录》一书的汉文原著与法译。

③ Edouard Chavannes，“Les vies chinoises du Buddha by Léon Wieger”，*T'oung Pao*，Second Series，1914，Vol. 15，No. 2，pp.287–290.

④ A. R. Wright,“Chinese Merry Tales by Y. T. Woo；Chinese Fables and Folk Stories by Mary Hayes Davis；Chow–Leung；Folk–Lore Chinois Moderne by Léon Wieger”，*Folklore*，1909，Vol. 20，No. 4，pp.517–520.

⑤ Walter T. Swingle,“Chinese Historical Sources”, *The American Historical Review*, 1921, Vol. 26, No. 4, pp.717–725.

年，伯希和（Paul Pelliot，1878~1945）在写给戴遂良的信中，高度赞赏了戴遂良的《道家三祖：老子、列子与庄子》，并说："正是由于您的这本道家经典译作，我们今天才得以很好地开展对道教的研究。"①1913年，马伯乐（Henri Maspero，1883~1945）在阅读了道家典籍译本的序言以后，发表文章《马伯乐阅读〈道家三祖〉纪要》(*Compte-rendu de lecture d'Henri Maspero*)，他在文中评论："戴遂良在译文中加进的大量注疏，以及他对注疏的总结，有助于帮助读者理解原著。译本的价值不仅在于促进了老子、列子与庄子在西方的传播，而且也准确地传达了道家思想中的核心概念词。"②

英美学者发表了对《道家三祖：老子、列子与庄子》一书的节译专著。1976年，美国学者查尔斯·卢卡斯（Charles Lucas）出版了《戴遂良论中国哲学——道家思想》一书，全书192页，他在文中根据《道家三祖：老子、列子与庄子》一书简要论述了戴遂良对道家思想的观点，并肯定了这本书的文献价值。③英国学者德里克·布莱斯（Derek Bryce）将戴遂良的《道家三祖：老子、列子与庄子》译成了四本独立的英文译本：1984年，他出版了《道家三祖：老子、列子与庄子》的英译本《道家创始人的智慧：老子、列子与庄子》一书；④1992年，他出版了《列子》译本，在译者序中，他高度评价了戴遂良翻译的《列子》部分，他认为戴遂良的译本受众面广，译文中所引用中国传统文献的评注颇有价值；⑤1994年，他出版了《庄子》译本，他认为戴氏译本详细论述了庄子的道家思想，尤其是书中的寓言故事阐释了难点；⑥1998年，他出版了《老子》译本，他选择戴遂良译本的主要目的是"戴氏对中国哲学思想的理解颇为深刻"。⑦

---

① Paul Pelliot, "Appréciations, 1911", *Histoire des croyances religieuses et des opinions philosophiques en Chine depuis l'origine jusqu'à nos jours*. Sienhsien：Impr. de Sienhsien，1917，p.794.

② Henri Maspero，"Compte-rendu de lecture d'Henri Maspero"，*Bulletin de l'École française d'Extrême-Orient*，1913，Vol. 13，No.1，pp.27-29.

③ Charles Lucas，*Taoism*，*The Philosophy of China by Léon Wieger*，California：Ohara Publications of Burbank，1976.

④ Léon Wieger，Derek Bryce，*Wisdom of the Daoist Masters*，*Lao Zi*，*Lei Zi and Zhuang Zi*，Complete Pinyin edition，Burnham-on-Sea，Somerset：Llanerch Press，1984.

⑤ Léon Wieger, Derek Bryce, *Lieh-Tzu*：*The Treatise of the Trancendent Master of the Void*, Burnham-on-Sea，Somerset：Llanerch Press，1992，preface.

⑥ Léon Wieger，Derek Bryce，*Chuang Tzu*：*The Treatise of the Transcendent Master from Nan-Hua*，Burnham-on-Sea，Somerset：Llanerch Publishers，Felinfach，1994，preface.

⑦ Léon Wieger，Derek Bryce，*Tao-Te-Ching of Lao-Tzu*，Publisher：RedWheel / Weiser，1998，preface.

美国学者发表了评论戴氏对道学研究贡献的论文。美国乔治敦大学历史系的魏若望在论及戴遂良的道家经典著述时说："在西方学术界，戴遂良是出版评论道家经典的先驱人物，虽说他对经典的部分评论遭到了现代道教研究者的质疑，但在他的时代，即20世纪上半叶，他的著作对后人的研究来说仍是一座里程碑。"①

从以上学者对戴氏道家典籍的法译研究可以得知，国外学者对戴遂良道家典籍的法译本研究主要是进行概括性的评论与翻译。戴氏译本受到了他同时代的法国汉学家伯希和与马伯乐的好评，在以后的一个世纪中，他的译本成为其他学者研究《老子》《列子》与《庄子》的主要研究参考文献。②查尔斯·卢卡斯与德里克·布莱斯将戴氏译本翻译成英语，他们的英译本推广了戴氏译本在英语世界的流通，为仰慕道家文化但不熟悉法语的学者提供了具有学术价值的研究资料。但是，查尔斯·卢卡斯与德里克·布莱斯均不通古汉语，因此，他们对戴氏译文中的误译部分不能进行正确的判断与辨析，他们将戴氏译本作为翻译的底本，这不可避免地会对戴氏误译的部分重复误读与误译。魏若望对戴氏道家译作给出了正面的评论，但是并没有展开深入的研究。本书在充分大量利用原始文献的基础上，对译者戴遂良的教育与文化背景做详细系统考察，并将其著述置于19世纪与20世纪初法国汉学界的深广背景中，参照中国传统道家经典的释经传统以及戴遂良同时代的中国与西方学者对道家经典的阐释，对戴氏道家经典法译本的价值做出客观的判断，以重新定位戴氏对法国汉学界道学研究的贡献。

3.关于研究道家典籍法译与道教研究主要成果

本书以戴遂良道家经典法译本为研究对象，对于这一问题的讨论，需要联系法国乃至西方学术界对道家典籍的翻译以及道教研究的历史进行总体观照，才有可能进行客观评价。因此，本书在此也有必要对相关研究成果进行简要梳理。

西方学者对道家典籍的研究与翻译自雷慕莎1823年选译的《老子》算起，已有近200年的历史。19世纪至20世纪初，国际汉学界对道家经典的关注还是颇为有限的。自20世纪下半叶起，国际学术界对道家思想与道教的研究才逐步起色，随后进行得如火如荼，其研究成果主要涉及道家经籍的注本研究、道家思想的研究以及道教专著的系统研究。

对道家经籍注本进行研究的主要学者有法国汉学家康德谟（Max Kaltenmark，1910~2002）和他的学生贺贝来（Isabelle Robinet）。康德谟在《〈道德经〉释注》

① （美）魏若望：《在中国从事汉学研究：戴遂良著述回顾》，《世界汉学（2009秋季号）》，2009年，第146-156页。

② 详参本书第六章第二节。

（*Lao tzu and Taoisme*）中对《道德经》进行了诠释性的释注，简要地介绍了庄子。① 贺贝来在道家思想与道教方面的研究著述颇丰，她的《7 世纪以前的〈道德经〉的释注》（*Les commentaires du Tao tö king jusqu'au viie siècle*）系统介绍了河上公、王弼、严遵、梁武帝、周弘正、成玄英等对《道德经》的评注。她认为河上公注使《道德经》成为人君的南面之术教材，王弼注代表了 3 世纪玄学新道家思想的看法，严遵注属于哲学性的道家学说。② 此外，她还著有《老子和道教》（*Lao Zi et le Tao*）③ 与《道士的冥思》（*Méditation taoïste*）。④ 其中，《道士的冥思》准确描述了独一无二的想象宇宙观、躯体的象征体系、星宿旅行等内容，是研究道教的重要基础之作。

对道家经籍思想进行研究的主要学者有美国哈佛大学东亚研究中心和世界宗教研究中心的尉迟酣霍姆·斯韦尔奇（Holmes Welch，1921~1981）。他在哈佛大学《中国论丛》中编著了《道的分裂：道教运动》（*Taoism：the Parting of the way*），这本书涵盖了对老子《道德经》的阐释，简单介绍了道教史，其对《道德经》的详解最易读懂。⑤

对道教研究的主要学者有施舟人（Kristofer Schipper）、石秀娜（Anna Scidel，1938~1991）、英国的龙彼得（Pier Van der loom，1920~2002）和葛兰（Galin Tihanov）。法国道教研究中心的施舟人等在道教方面的研究著述颇丰，包括编制道教研究工具书，如《〈抱朴子内篇〉通检》⑥《〈抱朴子外篇〉通检》⑦ 以及《〈道藏〉通考》⑧ 等。其中，《〈道藏〉通考》由艺文印书馆配编并发行《正统道藏》，流传颇为广泛，国际学术界认为是他的这本书促进了 20 世纪 70 年代的道教研究热。此外，他还出版道教研究的专著《道教之体》（*The Taoist body*），这本书分述了道教概念、历史、神系、道士职位以及符箓、仪式、道观、节庆、斋戒等内容，总体上涵盖了西方世界对道教的传统认识，也包含了从宗教人类学和宗教社会学等角度对道教的总体新认识，对国际范围道教研

---

① Max Kaltenmark，*Lao Tzu and Taoism*，Calif.：Stanford University Press，1969.

② Isabelle Robinet，*Les commentaires du Tao tö king jusqu'au viie siècle*，Paris：Collège de France，Inst. des hautes études chinoises，1977.

③ Isabelle Robinet，*Lao Zi et le Tao*，Paris：Bayard éd.，1996.

④ Isabelle Robinet，*Méditation taoïste*，Paris：Dervy Livres，1979.

⑤ Holmes Welch，*Taoism：The parting of the way*，Boston：Beacon Press，1966.

⑥⑦ Kristofer Marinus Schipper，Jiaran Chen，Hong Ge，*Baopuzi nei pian tong jian*，Paris：Bali da xue Han xue yan jiu suo，1965.

⑧ Kristofer Marinus Schipper，Franciscus Verellen，*The Taoist canon：A historical companion to the Daozang*（volumes 1–3），Chicago：University of Chicago Press，2005.

究和认识影响深远。[①] 法国石秀娜的《西方道教研究编年史（1950~1990）》（*A Chronicle of Taoist studies in the West* 1950–1990）统计了 1950~1990 年的 40 年中 208 位作者的 561 部著述成果。她认为道教典籍的翻译研究，采用释义和研究的形式比单纯的翻译要好，只有译本囊括了实用的索引、具有新的和丰富的译作才能成为有价值的参考著作，这本书被公认为是对西方道教研究史的权威综述。[②] 英国龙彼得的《宋代收藏道书考》（*Taoist books in the libraries of the Song period：A critical study and index*）分中英两部分，英文部分列举了皇家图书馆的文献目录、家藏文献目录与《道藏》三部分，这部目录巨著一经出版，立刻受到了欧美学术界的普遍关注。[③] 伦敦大学的葛兰译注了《庄子》与《列子》，他所著的《庄子内篇》《庄子：本国译注考》《列子：道的经典》在英语世界颇具影响力。

总之，道家思想及其经籍作为中国文化与文学的一个重要组成部分，已历经近 200 年的译介历程，迄今为止，西方学者在道家典籍注本的诠释研究、道家思想的研究以及相关专著方面取得的成果颇丰。这些研究成果内容上主要关涉中国道家经籍的阐释与译介、历代注本训诂、道藏的编著、道教的历史与文化等多种范畴，在方法论上涉及跨学科、中西比较、中论西用等的多种尝试，这些是很值得深究反思的。但是，国内外学术界至今还未有戴遂良对道家典籍的翻译进行专门的跨文化文学研究。因此，本书的选题不仅具有学术理论的意义，还可以帮助典籍翻译工作者透视西方人眼中的中国道家文化，为日益全球化的今天如何保存、传播中国文化文学提供经验，并且对于道家典籍阐释史本身和中西文化交流都有着重要的参考价值。

二、研究意义与目的

本书选取法国传教士汉学家戴遂良的《道德经》《列子》《庄子》法译本为研究对象，其研究意义有二：

其一，道家文化是构成中国传统文化的主体部分之一，道家思想关乎中国政治、社会、伦理等各个方面。对道家经典的诠释，既有文化层面的意义，也有理

---

① Kristofer Marinus Schipper，*The Taoist body*，Berkeley：University of California Press，1993.

② Anna Scidel，“A Chronicle of Taoist studies in the west 1950–1990”，*Cahiers d'Extrême-Asie*，1990，Vol. 5，pp.223–347.

③ Piet Van der Loon，*Taoist books in the libraries of the Song period：A critical study and index*，London：Ithaca Press，1984.

解古代社会与现代社会的意义。戴遂良认为要研究道家思想，除了《道德经》以外，《列子》与《庄子》也是道家思想不可缺少的两部经典。国外学者多因为一些汉学家对戴氏的负面评论而鲜有人触及他的译作，国内学者由于语言受限以及文献的匮乏，对戴氏的研究十分有限。[①] 声誉与批评并存，使戴遂良成为一位具有争议的耶稣会士汉学家，但是他在法国汉学界中对道家思想研究所做出的贡献是毋庸置疑的。出于上述原因，戴遂良成为经常被提及却又一笔带过的汉学家。

其二，对跨文化翻译和文化交流具有启示意义。戴遂良是19世纪末西方享有盛誉的汉学家，他因《汉语入门》在1905年荣获法国汉学奖项——儒莲奖。1919年，他被巴黎国际历史学协会评为“最有影响力的汉学家”之一。在戴遂良的时代，19世纪的法国相继兴起了新古典主义、浪漫主义、现实主义运动，伴随着法国大革命、欧洲民主和民族解放运动的日益高涨。随着邻国英国海外殖民地的扩张，法国没有等闲视之，也加入了扩张海外殖民地的行列。东亚的印度支那半岛、越南、柬埔寨和老挝等先后成为法国的殖民地。鸦片战争以后，由于晚清政府的软弱与妥协，中国遭到了列强的瓜分，国际地位一落千丈。同时，西方成为文明的中心。在当时，戴遂良能够在一定程度上摆脱“西方文化中心论”的藩篱，译介中国道家典籍，为实现西方与异质文化的“沟通”开辟了道路。他对道家经典的译介为解释原语和译语之间纯语言差距之外的道家思想、文化、文学与思维差异提供了一种诠释与译介的范式，是中国传统道典释经学与西方阐释学的结合，也是对中西经典阐释方法的继承。

戴遂良从传教士变成促进中学西渐的跨文化汉学家。他先是本着传教的目的来华，精研中国古典经籍以了解中国文化，不想这一举动，却使他在汉学方面取得了巨大的成就。他的著作为欧洲人了解中国文明提供了巨大的便利。[②] 欧洲的一些汉学家得益于他在道教方面的研究著作，得以全面地开展道教研究。[③] 学界评论他在宗教领域的贡献很大，[④] 也是他那个时代顶尖的耶稣会士汉学家。[⑤]

---

① 法国汉学界权威人物戴密微（Paul Demiéville，1894~1979）认为“戴遂良的汉学研究是无所不包又浅尝辄止”的，详参文献综述部分。

② Edouard Chavannes，“Textes philosophiques by Léon Wieger”，*T'oung Pao*，Second Series，1906，Vol. 7，No. 4，pp.533–534.

③ Paul Pelliot，“Appréciations，1911”，*Histoire des croyances religieuses et des opinions philosophiques en Chine depuis l'origine jusqu'à nos jours*. Sienhsien：Impr. de Sienhsien，1917，p.794.

④ （法）戴仁编，耿昇译：《法国中国学的历史与现状》，上海辞书出版社，2010年版，第31–32页。

⑤ （美）魏若望：《在中国从事汉学研究：戴遂良著述回顾》，《世界汉学（2009秋季号）》，2009年，第146–156页。

在晚清来华的耶稣会士中，戴遂良无疑是高产与引人注目的一位。他一生勤于笔耕，撰写了60多部著作。据耶稣会士汉学家裴化行的统计，戴遂良的著述达62种；[①] 根据《传教士丛书》第三十卷中1959年的统计记载，戴遂良的著述超过了40000页，涉及天主教教义，中国的语言、宗教、民俗、历史等诸多方面；[②] 据《沧州古今书征》记载，戴遂良的主要著述有：《汉语入门》《民间故事》《中国哲学语录》《大众教义》《宗教训诂》《十诫》《日用》《佛的汉文传记》《道家先贤》《口语汉语课本》《文言文的写作技巧和语言结构》《现代中国》。[③] 尽管这份记载不完全，但是也可见其著作颇丰。他拥有多重身份，既是传教士，又是中国语言与文学西传的媒介。由于相关文献资料的匮乏，使得长期以来对他的研究仍处于开垦的阶段，关于戴氏对道家经典的翻译研究非常有限。

戴遂良的《道德经》译本是20世纪的首个法译本，他所译介的《列子》与《庄子》是法语世界首个全译本，这在道家经典外译史上具有里程碑的意义。本书旨在通过系统地研习戴氏的《道德经》《列子》与《庄子》的法译本，探讨他对道家自然哲学、人生哲学与治世哲学的翻译与诠释，以揭示道家经典在法译过程中所经历的理解、阐释、创造与移位，从而探究戴氏对道家典籍法译的跨文化阐释价值。

三、文献来源

笔者在法国读博期间曾经奔走于中国与法国的多家图书馆，并亲赴戴遂良的出生之地斯特拉斯堡和他曾经生活与去世之地中国河北献县进行考察，收集了大量弥足珍贵的原始文献，包括戴遂良的相片、日记、个人档案、手稿、所有汉学著述以及19~20世纪道家经典的法译本。就戴遂良的个人档案与著作文献而言，法国巴黎耶稣会士档案馆、法国巴黎国家图书馆、法兰西学院图书馆与里昂市图书馆的馆藏最多。19世纪晚期与20世纪初期的史料文献，主要参考了近代河北史料、河北献县天主教堂的付文检和张长松神父所提供的教堂史料。总之，大量的中外文原始文献奠定了本书的文献基础。

---

① Henri Bernard, "Bibliographie méthodique des oeuvres du père Léon Wieger", *T'oung Pao*, Second Series, 1927, Vol. 25, No. 3/4, pp.333–345.

② Robert Streit, *Bibliotheca missionum Bd.* 30. *Missionsliteratur Japans und Koreas* 1910 – 1970 *und Nachtrag zu B. M. IV*, *V*, *VI*, *X*, Rom, Freiburg : Wien Herder, 1974, pp.626–637.

③ 穆国聊、李继光编：《沧州古今书征》，河间印刷厂，1995年版。

（一）法文文献

笔者对戴遂良生平的撰写主要基于法国巴黎耶稣会士档案馆的馆藏《戴遂良档案》。这本厚重的档案夹中保存着戴遂良的相片（在庚子事件中保卫献县天主教堂的照片以及他与秘书合影）、入会档案、日记、书信手稿，以及其他学者为他撰写的生平简介、读者来信、各大报刊对他的报道等。此外，笔者对戴氏生平的撰写还基于河北献县云台山教士公墓所存戴遂良的墓碑文以及献县天主堂付文检神父和张长松神父所提供的关于献县天主教堂的史料。

本书所引的戴遂良法语著作文献大致可以分为三类，分别是道家典籍翻译类、中国哲学宗教史类与汉语语言文学类。道家典籍翻译类的文献主要有上下卷的《道教》（*Dr. L. Wieger，S. J. Taoïsme*）：《卷一　道藏目录 》（由官方和民间合编的道家经典索引）（*TomeI. Bibliographie générale*）、《卷二　道家三祖：老子、列子与庄子 》（*Tome II. Les pères du système taoïsme，Lao-tzeu，Lie- tzeu，Tchoang-tzeu*）。其中，《卷一　道藏目录 》的纸质版在中国本土与巴黎各大图书馆很难觅到，法兰西学院的纸质版已佚，巴黎国家图书馆总馆仅有微缩胶卷本。《卷二　道家三祖：老子、列子与庄子》在法国巴黎国家图书馆总馆、法兰西学院图书馆、索邦大学图书馆、里昂市图书馆、中国国家图书馆、北京大学图书馆均有馆藏。中国哲学宗教史类的主要文献有献县印书房于 1906 年出版的《汉语入门九、十：哲学文集》（*Rudiments 9 et 10. Texte philosophes*）与 1917 年出版的《中国宗教信仰及哲学思想史：从萌芽时期到今天》（*L'Histoire des Croyances religieuses et des Opinions philosophes en Chine depuis l'origine jusqu'à nos jours*），这两本书纸质版现在法国巴黎国家图书馆总馆、法兰西学院图书馆、里昂市图书馆、中国国家图书馆与北京大学图书馆均有馆藏。汉语语言文学类主要文献有 1924 年献县印书房所出版的《戴遂良中国汉字：词源、拼写与词汇》（第四版）（*Caractères Chinois. Étymologie. Graphies. Lexiques par le P. Léon Wieger，S. J. Quatrième edition*）、1903 年所出版的《汉语入门五、六：民间故事》（*Rudiments 5 et 6. Narration populaires*）与 1909 年出版的《现代中国民间故事》（*Folk-lore Chinois modern. Léon Wieger，S. J*），这三本书现在法国巴黎国家图书馆总馆、法兰西学院图书馆、里昂市图书馆与中国国家图书馆均有馆藏。这些稀有文献出版时间是在 19 世纪末 20 世纪初，由已经淡出人们视线 70 多年的献县印书房[①]出版。

① 献县印书房成立于同治十三年即 1874 年，1944 年停业，是天主教在华的主要出版印刷机构之一，其所出版的汉学与神学著作具有较高的水平，仅次于上海徐家汇土山湾印书馆、香港纳匝肋印书馆与北京遣使会印书馆，在中外宗教界与学术界享有较高的声誉。

戴氏的《道德经》译本是20世纪的首个法译本，《列子》与《庄子》译本是法语世界中首个全译本。他所编撰的《道藏目录》是西方世界首本用西文著述的《道藏》文献。《汉语入门九、十：哲学文集》与《中国宗教信仰及哲学思想史：从萌芽时期到今天》是20世纪西方学者研究中国哲学与民间信仰的主要参考文献。这些稀有文献是后世学者翻译道家典籍、研究《道藏》、考证中国哲学与宗教史的重要参考文献，笔者将在第六章中详细探讨。

（二）道家典籍的原典文献

研究古籍，最重要的是得到确实可靠的版本，这对于把握道家思想有着极其重要的意义。道家古籍《道德经》《列子》与《庄子》年代久远，历经传抄、整理、翻印、注释，已经失去古籍的原貌。《道德经》版本注本繁多，不胜枚举，比如元朝道士张与材在序杜道坚《道德经原旨》中总结说："《道德经》八十一章，注者三千余家"，这一数目虽说有点夸张，但是也可知历代《道德经》版本注本颇多。王重民的《老子考》中存目450余种，严灵峰编辑的《无求备斋老子集成初编》一书中收集影印了356种注本。在这诸多的注本中，河上公章句本、魏晋王弼本、汉严遵《老子指归》本与唐傅奕《道德经古本篇》是最古老的四大版本。[①] 王卡认为，《老子道德经河上公章句》是现存老子注本中成书较早、影响较大的注本。[②] 1973年，湖南马王堆三号汉墓所出土的帛书甲乙本，是目前所能见到的最古老的抄本，高明认为，帛书本与王弼注本有许多的雷同之处，因此，他在勘校帛书时主要依据王弼注。关于注本的权威性，高明总结说："《老子》传本数量颇多，但是溯本求源，以王弼、河上公二本为盛。王弼注本文笔晓畅，流传在文人学者与士大夫阶层。河上公注本通俗简要，流行于道流学子与平民百姓之间。"[③] 可见，王弼注与河上公注是《道德经》注本中最古老且对后世注本影响最深远的蓝本。刘向在《汉书·艺文志》诸子略道家类著录列子有8篇，早佚。现存的《列子》是晋张湛的传本，由张湛的祖父张嶷搜集，后经张湛加以注解，始得完备。后世所传《列子》多以此本为祖本。在20世纪敦煌文献中所发现的《列子》残卷为张湛注本，与今本差别不大。目前，学界尚无资料证明除张湛本外的《列子》传本。《庄子》一书在秦汉时期不甚称引，魏晋时期，玄学兴起，喜谈老庄，蔚然成风，《庄子》才颇为盛行。晋朝为《庄子》作注的有向秀、郭象、李颐等。在这诸多的《庄子注》中，自南宋司马彪的注本亡后，郭注遂成为传本之仅存硕

---

① 高定彝：《老子道德经研究》，北京广播学院出版社，1999年版，第12页。

② 王卡点校：《老子道德经河上公章句》，中华书局，1997年版，第1页。

③ 高明：《新编诸子集成　帛书老子校注》，中华书局，1998年版，第3页。

果，[1]也更为世所通行，后世陆德明的《庄子注》[2]音义以郭为主，成玄英疏解依据郭注，可见，郭象注本对后世《庄子注》的影响之深远。

戴遂良在翻译《道德经》时，在译文的索引中列举了多家注本比如河上公注、严遵《老子指归》、王弼注、张洪阳注等，但颇为遗憾的是，他在译本中仅标注了明朝张洪阳的注本，其他的注本全部省略。他在翻译《列子》时，主要参考了张湛的《列子注》，至于《庄子》，主要参考了晋郭象注、成玄英疏的影印注本。本书对于道家经典文献的考察，主要参考了法兰西学院馆藏的严灵峰编辑的《无求备斋老子集成初编》《续修四库全书》中所收录的河上公、王弼与张洪阳的《道德经》注本，张湛《列子》注本与郭象《庄子》注本。现代道家经典校勘本主要参考了由中华书局出版的陈鼓应的《老子注释及评介》，范应元的《老子道德经古本集注》，高明的《帛书老子注》，王卡点校的《老子道德经河上公章句》，王弼著、楼宇烈校的《老子道德经》，郭象注、成玄英疏的《南华真经注疏》与杨伯峻的《列子集释》。

四、研究理论与方法

本书内容是法国汉学家戴遂良对中国道家经典的跨文化译介与传播，主要运用西方哲学阐释学与翻译史“文化会通”的相关理论分析戴遂良对道家自然哲学、人生哲学与治世哲学方面的阐释与译介。在此，首先需厘清“经典”的概念、道家与道教的区别。

道家经典是中国古代文学所特有的宝藏，凝聚了中国先秦文化的精华，同时也是西方人了解中国文化的窗口。根据《说文解字》的解释，汉语中的“经典”中的“经”从系从巠。“巠”乃川在地下之象，其与“系”结合，表示织物的纵线，引申意为“规范”“标准”等义。[3]“典”原是册在架上，五帝之书也，即“三坟五典”。[4]“经”与“典”的结合，经过漫长时间的演化，才有了“经典”的现代意义。“经典”一词的使用约始于汉魏时期，主要用来指儒家典籍，多指六经与史书。直到唐朝，刘知几在《史通》中把“圣贤述作”统称为“经典”。[5]随后，“经典”的范围从儒家典籍扩大到宗教经籍的范围，包括了佛道诸教的重要典

① 续修四库全书编撰委员会编：《续修四库全书》第955册，上海古籍出版社，2013年版，第4页。

② （唐）陆德明著，（清）吴承仕注：《经典释文序录疏证》，中华书局，2008年版，前言。

③ 丁福宝：《说文解字诂林及补遗》第九册，商务印书馆，1966年版，第5798页。

④ 丁福宝：《说文解字诂林及补遗》第四册，商务印书馆，1966年版，第2006–2007页。

⑤ （唐）刘知几著，黄寿成校点：《史通》，辽宁教育出版社，1997年版，第52页。

籍。例如，白居易在述及苏州重玄寺法华院石壁勒刻的《法华经》《维摩经》等8种佛经时，就将其称为“经典”，说它们是“三教之要旨，万佛之秘藏”。[①]此后，凡一切具有权威，能流传久远并包含真知灼见的典范之作都被人称为经典。按照《辞海》的解释，“经典”的意思有二：一是“一定的时代、一定的阶级认为最重要的、有指导作用的著作”。二是“古代儒家的经籍。也泛指宗教的经书”。[②]

毫无疑问，《道德经》《列子》与《庄子》是中国古代的典籍，而且被道家与道教奉为经典。在此有必要对“道家”与“道教”的概念作一辨析，以揭示戴遂良译介道典特点与立场。任继愈在《道家与道教》一文中提出区分道家与道教的四个标志：一是先秦无道家，只有老庄哲学与老庄学派；二是汉代道家代表西汉时融合各派的一种思潮，以黄老清静无为思想为基础，包括儒、墨、阴阳、名、法各家的部分内容；三是学术界习惯把老庄学派称为道家，是后起的一种学派分类观念，魏晋以后以老庄为道家的分类法得到承认；四是道教是宗教，与道家不同。[③]胡孚琛在《道家与道教文化举要》一文中提出：“道家和道教形成有先后，二者皆以‘道’作为理论根基，道家是道教的哲学支柱，道教是道家的宗教形式。”[④]卿希泰在《中华传统文化的根柢在道教（代序）》中说：“先秦道家，是以老庄为代表的一个哲学派别，而道教乃是东汉形成的一种宗教，二者并不是一回事。”[⑤]由此可见，道教与道家不是同一概念，两者的区别在于道家是先秦时期的哲学流派之一，而道教是东汉时期形成的宗教流派。卿希泰认为：“道家思想是道教重要的思想渊源之一，道教创立时，奉老子为教主，并对老子《道德经》作宗教性的阐释。”[⑥]就典籍本身而言，《老子》《庄子》与《列子》都是先秦学术著作，而非道教神学著作经典。当道教依据道家的基础哲学理论著作创立之际，道家经典始上升为道教经典，对道家经典的宗教性阐释也丰富了道教的教义。

对于道家与道教之间的区别与联系，西方学者与中国学者的看法也不尽相同。法国汉学家马伯乐在《道教与中国宗教》一书中说：“道家思想是中国古代道家哲学家老子与庄子的杰作，在随后的几个世纪中哲学家的思想发生了质变，成为道教的教义。道家和道教并不是像人们所描述的那么不同，它们以同一古老宗教

---

① 张春林：《白居易全集》，中国文史出版社，1999年版，第567–568页。

② 辞海编辑委员会：《辞海》，上海辞书出版社，2001年版，第765页。

③ 文史知识编辑部：《道教与传统文化》，中华书局，1992年版，第6页。

④ 罗传芳：《道教文化与现代社会》，沈阳出版社，2001年版，第83页。

⑤⑥ 罗传芳：《道教文化与现代社会》，沈阳出版社，2001年版，第2页。

为根源。”[①] 这一观点也被法国其他汉学家所接受，比如康德谟说：“道家和道教均根源于同一古老的宗教，两者之间的关系密切，即使道家与道教真的有些许的不同，但这些差异并不足以代表两种截然不同的思潮，相反，我们视道教是道家思想的延续。”[②] 可见，在法国汉学家看来，道家与道教同源于宗教，两者之间的思想并不是截然不同的。戴遂良的《道家三祖：老子、列子与庄子》一书属于他的巨著《道教》的下卷部分，在上卷部分《道藏目录》一书中，戴遂良视《道德经》《列子》与《庄子》为道教经典。在下卷部分《道家三祖：老子、列子与庄子》的译者序中，他称“老子、列子与庄子”，[③] 在他看来，道家与道教的经典《道德经》《列子》与《庄子》并没有本质的区别。他在《道藏目录》中视老子、列子与庄子的思想为道教教义的核心内容，而在翻译老子、列子与庄子的经典时，又倾向于视其为先秦哲学的重要部分。这一点在他的《中国宗教信仰与哲学思想史：从萌芽期到现代》一书也有体现，他在著书类目中将“老子、列子与庄子的思想”纳入“哲学与政治”的类别中，并引用《汉书·艺文志》中“道家者流，盖出于史官，历记成败存亡祸福古今之道”以定位哲学层面上的老子《道德经》的思想。[④] 他始终坚信，虽说，道家与道教共享经典《道德经》《列子》与《庄子》，但是道教依附于道家思想而生。可见，戴遂良在很大程度上是视“老子、列子与庄子”为“道家三祖”而非宗教意义上的“道教三祖”。因此，本书对戴氏译本的解读是基于哲学意义上的“道家经典”，而非宗教层面的“道教经典”。

（一）研究理论

本书试图以阐释学为主体理论视域，结合伽达默尔的“视域融合”理论、利科的“文本理论”与皮姆的“文化会通”理论，对法国汉学家戴遂良翻译的道家经典进行比较文学视域下的探讨，探究戴遂良如何以异质文化的视角演绎、诠释中国的道家经典，并由此深刻影响西方的学术研究。

1.阐释学与阐释学派的翻译观

“阐释”（hermeneutics）一词源于希腊语的“ἑρμηνεύω”，即宣告、口译、阐明和解释。阐释学也称为诠释学、释义学或解释学，源于古希腊神使赫姆斯

---

① Henri Maspero，*Le TaoÏsme et les Religions Chinoises*，Paris：Éditions Gallimard，1971，p.469.

② （法）康德谟：《中国文化新论》，台湾联经出版业公司，1983 年版，第 193–194 页。

③ Léon Wieger，*Les Pères du système taoïste*：*Lao-Tzeu*，*Lie-Tzeu*，*Tchoang-Tzeu Par Léon Wieger*，Hien-hien：Impr. de Hien-hien，1913，p.4.

④ Léon Wieger，*Histoire des croyances religieuses et des opinions philosophiques en Chine depuis l'origine jusqu'à nos jours*，Hien-hien：Impr. de Hien-hien，1917，p.5，54.

（Hermes）把神的旨意传达给世人，他在传达神的旨意时须先将神的旨意翻译成人间语言，再进行解释。[①] 可见，阐释学最初就含有"解释并翻译"的意思，属于神学阐释学的范畴。

"阐释学"是关于理解与解释的学科理论。最早可以追溯到古希腊时代，到中世纪发展成释义学和文献考证学。传统阐释学始于对《圣经》的解释，19 世纪上半叶，施莱尔马赫（Friedrich Schleiermacher）将诠释学从神学诠释学发展到普遍诠释学方法论。他信奉作者的权威，强调诠释无非是通过文本努力去体会作者的原意，就像宗教的信奉者通过圣典去体会神的意愿一样，而诠释者必须隐现，丧失自我，脱离自己的意识，而进入作者的意识。[②] 后来，狄尔泰（Wilhelm Dilthey）从体验生命的概念出发引入"移情"（Einfuehlung）的概念，移情意味着以理解去体验作者或作品中所表现的生命体验，通过移情，理解者与被理解的对象建立起一种对应的、同质的关系。[③] 可见，狄尔泰与施莱尔马赫使阐释学成为方法论的阐释学，他们的阐释立场一样，均是"作者中心论"。他们强调读者在解读文本时必须排除自己的主观见解，设身处地地想象作者当时的处境，正确地把握作者在文本中所要表达的原意。这种解释学的视野成为读者理解文本的障碍，忽视了读者的主观能动性。海德格尔（Martin Heidegger）将解释过程中对作者原意的关注转向了读者对文本意义的创造性理解，理解不再意味着读者要通过文本把握作者的原意，而是意味着读者要通过自己的理解和想象来参与文本意义的创造。[④] 海德格尔在此所实现的解释学本体论的转向，实际上已经成为"读者中心论"。[⑤] 伽达默尔（Hans-Georg Gadamer）在海德格尔的基础上彻底实现了从"作者中心论"向"读者中心论"的转向。他认为："前理解或前见是历史赋予理解者或者解释者生产积极性的积极因素，它为理解者或解释者提供了特殊的'视域'。视域是理解者或解释者看的区域，从某一点出发，在此范围内人能够看到的所有区域都称之为视域。如果一个人不能将自己置身于这个范围内，那么它就不能真正理解对象的意义。理解的本质不是施莱尔马赫所说的作者意图的单方面的理解比作者更好地理解作者。当理解产生时，随着理解者的视域进入被理解的视域之中，当该理解不断深入、扩大时，理解者和被理解者的视域不断进行

---

① （德）伽达默尔著，洪汉鼎译：《真理与方法》，上海译文出版社，1999 年版，第 726 页。

② 施莱尔马赫在《诠释学箴言（1805~1810）》和《诠释学讲演（1819~1832）》中有详细的阐述，详参洪汉鼎：《理解与解释——诠释学经典文选》，东方出版社，2001 年版，第 22-73 页。

③ Hans-Georg Gadamer，*Truth and Method*，London：Sheed and Ward，1989，p.254.

④ Hans-Georg Gadamer，*Truth and Method*，London：Sheed and Ward，1989，pp.268-269.

⑤ 彭启福：《理解之思：诠释学初论》，安徽人民出版社，2005 年版，第 65 页。

融合，这些理解都受前见的影响。”[①] 他还主张解释者应在理解过程中，将两种视域交融在一起，达到“视域融合”（Horizon Tverschmelzung），从而使译者和原作都获得超越，达到一个全新的视域。[②] 文本的意义超越它的作者，这并不只是暂时的，而是永远如此。因此，理解就不只是一种复制的行为，而始终是一种创造性的行为。[③] 在伽达默尔看来，理解者或解释者的视域不是封闭和孤立的，它是在理解中进行交流的场所，理解者或解释者的任务就是扩大自己的视域，使它与其他视域相交融。

法国解释学理论家保罗·利科（Paul Ricoeur）与前人的“作者中心论”和“读者中心论”不同，他把文本视为理解和解释的中心，提出了具有自己特色的“文本中心论”。利科认为以施莱尔马赫和狄尔泰为代表的传统解释学把理解的目标限定为追寻作者原意，这种认识论趋向是有片面性的，在这种解释学中，理解活动基本上是心理学的，这由于它不是把文本所说的东西看作最终的解释，而是把在该文本中表达自身的某人看作最终的解释。同时，解释学的对象不断地从文本、从其意义和所指，转到文本中被表达的生活经验上。[④] 要摆脱以作者意图和情感为理解和解释重心的困境，就必须把理解和解释的重心从对作者主观世界的情感性研究转移到作品本身的意义上来。文本才是解释学关注的中心问题，文本本身具有的特征、一词多义现象和自主性使文本的意义具有开放性，面向读者的理解开放。可见，他的理论凸显并强调了读者在文学阅读与理解中的重要地位，把读者对文本的解释看成是文本意义的有机组成部分，提高了读者和理解在文学活动中的地位，与接受美学共同完成了文学研究的重点从作品向读者的历史性转向。他明确指出：“解释学是关于与文本的解释相关联的理解过程的理论。其主导思想是作为文本的话语的实现问题。”[⑤] 利科这种“文本中心论”的解释学使文本向读者敞开了无限广阔的理解空间，每次阅读都是一种重新的解读。

阐释学与翻译学的关系密切，均包括理解与解释两个过程。阐释学与翻译学的结合为翻译研究提供了一个新的视角，这主要体现在：一方面，译者即解释者，翻译即理解。伽达默尔在论述阐释与翻译的关系时，指出“译者即解释者”，[⑥]

---

① （德）伽达默尔著，洪汉鼎译：《真理与方法》，上海译文出版社，1999 年版，第 8 页。

② Hans-Georg Gadamer，*Truth and Method*，London：Sheed and Ward，1989，p.269.

③ Hans-Georg Gadamer，*Truth and Method*，London：Sheed and Ward，1989，p.299.

④ Paul Ricoeur，*Hermeneutics and the Human Science*，ed. and trans. by John. B. Thompson，Cambridge：Cambridge University Press，1981，p. 52.

⑤ Paul Ricoeur，*Hermeneutics and the Human Science*，ed. and trans. by John. B. Thompson，Cambridge：Cambridge University Press，1981，p. 43.

⑥ Hans-Georg Gadamer，*Truth and Method*，London：Sheed and Ward，1989，pp.390-391.

他的“视域融合”理论在一定程度上强调了译者即解释者或者理解者是理解活动的中心，翻译的过程即是译者从自己的历史性出发去解读文本，并在与文本的沟通中形成译本所体现的新意义。另一方面，翻译是阐释的过程。乔治·斯坦纳（George Steiner）在《通天塔之后：语言与翻译面面观》（*After Babel*：*Aspects of Language and Translation*）一书的第五章中提出翻译即是“阐释行为或过程（Hermenutic motion）”，并将翻译过程分为四个步骤：信任（Trust）、侵入（Aggression）、吸纳（Incorporation）与补偿（Restitution）。[①] 在斯坦纳看来，译者是原文本的第一读者，他的理解对整个翻译过程而言是至关重要的，因此，翻译就是理解与阐释的过程。可见，从阐释学视域下，翻译与阐释之间的关系是密不可分的，两者之间的主要联系在于如何解释源语与目的语之间纯语言差距之外的文化和思维差异，如何较恰当地理解源语，并表达译语。阐释学视域下的翻译观强调“译者中心论”，重视译者的能动性阐释，译者在翻译的过程中不是消极地接受文本，而是积极地改造文本。

西方哲学诠释学对于道家经典翻译与诠释的启发是在综合伽达默尔的“视域融合”、利科的“文本中心论”以及阐释派翻译观的情况下进行：

（1）道家经典的语言特征决定了阐释要从语言分析入手。道家经典意义的再创造在很多情况下不是直接的，而是需要读者认识道家的象征语言与特殊论述形式才能理解的。道家经典的思想深邃，语义多样，历代每个注家的历史背景不同，视域也不同。译者对不同注本的参考，也导致了译文在内容、形式、构成等方面的差异。中国典籍的研究历来注重文字训诂，注本的多样性也体现了文字训诂的特色。黎志添认为，经典的诠释必须首先按照作品本身的论述规则和语言结构去理解经典的意义。道教经典的诠释亦是一样，需要掌握关于道教的特殊语言、论述和结构的知识，并在知识基础上继续对道教经典诠释的理解。[②] 利科的“文本中心论”就是从语义学的角度来思考的。他认为，解释学必须从研究语言开始，解释学着手开发的第一块地域是语言，尤其是文学语言。[③] 根据他的理论，文本本身具有一词多义现象，其意义面向读者的理解更具有开放性。只有解释者能够把握文本的词义精髓，才能正确地传达文本的信息。伽达默尔强调说：“所有的翻译者都是解释者，翻译者必须克服语言之间的鸿沟，在解释者和文本之间起相

---

① George Steiner, *After Babel*：*Aspects of Language and Translation*, Shanghai：Shanghai Foreign Language Education Press, 2001, pp. 312–316.

② 黎志添：《宗教研究与诠释学：宗教学建立的思考》，香港中文大学出版社，2003 年版，第 66 页。

③ Paul Ricoeur, *Hermeneutics and the Human Science*, ed. and trans. by John. B. Thompson, Cambridge：Cambridge University Press, 1981, p. 44.

互了解一致的作用。”[①] 可见，译者在译本中的选词也直接体现了译者释义的视域与立场，只有当译者能把文本向他揭示的事情用语言表达出来，他才能惟妙惟肖地模仿，这就是说，他必须找到一种语言，但这种语言并不仅是翻译者自己的语言，而且也要是适合于原文的语言。因此，对译文语言以及释义的分析，是判断译者阐释立场与背景的主要方法。

（2）对道家经典的阐释过程即是译者与文本“视域融合”的过程。根据伽达默尔的理论，所谓的“视域融合”可以说是文本视域与解释者视域各自不断跨越自身界限而与对方融为一体的过程。它鼓励理解者在理解与诠释的过程中扩大视域。道教经典的诠释正与伽达默尔提出诠释者与文本视域融合后所达到的美学经验或宗教经验非常切合。[②] 古今读者阅读和诠释道教经典都具有历史或者个人经历所赋予他们的“前见”或“前理解”，这种“前见”或“前理解”为他们诠释道家经典提供了特殊的视域，为经典的诠释提供了新的处境意义。道家经典《道德经》《列子》与《庄子》不同注本本身就属于诠释的事实与结果，各注家都是以他们各自的叙述模式去理解并阐释道在宇宙万物中的造化与本行。正如黎志添所述：“古今读者阅读和诠释道教经典的效应都是使它们在不断经过诠释而获得新的处境意义，因此，道教经典的产生已是诠释事件。”[③] 戴遂良在对道家典籍进行诠释翻译时，他的“前见”中所包括的“自我”宗教背景、宗教经验、教育背景、生活经历以及他对道家哲学的认知必然成为影响他解读“他者”经典的视域，他作为译者在翻译和与文本的对话交流的过程中使道家经典获得新的意义并在译文中再生。

（3）伽达默尔解释学的“视域融合”、利科的“文本理论”与阐释学派的翻译观为西方译者分析中国道家哲学经典提供契合的理论范式。这些理论均强调文本的开放性，在理解者与文本不断互为主体的对话交流中获得新的意义。在理解的过程中，这必然要涉及理解和解释的两个关键因素即文本和解释者。文本是理解和解释不可或缺的对象，解释者只能对文本解释。因此，文本和解释者的本质特征便成为各诠释学派关注的焦点。文本的特征是什么？解释者的特征又是什么？译者作为社会的个人总是受着历史、文化、社会等价值的影响，他的视域水平便已包括了他当下身处的社会共同价值系统，这方面尤其依赖学校教育的灌输以及主观的阐释期望。文本就是一个通过书写语言而把论述变成

---

① Hans-Georg Gadamer，*Truth and Method*，London：Sheed and Ward，1989，pp.390-391.

② Hans-Georg Gadermer，“Aesthetic and Religious Experience”，*The Relevance of the Beautiful and Other Essays*，Cambridge：Cambridge University Press，1986，pp.140-154.

③ 黎志添：《宗教研究与诠释学：宗教学建立的思考》，香港中文大学出版社，2003 年版，第 65 页。

“客观”的作品，是整个文本诠释理论的起点。

2.“文化会通”定义及相关理论

比较文学的本质即“跨民族、跨语言、跨文化、跨学科”，其中，跨文化不仅意味着超越民族文化，更意味着超越文化体系。西方各国具有相同的文化渊源，同属于基督教文化体系，而中国具有悠久的儒道释文化，两者截然不同。这意味着当西方的译者跨越自身的文化体系，着手翻译中国的典籍时，不可避免地会在翻译中进行文化调试。

澳大利亚学者皮姆（Antony Pym）提出研究翻译史不能忽视“文化会通性或文化交互性（Interculture）”。他认为“文化会通性”指的是人们在进行跨文化交流时，由于信仰或习俗的交叉重叠，人们很快能将两种或者两种以上的文化结合到一起，译者便是这种交互文化的综合体。[①] 在皮姆看来，翻译是译者将一种语言文字所表述的内容用另一种语言文字表述出来的文化活动。[②] 可见，译者处于两种或者数种文化之间，他不仅是文化的搭桥人，而且他本身就处于两种或数种文化的交叉部分，译者的译作也相应处于两种或数种文化的交叉部分。皮姆在谈到处于文化交叉部分的译者时，首先区分了单数的译者与复数的译者，单数的译者是抽象意义上的译者，指翻译译作的人，不论个人翻译还是多人翻译，是分译还是合译，均指有翻译能力，并能遵循一定的规范并获得报酬的人，即职业译者。复数的译者是有血肉之躯的活生生的人，他们要谋生，要为自己的家庭生计着想，会趋利避害，游走于不同的城市之间，不同的文化之间，这些译者的活动同翻译史的关系紧密。[③] 译者本身是一个文化的重叠体，这种文化的交互性直接影响了译入语的文化，译本在很大程度上体现了译者在自身文化与文本文化之间所做的会通工作，也体现了两种或数种文化之间的对话。从上述论述可知，皮姆所谓的文化的会通性是两种与两种以上文化的互动，译者在对他者的文化读本进行译介时，不可避免地会结合自身所具有的重叠文化背景和原著的文化创造出一种独特的会通文化。

戴遂良是法国的耶稣会士，在中国生活了近半个世纪，他作为译者本身，就已经具有复杂的文化背景，法国的民族文化、基督教文化、中国民族文化与中国

---

① Anthony Pym, *Method in Translation History*, Beijing : Foreign Language Teaching and Research Press, 2007, p. xii.

② Anthony Pym, *Method in Translation History*, Beijing : Foreign Language Teaching and Research Press, 2007, p.167.

③ Anthony Pym, *Method in Translation History*, Beijing : Foreign Language Teaching and Research Press, 2007, p.161.

民间宗教文化直接影响着译者的主体性，他的跨文化译本在很大程度上体现了文化的会通性。因此，在判断评价西方译者翻译的中国经典时，一个不可忽视的重要因素就是译者本身的能动性与操作性直接影响了译文的质量。文化相对主义理论家赫斯科维奇（Melville J. Herskovits）指出："文化相对主义的核心是尊重差别并要求相互尊重的一种社会训练。它强调多种生活方式的价值，这种强调以寻求理解与和谐共处为目的，而不去评判甚至摧毁那些与自己原有文化不相吻合的东西。"[①] 可以说，文化会通的研究是文化相对主义的重要内容，它不仅强调不同文化各自的价值，同时也强调了不同文化之间的相互理解与和谐共处，因此，文化会通视角下的翻译研究也是对不同文化的一种双边的、影响行为的研究。

（二）研究方法

本书的研究方法以文本分析法中的细读法、阐释法与比较法为主，以比较文学的跨学科研究方法为辅，对戴遂良的道家典籍法译本进行全面的分析。

1.文本分析法

文本分析法的"细读法（Close Reading）"是 20 世纪二三十年代新批评派（The New Criticism）提出来的，其主张细致缜密地分析和注释作品，以语义分析法作为基本的手段和方法，细读则是解析文本的重要方法和显著特征。新批评派的后期学者林斯·布鲁克斯（Cleanth Brooks）在"细读法"的基础上又提出"充分阅读（Adequate Reading）"的概念，也就是要对文本所蕴含的丰富内涵进行充分的发掘。"细读法"要求尊重文本，从文本出发，通过细致的阅读、反复的阅读、注重细节的解读和结构的分析，对文本所蕴含的深厚意蕴做出"丰沛的阐释",这是文本细读的最基本的准则。这些准则都符合研读中国古代典籍的范式，比如汉代经生的细读、六朝文士的细读、明清点评家的细读等。戴遂良在阐释与译介道家典籍时，不但参考了中国历代的多本注疏，也参考了西方的英法译本，从文化会通的角度对道家典籍做了独特的诠释，如果要挖掘译本的价值，就要立足于译本分析，了解译本的特点以及译者对道家题旨的阐释，这是基础性工作。

2.阐释学与比较文学的综合比较分析法

首先，本书采用阐释学与比较文学的综合分析法从道家自然哲学的核心词（"道""德"与"阴阳"）、人生哲学与治世哲学等方面分析了戴遂良对道家经典的解读与译介范式；其次，以戴遂良对道家经典的法译为轴心，通过分析戴遂良诠释中国经典的心路历程，凸显戴遂良法译中国经典的历史文化背景；最后，将

① Melville J.Herskovits, *Cultural Relativism: Perspectives in Cultural Pluralism*, New York: RandomHouse, 1972, pp.32–33.

戴遂良与他同时期的法国汉学家与中国学者对道家经典的研究进行横向比较，以彰显同一时期内戴遂良译介阐释道典的特征。

3. 跨学科的研究方法

本书通过分析译者戴遂良的生平、宗教文化背景、翻译目的、翻译体例、翻译依据以及翻译策略，结合译文的优劣是非，力图进行全方位的跨学科分析。戴氏对道家典籍的译介具有“文化会通”的特色，体现了中西异质文化的沟通与对话，他在译文中不时将中国道家思想与西方哲学和基督教思想进行对比诠释，因此，本书须借鉴翻译学、哲学与宗教学等跨学科研究的成果，对戴遂良的译本进行跨学科的立体研究。

五、框架结构

本书主要以伽达默尔的“视域融合”理论、利科的“文本理论”与皮姆的“文化会通”理论为基点，分析法国汉学家戴遂良对道家的自然哲学、人生哲学与治世哲学的跨文化译介与阐释，全书分为六章：

第一章介绍了戴遂良的个人生平和他对道家经典的译介概况、目的、体例、依据与策略。通过剖析戴遂良的生平事业、教育背景以分析他对道家经典的译介心路历程，为下文深入地剖析他对道家经典的翻译与阐释做铺垫。

第二章探讨了道家经典的阐释传统与戴遂良对道家经典的阐释维度。传统道家典籍的释经形式以章句训诂为主，阐释思想上的嬗变主要以玄释道为主。戴遂良对道家经典的阐释维度主要包括以中释西与以西释中。

第三章论述了戴遂良对道家自然哲学的核心词“道”“德”与“阴阳”的翻译。他对“道”的题解坚持“‘道’是唯物主义一元论、道法自然非上帝、道即无”的阐释观。他对“德”的解读坚持“道散为德与德为道之纪”的阐释原则。他对“阴阳”的解释坚持阴阳之间的“对立性、物极则反性与统一性”的原则。他依据道家典籍的传统注疏对道家世界的阐释体现了客观派的阐释风格。

第四章讨论了戴遂良对道家人生哲学的翻译，包括他对道家的“贵己乐生”“仁义”伦理与生死观的解读。其中，对“贵己乐生”的阐释部分包括“利己主义”的“贵己”思想与“伊壁鸠鲁主义”的“乐生”思想。对生死观的阐释包括生死自然论、生死循环齐一论与生死命定论三个方面。本章解读了戴遂良的宗教型和科研型文化心态，他从西方哲学的角度阐释了道家的“贵己乐生”观，从宗教的角度出发，支持儒家的仁义，批判了道教的善恶观，并依据中国道家经籍的释经传统客观地阐释了道家的生死观。

第五章为戴遂良对道家治世哲学的阐释，包括戴遂良对道家的“无为而治”“圣人”“圣人之治”与“老死不相往来”的阐释。本章解读了戴遂良作为文化的“他者”，他从道家的政治观推及中国历代政治中的“愚民思想”以及中国排外仇外思想的根源，并对其进行了深刻的批判。

第六章论述了戴遂良对道家经典的西传贡献。首先，考察了法国早期汉学情况，探讨了戴遂良与他同时代的法国著名汉学家的关系；其次，论述了戴氏译本的流传、戴氏译本在道典复译风潮中的影响以及道典的法译史；最后，总结了戴遂良对法国汉学界的《道藏》研究、道家典籍法译以及道教史研究方面的贡献。

本书通过对戴遂良道家经典的法译本进行研究，得出如下结论：跨文化身份是戴遂良译介中华经典的首要条件，他尊重源语文化，能在很大程度上摆脱“西方文化中心论”的樊篱，使中华经典译介成为一种跨文化交际。戴遂良对道家典籍的译介为解释源语和译语之间纯语言差距之外的文化和思维差异提供了一种独特的跨文化经典译介范式，体现了传统与创新相结合的阐释思想。戴遂良在译介与阐释的过程中，参考并综合中西方学术界的研究成果，这使他的译文与释义留下不少闪光点，对后世道家思想与道教研究提供了宝贵的开拓价值、诠释价值与文献价值，推动了法语世界对道家典籍的复译风潮。他的《中国宗教信仰与哲学思想史：从萌芽期到现代》一书系统地阐述了道教的发展史，可以说是西方汉学界道教史的开篇之作，启发了同时代的英国学者对比较宗教学的研究。戴氏对道家经典的译介及相关著述在道家文化与典籍西播史上有里程碑的意义，树立了道家经典法译与阐释的典范。

第一章　戴遂良及其对道家典籍的译介

戴遂良（Léon Wieger，1856~1933）是晚清来华的法国耶稣会士、医学博士和汉学家。他是近代中西方文化交流史上的重要人物之一，其在华活动的种种原因，要从他早期生活背景中寻找答案。对他早年生平的了解，有助于我们理解他为什么对汉学产生兴趣以及他对道家经典与文学给予不同程度的重视。

戴遂良具有跨文化的身份，他个人所具备的“文化交互性”背景促成了他具有“文化会通”特性的道家经典法译本。本章先是探讨了戴遂良的个人生平，然后介绍了他翻译道家典籍的概况、目的、体例、依据与策略。

第一节　个人生平①

戴遂良，字尚志，名圣良，于 1856 年 7 月 9 日出生在法国莱茵河畔斯特拉斯堡（Strasbourg）的一个传统中产阶级家庭。他的父亲维盖赫（Wiger Frédéric）是斯特拉斯堡大学的一名病理学教授，同时还是孤儿院的一名医生。他有三子一女，戴遂良排行第二。

戴遂良幼年丧母，由姨母抚养长大。童年时期，他深受身边信奉路德宗、加

---

① 本书对戴遂良生平的撰写主要参考了法国巴黎耶稣会士档案馆（Archives jésuites）中所藏的戴遂良的个人档案，戴遂良档案现存于耶稣会士档案馆，其位于法国巴黎马赛弘瑞蒙（Marcheron Raymond）街 15 号。戴氏档案被集中保存在一个大文件夹中，其中包括戴遂良的相片、家庭背景、教育档案、手稿日记、读者来信、其他学者写给他的汉学评论等材料。由于这些档案不是以成册的形式装订，而是以零散单张页面的形式呈现，大多文献未标注页码与档案记录人姓名，这对于标注精确的引文出处造成一定的困难，因此，本书引自戴氏档案之处，全部标注为引自戴遂良档案；另参文献：Jean-Paul Blatz，“Léon Georges Frédéric Wieger”，*Nouveau dictionnaire de biographie alsacienne* No. 40 *WelàY*，Strasbourg：Strasbourg Fédération des Soc. D’Histoire et d’Archéologie d’Alsace，2002，p.4236；Gerald H. Anderson，*Biographical Dictionary of Christian Missions*，New York：Macmillan Reference USA，1998，p.731；John W. Witek，“Georges Frederic Léon Wieger”，*Biographical Dictionary of Chinese Christianity*，on line http：//www.bdcconline.net/en/stories/w/wieger-georges-frederic-leon.php，3th Mar. 2016；陈义：《献县教区简史》，天主教沧州教区出版，2000 年版；刘献堂：《献县教区简史　庆祝教区成立 150 周年》，台湾印刷内部资料，2006 年版。

尔文宗及敬虔派的信徒与亲朋好友们的影响，成为虔诚的新教教徒，后来改宗为天主教。1869 年，他就读于斯特拉斯堡市的新教中学，主修古典人文学科。在此期间，他研修了希腊语、拉丁语、德语、法语、历史、地理与数学等课程。据他的中学档案记载，他的希腊语译文语法严谨，表达灵活，准确得当。在拉丁语翻译方面，他翻译的语言风格颇为引人注目。他的德语口语成绩优良。他在法语写作方面，虽不注重感情描写，但也不乏生机，风格独特。历史与地理科目的成绩虽不如上述语言科目，但是他也掌握了学科必备知识。从这些档案记载可知，他后来在汉学方面的累累硕果与这 6 年的教育背景尤其是语言的翻译与口语训练具有密不可分的关系。1875 年 7 月，他以优异的成绩从中学毕业。同年秋天，他进入斯特拉斯堡大学医学院学医，1881 年取得医学博士学位。毕业前后，他曾在斯特拉斯堡当了 2 年的医生，其中有 6 个月从事军医工作，严格有序的军营生活为他日后能够经得起耶稣会的严格训练打下了坚实的基础。

戴遂良 24 岁时，深受考鲁姆（Korum）影响，决定加入耶稣会。由于耶稣会在当时的法国属于非法组织，1881 年，他几经辗转到比利时加入耶稣会。1887 年 7 月，他晋升为司铎，加入长久以来梦寐以求的差会。同年 9 月他到达中国，10 月被派往中国直隶东南（今沧州）传教。中国直隶东南教区隶属于沧州府，其北面和东北面是北京教区，南面是山东教区。1862 年，罗马教皇乘《北京条约》签订之机，宣布成立直隶东南教区（后改名献县教区），总教堂设在献县张家庄，并任命郎怀仁为首席主教。① 献县张家庄总堂 ② 系天主教直隶东南教区的首府，统辖直隶东南 36 县天主教教务，设有仁慈堂、耶稣会初学院、公学、印书房、气象台、制药厂等，还开办教区若瑟修院 1 座，小学 22 所，孤儿院 32 所等。以上是 1887 年戴遂良未达直隶东南教区传教之前教区的概况。

在明末清初来华的耶稣会士中，善医者颇不乏人，借医传教更是基督教的一大传统，为此，献县总堂还专设了制药厂。戴遂良来华以后，以医生的身份热诚地投入传教事业中。1887~1888 年，河间府流行伤寒，戴遂良扩充了总堂药房，用科学的方法研究中药偏方，将中药制成药丸，用小药包装好，在药包上注明用法，免费分发给民众。传教士来华后，面临的首要任务就是学习汉语，熟悉当地

---

① 谢忠厚等:《近代河北史要》，河北人民出版社，1990 年版，第 67-70 页。

② 献县张庄天主堂始建于 1861 年，于 1864 年竣工。主教座堂始建于清同治二年（1863 年）10 月 2 日。这是全国首座奉献于耶稣圣心的大教堂，堂属哥特式建筑，长 50 米，宽 21.33 米，钟楼高达 33 米，异常雄伟壮观，有“华北第一堂”之誉。不幸的是，1976 年“文革”期间，大堂被拆毁殆尽。改革开放以后，教友们经过多年筹备，于 1999 年 10 月 10 日在原址西侧重建主教座堂，2001 年 12 月 18 日，庄严古朴的圣心大教堂终于再次矗立于华北大地。堂长 50 米，宽 18 米，钟楼高 46 米。

习俗。戴遂良初来乍到，和以往众多的传教士一样面临着学习语言的困难。1891年，他开始学习汉语。汉学家裴化行认为促成戴遂良传教生涯与汉学生涯分水岭的出现有两个基本原因：一方面，对于他个人而言，他对宗教的热情不如对汉学的热情高；就作品而言，他的部分作品是世俗类的，部分是宗教作品，这些作品中丰富的学理知识与文化常识颇受读者青睐。①

1891年，戴遂良开始编订《汉语入门》课本，共3册12卷，这一系列教材是外国人识字，练习官话口语的入门教材，初学者若认真研读，可在两年内学会书写汉字，阅读中文书籍。② 1894年，河间府遭受蝗灾与水灾，田地颗粒无收，③ 戴遂良前去河间救灾，同时始终不忘修订《汉语入门》。每天早上七点一刻起，他便开始在公共图书馆或办公室里翻阅《中国日报》《英国日报》、杂志以及新出版的书籍。他习惯于一边阅读，一边在笔记本上做记录。晚上，他阅读宗教神话类书籍，制作出多种不同颜色的表格对阅读内容进行分类。这些表格中最醒目的内容就是他对佛道哲学在每个时期发展概况的记录。此外，他还阅读了大量的神学与哲学文献，包括奥古斯丁神学、阿雷斯神学以及柏拉图哲学等。每次阅读后，他都会总结编撰学习手册。

通过兴办教育传播福音，是西方传教士普遍采用的传教方式。教会学校的教学内容、教学方法、管理方法大多是从西方移植过来的，课程设置与中国传统的书院与私塾有所不同。教会学校除了开设中文课程，还设有哲学、神学、外语、数学、天文、地理等课程。多数学校免收学费和膳宿费，女学的开设，更是空前之举。直隶东南教区尤其重视兴办教育工作，1871年9月，张庄献县总堂为了培养华籍青年修士，设立耶稣会初学院，并建立公学，1874年，公学在校学生达130多人。④ 1904年，戴遂良负责献县总堂的中学教学事务，当时的在校生有260人，其中53人是修生，教师有17人。同年，戴遂良出版了《历史文集》最后一册、《哲学文集》三册。⑤

1874年夏，张家庄总堂为了解决教学与传教工作中的印刷需要，在总堂内建立印书房——胜世堂，也称之为献县印书馆。⑥ 献县印书馆为直隶东南教区传

---

① 详参戴遂良的档案文献中 H.Bernard, le P. Wiéger et ses études sur la Chine, sienhsien, 19 avril, 1933.

② 刘献堂:《献县教区简史　庆祝教区成立150周年》,台湾印刷内部资料,2006年版,第107–113页。

③ 政协献县学习文史委员会编:《献县文史资料》(第6辑),政协献县学习文史委员会,1997年版,第47页。

④⑥ 政协献县学习文史委员会编:《献县文史资料》(第1辑),政协献县学习文史委员会,1987年版,第95页。

⑤ 刘献堂:《献县教区简史　庆祝教区成立150周年》,台湾印刷内部资料,2006年版,第145页。

教士们的汉学出版事业提供了优越便利的条件。出版物由起初急需的日课经本、教史手册、教义说明、教义辩解等逐渐扩展到语言、文字、政治、历史、社会等方面的著作和译著。由献县印书房出版的神学和其他领域著作在当时具有较高的学术水平，在中外宗教界与学术界享有较高的声誉。献县印书馆被认为是仅次于香港纳匝肋静院、上海徐家汇土山湾印书馆和北京遣使会印字馆的天主教在华的主要出版印刷机构。[①] 戴遂良所编撰的汉学著作几乎均由献县印书馆出版。

1905 年 6 月 2 日，戴遂良因 12 卷汉学巨著《汉语入门》荣获法兰西文学院颁发的汉学奖——儒莲奖。1908 年，库朗（M.Courant）在谈论《汉语入门》时说："这套书内容丰富，包罗万象，可谓是学习汉语的百科全书，包括文学、风俗、信仰、哲学与历史。"戴遂良除了完成《汉语入门》系列汉学著作，同时还开展了对中国佛道教的研究，他在 1911 年 7 月的一封信中写道："我当前的研究因缺乏中国文学通史文献而受阻，很有必要走访一些图书馆收集资料，以确定一些文献是否尚存。随着年事增高，我的健康状况每况愈下，越发感觉力不从心，这场旅行就定在今年了。"[②] 他先去了徐家汇藏书楼，随后，便起程去了日本。在日本收集资料期间，他写道："我每天沐浴在书海中，在江户幕府发现一些稀有的珍贵文献。我翻阅着这些散发着墨香微微泛黄的纸张，频频有惊奇的发现。这使图书馆里热情的、时常面带微笑的管理员也会不时略显尴尬地问我，'你又发现什么文献了？这简直是不可思议、不可能的，你所发现的这本书早不在这里了，仅仅书目中有记载而已'。事实上，这本书是日本天皇收藏的，现藏在他的私人书房。通常情况下，很少有人能够获准进出日本图书寮[③]。"戴遂良在图书管理员褊井鲧先生的支持与帮助下，得以进入图书寮阅览文献。后来，他写道："我在这里每天可翻阅三四十卷书，这批文献奠定了我研究佛道教的基础。在日本考察的最后 3 天，管理员告诉我说这里还有一些其他的稀有馆藏目录，如果我有需要，随时可供我翻阅。我又对这些文献进行了逐一的查阅，并做了详细的记录。"[④] 从日本回来，戴遂良又去了北京白云观阅览明朝时期所

① 政协献县文史资料编辑委员会编：《献县文史资料》（第 3 辑），政协献县学习文史委员会，1991 年版，第 119 页。

②④ 引自戴遂良档案文献。

③ 现在称作宫内厅书陵部图书馆，"二战"前称为宫内省图书寮。建立于明治十七年（1884），其藏书有献纳和接受两种来源。如昭和二十四年三月，一次接受的书籍仅汉籍就有 18384 册 10568 帖，以红叶山文库的藏书为，主献纳较多者如古贺家之藏书（古贺精里、古贺侗庵、古贺茶溪）于明治二十二年献纳于宫内厅书陵部德山藩主毛利元次亦于明治二十九年将其中善本献于宫内省。宫内厅书陵部的汉籍藏书经神田喜一郎整理编目，分别出版有《帝室和汉图书目录》《增加帝室和汉图书目录》《图书寮汉籍善本目录》。

印刷的《正统道藏》，还获得白云观陈明霖道长的帮助。[①]

结束了北京之旅，戴遂良便回到了献县。他在日记中写道："我年事已高，旅行的颠簸使我倍感疲惫。我需要休息一些日子，尽快利用所收集的文献进行创作。目前，我已拥有足够的中国文学通史文献，可以着手研究中国宗教教义中复杂而有趣的问题，这些问题涉及中国宗教的渊源、发展、变化、核心教义以及经典文本等。"[②] 戴氏的这场旅行促使他 4 部佛道巨著的问世。伯希和在 1911 年写给戴遂良的信中说道："多年以来，我们自学道家的原始经典、道教的发展史，但是我们并没有进行编撰实践，总觉得这是一件不可能完成的事情，因为我们不曾上过关于道家经典的课，正是由于您对《道藏目录》的统计整理，我们研究起来才轻松省力，也使我得以有机会向您请教道家知识，我从您的著述中受益匪浅，在此，特向您的劳作致以深深的敬意。"[③]

1917 年秋，戴遂良应巴黎天主教学院之邀完成书稿《中国宗教信仰与哲学史：从萌芽时期到现代》（*L'Histoire des Croyances religieuses et des Opinions philosophes en Chine depuis l'origine jusqu'à nos jours*）。同时，他希望重新回到献县传教，会长允许他住在永年以恢复健康，并希望他能够继续执笔向西方人介绍新中国。[④]

随着年事增高，疾病缠身，戴遂良越发觉得力不从心，他预感来日无多，必须争取时间进行高效地写作，如何利用剩余的年日？这成为他常常思考的问题，他在 1920 年 12 月 3 日日记中写道："我想继续写作，最近，我的脑海中始终有个想法，就是创作一套《现代中国》的作品，对这部作品的构思变得越发清晰。同时，我并没有放弃对佛道教的研究，《中国宗教信仰与哲学史：从萌芽时期到现代》一书历经几度脱销，我需要尽快修订第二版，一些读者写信说，我的书是这个时代的产物。我的健康状况已不容我再奔波了，我需返回献县进行创作，度过人生最后的时光。"然而，令戴遂良想象不到的是，这段最后的时光竟持续了 13 年，在此期间，他完成了 10 卷本的《现代中国》（*La Chine Moderne*）。这套书大大提高了戴遂良在西方的知名度。阿贝尔·博纳赫（Abel Bonnard）在读了这套书后，不远万里来到献县，只为能见戴遂良一面，他说："这套书对于研究中国历史的学者来说，是必不可少的参考书。"[⑤]

戴遂良在中国亲眼目睹了晚清政府的倒台、民国政府的成立以及中国的拳拳赤子为救国而发表的种种言论，他都将此纳入他的 10 卷巨著《现代中国》中。

---

① Léon Wieger，*TomeI. Bibliographie générale*，Hien-hien：Impr. de Hien-hien，1911，p.5.

②③⑤ 引自戴遂良档案文献。

④ 刘献堂：《献县教区简史　庆祝教区成立 150 周年》，台湾印刷内部资料，2006 年版，第 162 页。

他在1924年写道："自从1912年以后，中国的一切都发生了翻天覆地的变化，中国已经不再是过去的中国。各大报刊与杂志充斥着用方言或官话所写的新思想与新言论，现代风格的教育逐渐崛起，新的教科书层出不穷，这就是现代中国，也是未来的中国。人们面临着时代的变化，所要做的就是顺应这个新时代。早在1906年，我就说过，'看到旧中国逐渐发生变化，我也渐渐丧失了护教的兴趣（他在此指写作《哲学文集》一事）'。到1930年，我就不再重复这样的话了。旧中国自从脱胎成民国以来，其面貌已经发生了翻天覆地的变化，这是大家有目共睹的。然而，中国人在思想方面发生了哪些变化呢？在美国文化的影响下，一些青年人所崇尚的那些陈词滥调早已不复存在了，这是一种事实。中国人拥有数千年来灿烂的文明与博大精深的思想，这也是一种不争事实。孔子的著作已不再是小学里唯一的教科书，而在很大程度上用来作为学习中国政治、经济与道德的课外读物了。道教已经淡出令人蔑视的迷信宗教范围，而被现代的一些学者看作是中国的民族哲学。佛教中那些令人啼笑皆非的古老传说，不但在中国备受尊崇，在日本还以大乘佛教的形式广为流传，其中的唯心主义言论更是令人笃信不疑，佛教的慈善事业打动了许多人。"①

戴遂良平生最后的梦想就是成为献县神学院辩论学教授，这些年来，他结识了许多年轻教士，他们想成为中国教士中的精英，戴氏用拉丁语为他们编撰了《争议》（*Controversiæ：Evolutio opinionum apud Sinenses ab antiquitate ad hodiernum diem*）一书。他在前言中写道："这本书系统地叙述了《现代中国》一书中具有争议的问题，我在书中对这些问题进行了适当的反驳。"②这段话写于1933年3月20日，5天后，他在献县天主堂自己的小房间中与世长辞，享年77岁。一位传教士汉学家就这样走了，他去世后，有两本手稿尚未出版，分别是《比较灵修学》（*Spiritualité Comparée*）与《争议》，这两本书均属于宗教类。

戴遂良在华46年间，仅1911年离开中国，前往日本和欧洲。他毕生大部分时间是在中国河间府的献县度过的，他先是以医生的身份进行传教，后致力于汉学研究。他一生勤于笔耕，笔者为了厘清戴遂良作品的全貌，对中西文献中所发现的戴遂良著述进行考证，最终发现戴遂良的著述达60多部。③

他去世后，在华友人与西方汉学界纷纷写信悼念。一位新上任的副本堂神父在给献县天主堂的信中写道："获知戴遂良神父的离世，我们悲痛万分，他给我们的印象总是年轻时精力充沛的他，他的去世不仅是传教士事业的损失，同时

①② 引自戴遂良档案文献。

③ 详见本书的附录部分。

也是汉学家的一大损失。"一位医生写道："他的去世使在华的每位法国人悲痛万分，尤其是那些尊敬他如教长的医生们。"法国汉学家伯希和致辞说："我拜读了他的每一部著作，也深谙他长久以来所付出的艰辛。"[①] 天津《大公报》于1933年4月13日报道说：不仅文艺界失去一位重要人物，中国也失去一位文艺合作者和改革者。[②]

第二节 对道家经典的译介

戴遂良早期在法国的成长经历、教育背景、宗教背景以及他在华的种种经历在一定程度上诠释了他对道家典籍译介的心路历程。他的"文化交互性"背景直接影响了他作为译者的主体性，包括他的翻译目的、对翻译文本的选择与翻译策略的取舍。本节讨论了戴遂良对道家经典译介的概况、目的、体例、依据与策略。

一、译介概况

在中国儒道典籍法译史上，顾赛芬与戴遂良处于遥遥领先的地位，他们的译本开创了儒道典籍的法译先河。正如法国汉学家雅各·布洛斯曾说："直隶河间府两名传教士的译著颇丰，顾赛芬于1896~1916年几乎把所有中国儒家经典都译成了法文，戴遂良发表了'道教祖师'们的经典编译文，即老子、列子和庄子的著作。"[③] 在19世纪末与20世纪初期，研究儒家典籍的汉学家颇多，然而，关注道家典籍的学者却寥寥无几。戴遂良当时没有沿袭汉学家的学术途径去翻译四书五经，而是另辟蹊径，转向道家经典，其主要原因是顾赛芬的四书五经法译本在当时已经是法国汉学界公认的标准译本了。但是，学界对于道家典籍的法译却是寥寥无几，这是因为：一方面，长期以来传教士都沿袭利玛窦的"补儒合儒"传教策略，以期通过研究儒家经典以实现耶儒对话；另一方面，历来传教士多视道教为异教，对道教及道士的印象极差，自然对道家经典也不屑一顾。这使道家典籍的翻译仅仅处于被"开垦"的阶段。戴遂良看

---

① 引自戴遂良档案文献。

② 刘献堂：《献县教区简史 庆祝教区成立150周年》，台湾印刷内部资料，2006年版，第225页。

③（法）谢和耐、戴密微等著，耿昇译：《明清间耶稣会士入华与中西汇通》，东方出版社，2011年版，第30页。

到了这种现实，虽说他自己对道教的印象也颇为消极，但是他深信道家经典与文学对百姓具有很强的教化作用，为了打开中国民众的信仰门户，他潜心钻研道家典籍。他对道家典籍的研究基于他在中国上海徐家汇与北京的白云观、日本、法国巴黎国家图书馆等地所收集到的《道藏》原始文献，其主要研究成果如下：

1906 年，《汉语入门九、十：哲学文集》（*Rudiments* 9 *et* 10. *Texte philosophes*）问世，这是一部关于中国哲学的专著，全书共 550 页，分为上下两部分，分别介绍了中国哲学中的儒道经典以及与之相关的非经典著作。这本书一经问世，便获得了法国汉学家的好评，沙畹认为："这本书追溯了中国古代信仰的思想历程，戴遂良的文本选取得当，翻译得体，《汉语入门》系列书籍为欧洲人了解中国人的文明提供了极大的便利。"① 戴遂良在这本书的第七、第十、第十一章中介绍了老子、杨朱、列子与庄子的生平，道家的宇宙观、伦理观、政治观，道教的魂魄论以及圣人与天的观念。

1910 年，戴遂良在《基督》（*Christus*）杂志上发表一篇论文《中国的宗教与学说》（*Les Religions et Doctrines de la Chine*），随后，这篇文章被天主教真理会改译成英文，题为《中国的宗教》（*The Religion of China*）。② 他在这篇文章的第四部分简单地介绍了老子思想与道家哲学。

戴遂良从日本回来，在 1911~1913 年出版了两卷本的《道教》。《卷一　道藏目录》出版于 1911 年，全书共 338 页，包括三部分，分别是《道藏》、官修引得和私修引得。书中附有《号数推算表》和《道藏分类表》，20 世纪 30 年代哈佛燕京学社所编《道藏子母引得》就将这卷书纳入参考中③。《卷二　道家三祖：老子、列子与庄子》出版于 1913 年，全书共计 521 页，这本书是《道德经》《列子》与《庄子》的法语全译本。

1917 年，《中国宗教信仰及哲学思想史：从萌芽时期到现代》一书问世，全书 722 页。这本书以教科书的形式全面介绍了中国宗教信仰史与哲学史，全书共分为 78 课。戴遂良在这本书第 17~23 课中对道家哲学思想的主要观点与发展演变做了全方位梳理。这本书一经面世，便广受读者青睐，历经数次脱销，第二版于 1922 年面世，全书共 789 页。

以上是戴遂良论述道家思想与道教的主要著述，此外，他还撰写了其他与道

① Edouard Chavannes, "Textes philosophiques by Léon Wieger", *T'oung Pao*, Second Series, 1906, Vol. 7, No. 4，pp.533–534.

② Joseph Huby, *Christus Maunel d'histoire des religion*, Paris：G. Beauchesne & Cie，1913，pp.95–120.

③ 详参本书第六章第三节。

教文学相关的著述。戴遂良早在他出版《道教》两卷书之前，就对道家文化产生了浓厚的兴趣，他的系列汉学巨著《汉语入门》中便纳进了道教劝善书与道教文学作品的翻译。1894 年，献县印书馆刊印了《汉语入门四：民间道德信条与习俗》（汉语入门 *Rudiments de parler Chinois. Dialogue du* 河间府 *par le P.L.W.S.J.4e volume*，*Morale et Usages populaires*），全书共 968 页，这本书主要介绍了民间的道德概念，并有相应的汉法注释。这本书描述了大量的中国民间信仰习俗，颇受读者青睐。1913 年，达夫胡（L. Davrout）将这本书翻译成了英文，书名是《中国的道教信仰和习俗》（*Dr. L. Wieger's Moral tenets and Customs in China. Texts in Chinese*，*translated and annotated by L.Davrout*，*S.J.*，*with Romanization and illustrations*），全书共 603 页。1893 年，献县印书房出版了《汉语入门五：民间故事》（汉语入门 *Rudiments de parler Chinois. Dialogue du* 河间府，*5e volume. Narration vulgaires*），全书共 521 页，这本书以短篇故事的形式著成，包括大量与道教相关的文学作品。随后，戴遂良又出版了《汉语入门六：民间故事》（汉语入门 *Rudiments de parler Chinois. Dialogue du* 河间府，*6e volume. Narration vulgaires*），这本书讲述了 10 个长故事，篇幅达 699 页。1903 年，戴氏将《汉语入门五：民间故事》与《汉语入门六：民间故事》合并为《汉语入门五、六：民间故事》（*Rudiments 5 et 6. Narration populaires*），包括 63 个故事，共 784 页。1909 年，戴遂良发表了《现代中国民间故事》（*Folk-lore Chinois modern. Léon Wieger*，*S. J*）一书，全书共 421 页，这本书收集了大量的志怪传奇小说，戴遂良在书中借助与道教相关的小说阐释道教信仰民俗。

从上述论述可知，戴遂良在汉学研究中，为了实现中西方耶道对话，不但翻译了道家典籍，还著述了关于中国哲学与宗教史的专著，以及与道教文学相关的书目。本书以戴氏对道家典籍的法译文专著为主要研究对象，以其他道教相关论著为辅，探索戴遂良对道家典籍的译介与诠释。

二、译介目的

任何翻译形式以及翻译本身都被视为一种行为，任何行为都有一个目的。[①] 根据诺德的翻译目的论（Skopostheorie），决定翻译过程中事项的主要因素是翻译行为的目的。[②] 翻译过程中最重要的环节就是译者对文本的理解与诠释，换言

---

① Christiane Nord，*Translating as a Purposeful Activity Functionalist Approaches Explained*，Shanghai：Shanghai Foreign Language Educational Press，2001，p.12.

② Christiane Nord，*Translating as a Purposeful Activity Functionalist Approaches Explained*，Shanghai：Shanghai Foreign Language Educational Press，2001，p.27.

之，翻译目的决定了译者对原文阐释的出发点，因此，在进行译文文本分析之前，首先要知道译者翻译的目的。戴遂良对道家经典的研究与翻译主要取决于以下目的：

首先，为襄助传教。戴遂良在《中国宗教信仰及哲学思想史：从萌芽时期到现代》一书中说，本书是他在华30年来，为天主开拓福音疆土的过程中对中国经典孜孜不倦的研究成果。① 可见，戴氏对中国古典经籍的研究成果也是他为"天主"在中国传教的成果。来华传教士在传教的过程中，与中国社会底层民众有着最直接而广泛的接触，他们的传教地点多在街道、田埂、农家院落、医院、私塾等，多通过直接宣讲、散发单张等方式进行传教。然而，他们在传福音时，面临的最大障碍就是这些深受中国佛道思想影响的民众。戴遂良在传教布施中发现："从平民中随便找一个自称是佛教徒的人，问他几个关于佛教的基本问题，我敢说他一个也回答不上来，道教徒也是如此。然而，他们对那些耳熟能详缤纷复杂的佛道故事却笃信不疑。"② 由此，戴氏认为佛道故事对中国民众影响深远，要想打开中国人的信仰门户，首先要了解中国人的佛道故事，佛道典籍是学习与研究的主要载体，因此，研究中国佛道经典便成为他的第二职业。

其次，为学习并传播中国道家文化。戴遂良对《哲学文集》一书的编著是为了向西方人介绍中国儒道宗教中的核心文化，正如他在译者序中所述："我渴望了解并传递中国古籍所蕴含的中华民族的哲学历史与文化，本书的编著目的是向传教士们讲述古老中国的文化历程丰碑。"③《哲学文集》是戴氏对中国儒道经典研究的集成大作，他在这本书中从哲学的角度对儒道经籍中出现的与基督教《圣经》中共同拥有的核心词如天、上帝、神、魂、自然等做了全面的阐释。他在书中不但向西方读者展示了儒教十三经与道家经典对同一词的诠释，还介绍了儒道哲学的发展史。这为西方学者考证中国历来儒道经籍中所蕴含的"上帝、自然、灵、魂"等与基督教相关的词汇提供了丰富的基础文献。根据美国汉学家魏若望的统计，1960年以前，西方尚未出现对中国哲学的系统研究，戴遂良是这一领域的先行者。④ 戴遂良对儒道全面而客观的分析无疑具有开创性和启发性，他从

① Léon Wieger, *Histoire des croyances religieuses et des opinions philosophiques en Chine depuis l'origine jusqu'à nos jours*, Hien-hien : Impr. de Hien-hien, 1922, p.3.

② Léon Wieger, *Histoire des croyances religieuses et des opinions philosophiques en Chine depuis l'origine jusqu'à nos jours*, Hien-hien : Impr. de Hien-hien, 1922, p.613.

③ Léon Wieger, *Textes philosophiques*, Hien-hien : Impr. de la Mission catholique, 1906, p. 2.

④ （美）魏若望：《在中国从事汉学研究：戴遂良著述回顾》，《世界汉学2009秋季号》，2009年，第146–156页。

一个中国文化的仰慕者与传递者的角度展开了对作为文化载体的中国儒道古籍的研究。

最后，为实现耶道对话。利玛窦（Matteo Ricci）是先戴遂良300年来华的耶稣会士。他在华传教期间，期望从中国文化典籍中找到儒教与天主教的相通之处，故采取"以佛附儒"的学术传教策略，后来的耶稣会士竞相效仿。据悉，戴遂良被视为晚明以来300年间能够真正承袭利玛窦遗风的耶稣会传人。[①]戴遂良认为中华民族意识中有先天的基督教情怀，[②]因此，他在对道家典籍诠释与翻译的过程中，特别关注中国道家经籍中既有的与基督教相关的概念如"鬼、魂、魄、爱"等，他在翻译的过程中，不断将其与基督教文化作对比，以期在对比中实现耶道宗教间的对话。比如，他在阐释"天地不仁，以万物为刍狗，圣人不仁，以百姓为刍狗"（《道德经》第五章）时，加注评说："道家的'仁'仅仅局限于爱'道同'的人，这与基督教中上帝对众生的'爱'、祝福与恩典是截然不同的。"[③]可见，戴氏在此通过比较耶道所界定的"爱"的内涵，试图探索耶道文化的相通性，以使西方读者理解中国道家文化，以期实现异质文化间的对话。

三、译介体例与依据

（一）译介体例

《道家三祖：老子、列子与庄子》一书是《道德经》《列子》与《庄子》法文全译本，全书共计521页，采用汉法对照（左边中文右边法文）方式排版。全书体例依次是：封皮、扉页、前言、《道德经》的译文（依次是汉朝、隋朝、唐朝与宋朝的官方注本索引；私藏注本索引；道藏目录索引；译文部分）、《冲虚真经》的译文（依次是汉朝、隋朝、唐朝与宋朝的官方注本索引；私藏注本索引；道藏目录索引；译文部分）、《南华真经》的译文（依次是汉朝、隋朝、唐朝与宋朝的官方注本索引；私藏注本索引；道藏目录索引；译文部分）、《列子》和《庄子》章节列表、道家核心词索引、人名索引表与封皮。

戴氏在对各部经典进行译介时，先是依据中国传统注本对原文进行分章析句，

① 宋莉华：《〈汉语入门〉的小说改编及其白话语体研究》，《社会科学》，2010年11期，第174–182页。

② Léon Wieger，*Folk-lore chinois modern*，*Hien-hien*：*Impr. de la Mission catholique*，1909，p.4.

③ Léon Wieger，*Les Pères du système taoïste*：*Lao-Tzeu*，*Lie-Tzeu*，*Tchoang-Tzeu Par Léon Wieger*，Hien-hien：Impr. de Hien-hien，1913，pp.21–23.

再根据所划分的句、段与章，做相对应的翻译。他对译文的注释形式是依照中国传统的章句依附经文形式，多用夹注。但是，他对《道德经》的阐释形式与其他两部经籍稍有不同，他在翻译《道德经》时，译文次序严格依据原文的81章次序，每章分为若干句，并用大写字母ABCD依序标注句子，再做相对应的翻译，夹注多在译文中用括号标出；译文篇尾注评独立成段，总结中国历代的注本疏义，阐发自己的立场。他在对《冲虚真经》与《南华真经》进行翻译时，首先依据原典进行分章，每章分若干段，并用大写字母ABCD依序标注段落，再做对应翻译，他对经文的诠释多是通过夹注（括号加评、斜体字评注）与当页注的形式来阐述经义。

（二）译介依据

戴遂良在翻译道家经籍时，以中国道家经典的历代注本与西方学者对道家经籍的翻译成果为依据，以中国道教史的史实为准绳，对典籍进行阐释性翻译。

1.以中西学术成果为依据

戴氏在翻译《道德经》时主要参考了《汉书·艺文志》《隋唐经籍志》《唐书·艺文志》《宋史·艺文志》《经典释文》《老子笺注》《通志》《续文献通考》《国史经籍志》《道藏目录》10本著作中所收录的《老子》注，但是他在阐释译文时，主要以明代的张洪阳的《老子道德经》注解为主。除了这些中文注本，他同时还参考了法国汉学家儒莲的法译本《道经与德经》（*le livre de la voie et de la vertu*）与英国理雅各英译本《道德经》（*Tao teh king*）。他认为儒莲的法译本是他那个时代的一项伟大而值得赞誉的工作，而理雅各的译本有点散乱，没有厘清道家思想的重点。[①] 他强调说："如果不考虑列子和庄子，则无法展开对道家思想的理解。"[②] 可见，他的工作重心不是另译一部《老子》，而是重新阐释，厘清代表道家思想的一系列著作的核心思想。戴遂良在翻译《列子》时，除了《经典释文》《老子笺注》两部著述以外，主要参考了上述其他8本著述中所收录的张湛《列子注》。由于当时西方汉学家对《列子》的译介几乎为零，因此，他没有参考其他西方译本。戴遂良在翻译《庄子》时，除了《老子笺注》以外，其他均参考上文所列举10本著述中的《庄子注》。但在阐释译文时，他主要以晋郭象注，唐成玄英疏的影宋本《庄子注疏》为主。除了中文注本，他还参考了理雅各的英译本《庄子经》（*The writing of Chuang-tzu*）。

---

① Léon Wieger，*Histoire des croyances religieuses et des opinions philosophiques en Chine depuis l'origine jusqu'à nos jours*，Hien-hien：Impr. de Hien-hien，1917，p.156.

② Léon Wieger，*TomeI. Bibliographie générale*，Hien-hien：Impr. de Hien-hien，1911.

2.以道教史实为准绳

中国人对“经”多有遵奉的态度，当“书”一旦上升到“经”的地位，就意味着这本书不再是凡书。在戴遂良看来，蕴含着深厚道家思想的经籍是道教的载体，道家经典之于道教与《圣经》之于基督教同样重要。他在翻译道家经籍之前，大量阅览了道教的史料文献，正如他在译文的前言中谈论了自己对书名的翻译心得，他发现早在公元前 2 世纪的道教书籍《淮南子》中，就以《道德经》著称《老子》了。在唐朝时，道教被奉为国教，道家诸子经籍在唐朝的地位达到了空前的高度。唐玄宗崇道，于天宝元年（742 年）封列子为冲虚真人，尊称其书为《冲虚真经》，封庄子为南华真人，尊称其书为《南华真经》，《道德经》也被尊称为《道德真经》。① 故此，他依据史实，采取音译策略分别将《老子》《列子》与《庄子》译为《道德经》《冲虚真经》与《南华真经》。除了史料，戴遂良还对《道德经》的命名进行了词源考证。他将《老子》译为“*Tao-tei-king*”，并没有沿袭儒莲的译法“la voie et de la vertu”，这是因为他认为书名《道德经》的含义并不仅仅是“道”与“德”两个字的合义，而应该是其在古籍中的道与德的意义。② 戴氏对道教史料的客观考证，不但向西方忠实地传达了道教的历史文化，同时也提高了译本的文献价值。

四、译介策略

安德烈·勒菲弗尔（Andre Lefevere）提出“翻译即重写”，译者便是“重写者”。译者所采取的“重写”翻译策略直接影响了译作在目的语文化中的接受程度。戴遂良在译者序言中说道：“我的翻译目的是使普通读者都能了解道家的思想家与他们的古老思想，这些知识曾被人们反复地思考过，并被当作新的信息，因此，我在翻译中尽量使译文通俗易懂，不影响译文释义的准确性。”③ 可见，在戴遂良看来，他的翻译是“忠实于原著释义注疏”的译介，不是“忠实于原著”的译介，换句话说，他的翻译是对道家典籍释义的翻译，是对原著的一种重写性的翻译。美国翻译理论家乔治·斯坦纳（George steiner）曾说：“在翻译的‘归并’（Incorporation）阶段，源语的特征不可避免地会减少，当一部作品被翻译成另

---

①③ Léon Wieger, *Les Pères du système taoïste* : *Lao-Tzeu*, *Lie-Tzeu*, *Tchoang-Tzeu Par Léon Wieger*, Hien–hien : Impr. de Hien–hien, 1913, p.4.

② Léon Wieger, *Les Pères du système taoïste* : *Lao-Tzeu*, *Lie-Tzeu*, *Tchoang-Tzeu Par Léon Wieger*, Hien–hien : Impr. de Hien–hien, 1913, p.3.

一种语言时，就已经改头换面了。”[①]“翻译即重写”就是一种对原著进行改头换面的翻译。勒菲弗尔所谓“重写”泛指对文学原作进行翻译、改写、编选、批评和编辑等各种加工和调整的过程。[②]从戴遂良的译者序可以看出，他对道家典籍进行重写性译介的原因不外乎以下两点：一是译文目的语的主要受众是普通读者；二是介绍道家思想家与传递道家思想文化。他在译文中通过增添注释、删除细节、直接阐释、调整句界与重新表达等翻译手段对原著进行了重写性的译介。

（一）增添注释

汉语是意合的语言，句段之间的意义多通过线形的组合来表达。法语是形合的语言，多通过关联词表达句子成分之间的组合，插入语成分是法语表达中常见的一种语法。鉴于中法语言差异，戴遂良在译文中多将注释以插入语的形式，置于要解释的词或句后面，使译文的表达更符合目的语的表达方式。

原文：持而盈之，不如其已，揣而锐之，不可长保。（《道德经》第九章）

戴氏译文：Tenir un vase plein，*sans que rien découle*，est impossible；mieux eût valu ne pas le remplir. Conserver une lame affilée à l'extrême，*sans que son tranchant ne s'émousse*，est impossible；mieux eût valu ne pas l'aiguiser à ce point.[③]

儒莲译文：Il vaut mieux ne pas remplir un vase que de vouloir le maintenir（lorsqu'il est plein）. Si l'on aiguise une lame，bien qu'on l'explore avec la main，on ne pourra la conserver constamment（tranchante）.[④]

上述译文中标注下划线的斜体部分是注释，戴氏的译文可回译为：手持一满盆水，一点都不晃动，是不可能的事情，倒不如不将水蓄得太满。使一把锋利无比的剑不被磨损变钝，这是不可能的事情，倒不如不将其磨得太锋利。《道德经》原句的连词是“……不如……”的结构，从译文可知，戴遂良是严格按照汉语词序进行翻译，同时，他为了使目的语的读者能够明晰句义，在直译句子基础上又加上插入语补充句义。除了加插入语，他还自我发挥在译文中添加了“impossible”，使整个法语句子变得更丰满，表达更清晰。儒莲将汉语中的“……

---

① Jeremy Mundey，*Introduction Translation Studies Theories and Applications*，London and New York：Routledge，2001，p.165.

② Andre Lefevere，*Translation*，*Rewriting And The Manipulation of Literary Fame*，Shanghai：Shanghai Foreign Language Education Press，2010，Preface.

③ Léon Wieger，*Les Pères du système taoïste*：*Lao-Tzeu*，*Lie-Tzeu*，*Tchoang-Tzeu Par Léon Wieger*，Hien-hien：Impr. de Hien-hien，1913，p.25.

④ Julien Stanislas Aignan，*Le livre de la voie et de la vertu*，Paris：Imprimerie Royale，1842，pp.12-13.

不如……”结构译成法语句式“Il vaut mieux ne pas.......”，从法语语法角度来看，儒莲的译法更灵活，更符合法语语法表达习惯，他没有恪守字对字的翻译。相比较而言，戴遂良的直译加阐释法可以拓展译者的发挥空间，使译文成为作者与译者的共同之作。然而，这种译法也有弊端，虽说，译文在一定程度上忠实于原著的大意，但是，目的语的读者在阅读时，从译文中所听到的声音已经不再单单是作者的声音，译者的声音也在其中，破坏了译文对原著的忠实度。

（二）删除细节，直接阐释

译文既然是取材于原文，其大意与原文也必有相似之处，细读戴氏译文，可以发现他在译文中删去了原文的多处细节，取而代之的是他直接阐释性的翻译。

原文：万物尽然，而以是相蕴。予恶乎知说生之非惑邪！予恶乎知恶死之非弱丧而不知归者邪！丽之姬，艾封人之子也。晋国之始得之也，涕泣沾襟。及其至于王所，与王同筐床，食刍豢，而后悔其泣也。(《庄子·齐物论》)

译　文：Et pour ce qui est de la distinction qui tourmente le plus les hommes，celle de la vie et de la mort，... l’amour de la vie n’estil pas une illusion? la crainte de la mort n’estelle pas une erreur? Ce départ estil réellement un malheur? Ne conduitil pas，comme celui de la fiancée qui quitte la maison paternelle，à un autre bonheur?… Jadis，quand la belle Ki de Li fut enlevée，elle pleura à mouiller sa robe. Quand elle fut devenue la favorite du roi de *Tsinn*，elle constata qu’elle avait eu tort de pleurer.①

从以上译文可知，戴氏删去了细节“万物尽然，而以是相蕴”。他对“予恶乎知说生之非惑邪！予恶乎知恶死之非弱丧而不知归者邪！”的翻译是“Et pour ce qui est de la distinction qui tourmente le plus les hommes，celle de la vie et de la mort，… l’amour de la vie n’estil pas une illusion? la crainte de la mort n’estelle pas une erreur? Ce départ estil réellement un malheur?”这句话可回译为：“使人们焦虑万分的最大痛苦就是生与死，喜生不是一种幻觉吗？惧死不是错误吗？生死的开始是一种真实的不幸吗？”可见，戴氏的译文几乎完全偏离了原文，是对原文的一种不忠实的诠释。在后文中，他对“骊姬悔泣”故事的翻译也与原文的意思相差甚远。他忽视了故事的历史背景“晋国之始得之也，涕泣沾襟”，而将其翻译成一位普通古代女子即将嫁人时的情景“la fiancée qui quitte la maison paternelle，à un autre bonheur?… Jadis，quand la belle Ki de Li fut enlevée，elle pleura à mouiller sa robe”，这是对原文的一种误读与误译。戴氏的这种译法充分

---

① Léon Wieger，*Les Pères du système taoïste*：*Lao-Tzeu*，*Lie-Tzeu*，*Tchoang-Tzeu Par Léon Wieger*，Hien-hien：Impr. de Hien-hien，1913，p.225.

反映了译者对译文的操控。这是一种极端的译法，译者几乎摆脱了原著，只是在原著大意的基础上进行翻译，甚至扭曲了原意，出现了误读误译的现象。

（三）调整句界，重新表达

调整句界即调整源语中原句的信息量。戴遂良在译文中有多处是通过调整原句的信息量，用概括性的语言或与原句意思相近的句子对原著重新进行表达。

原文：北冥有鱼，其名为鲲。鲲之大，不知其几千里也。化而为鸟，其名为鹏。鹏之背，不知其几千里也。怒而飞，其翼若垂天之云。是鸟也，海运则将徙于南冥。南冥者，天池也。《齐谐》者，志怪者也。《谐》之言曰："鹏之徙于南冥也，水击三千里，抟扶摇而上者九万里，去以六月息者也。"（《庄子·逍遥游》）

译文：S'il faut en croire d' anciennes légendes，dans l'océan septentrional vit un poisson immense，qui peut prendre la forme d' un oiseau. Quand cet oiseau s'enlève，ses ailes s'étendent dans le ciel comme des nuages. Rasant les flots，dans la direction du Sud，il prend son élan sur une longueur de trois mille stades，puis s'élève sur le vent à la hauteur de quatrevingtdix mille stades，dans l' espace de six mois.①

从以上译文可知，戴遂良将"北冥"译为"l' océan septentrional"，将"鲲"译为"poisson immense"。他略去了原句中描述"鲲"的句子"鲲之大，不知其几千里也"，紧接着翻译"化而为鸟"，后面又略去了"其名为鹏。鹏之背，不知其几千里也"，直接翻译"怒而飞，其翼若垂天之云"，最后，他又略去了"是鸟也，海运则将徙于南冥。南冥者，天池也。《齐谐》者，志怪者也"。从戴氏略去的部分来看，这些部分详细描述了"鲲""鹏""南冥"与"齐谐"，蕴含着大量的信息，是这篇寓言故事中的重要"人物"与地点，戴遂良在译文中均作了省略。这种译法有利有弊：一方面，戴氏大手笔的删减迎合了西方读者的阅读习惯与审美趣味，虽说他删除了故事中的细节描写，但这并没有影响到故事情节的发展；另一方面，戴氏对原文信息进行删减，并将原文的语序在不影响大意的前提下重新排列翻译，这是对原著的一种阐释性的改写，没有忠实传递原著中的异质文化。

综上所述，如果以翻译标准"信"来衡量戴遂良的译本，他的译本算不上是忠实于原著的译本。我们与其说他的译本是翻译，倒不如说他的译本是对道家经典阐释性的翻译与重写。然而，这种重写也不是毫无价值和意义的，法国道家典籍的译者勒内（René Brémond）评论戴遂良的译本说："虽说戴氏的译本称不上是忠实的译本，但是他根据个人喜恶所引用的大量注释仍然不失是一种必不可少的

① Léon Wieger, *Les Pères du système taoïste* : *Lao-Tzeu*, *Lie-Tzeu*, *Tchoang-Tzeu Par Léon Wieger*, Hien-hien：Impr. de Hien-hien，1913，p.209.

参考文献，这些不忠实的译文中大量的注释具有不可估量的参考价值。”① 西方汉学家石秀娜曾说：“对道家典籍的翻译研究，采用释义和研究的形式比单纯的翻译要好，只有译本囊括了实用的索引，具有新的和丰富的译作才能成为有价值的参考著作。”② 从某种程度上来说，戴遂良在译文中的夹注与注疏提升了这本阐释性翻译的译作价值。

第三节　小结

纵观戴遂良的一生可知，他是一个以传教为主的典型业余汉学家。他在华46年间，先以医生的身份进行传教，后致力于汉学研究。他以传福音为毕生使命，为了打开中国人的信仰门户而研究道家经典，最终却走上了汉学研究的道路。戴遂良具有“文化交互性”背景，他早期在法国的成长经历、教育背景、宗教背景以及他在华的种种经历使他成为一个多元文化的聚合体。根据伽达默尔的“视域融合”理论，翻译即解释或阐释，戴遂良所具有的多元文化背景成为他阐释道教经典视域中的潜在的“前见”，这种“前见”不可避免地会影响到译者的主体性，包括他对道典的译介与阐释。戴遂良是一位传教士汉学家，他的身份与事业决定了他对道典的译介目的主要在于襄助传教、传递道家文化与实现中西耶道对话。他的译本体例主要采取汉法对照的形式，在译介的同时，以中西方学术成果为依据，以道教史实为准绳，进行客观翻译。他在译本中主要采取了增添注释、删除细节直接阐释与调整句界重新表达等翻译方法进行译介。如果以翻译标准“信”来衡量戴遂良的译本，他的译本算不上是忠实于原著的译本，但可以视为对道家经典的阐释性翻译与重写。

---

① René Brémond，*La Sagesse chinoise selon le Tao*，*pensées choisies* “*de Lao tseu*，*Lie tseu et Tchouang tseu*” *et tra duites par René Brémond*，Paris：Éditions d'histoire et d’art，Plon；(Corbeil：impr. de Crété)，1955，p.13，15，18.

② Anna Scidel，“A Chronicle of Taoist studies in the west 1950–1990”，*Cahiers d’Extrême-Asie*，1990，Vol. 5，pp.223–347.

第二章　戴遂良对道家经典的阐释

中国传统道家经典的释经史达2000多年，形成了内容上斑驳复杂的解经传统，其研究广涉文字、音韵、训诂以及思想义理的剖析，历代相关的注疏著作可谓是百舸争流，汗牛充栋。戴遂良在译介道家典籍时，参考了大量历代注本，因此，在考察戴遂良对道家经籍阐释之前，有必要对历代学者对道家经籍的诠释传统做一梳理。《道德经》《列子》与《庄子》是道家经典中的名篇，本书中所讨论的道家经典诠释传统指的是中国传统学者对这3本经典的注疏。本章先是论述了道家经典的阐释传统，然后探讨了戴遂良对道家经典的阐释维度，包括他借“中学”与“西学”对道典的阐释，他的译本体现了中西“文化会通”的交融性。

第一节　道家经典的阐释传统

最初老子的书被称为《老子》,《道德经》是西汉末年才出现的称谓。历来为《老子》做注者数不胜数,《八史经籍志》中所录的注本有230部，王重民的《老子考》存目有450部，严灵峰的《无求备斋老子集成》初编、续编、补编共影印收录了356部。[①] 在这诸多的注本中，河上公章句本、魏晋王弼本、汉严遵《老子指归》本与唐傅奕《道德经古本篇》是最古老的四大版本。[②] 先秦时期很少有学者关注《列子》，自东晋张湛《列子注》问世以后，才渐渐为人所知，此后所传的《列子》多以此本为祖本。注《庄子》之风也蔚为大观,《世说新语·文学篇》说:“初，注庄者数十家。”《晋书·郭象传》也记载:“先是注《庄子》者数十家。”在这诸多的《庄子注》中，自南宋司马彪的注本亡后，郭注遂成为传本之硕果仅存,[③] 也更为世所通行，后世陆德明的《庄子注》音义以郭为主[④]，成玄英疏解依据郭注。本书主要借鉴了体现“章句训诂”特色的河上公章句本、具有“玄学”特征的王弼《老子道德经注》、郭象注成玄英疏的《庄子注》与张湛的《列子注》

① 兰喜并:《老子解读》，中华书局，2005年版，第10页。

② 高定彝:《老子道德经研究》，北京广播学院出版社，1999年版，第12页。

③ 续修四库全书编撰委员会编:《续修四库全书》第955册，上海古籍出版社，2013年版，第4页。

④（唐）陆德明著,（清）吴承仕注:《经典释文序录疏证》，中华书局，2008年版，第141页。

来探讨道家经典的传统阐释特征。这些注本不仅是道家经典的古老注本，也是最能体现史上道经解经传统的注本。道家经典产生于先秦时期，解经形式以章句训诂为主，道学意义的阐释主要经历了魏晋时期的玄化与唐初的重玄化。

一、阐释形式——章句训诂

章句和训诂在西汉时期开创并发展起来，是中国古代注释经典的两种方法。“章句”多指“离章辨句”，用分章、析句的方法对经籍进行解说，包括解释词意、分析段落、理线索、明示章旨、串讲经籍大意等。“训诂”一词，最初单称“诂”或“训”。“训”多指用通俗的语言来解释词意，“诂”是用当代的话来解释古语或以普遍通行的话来解释方言，汉初合称“训诂”或“诂训”。[①] 章句之学是中国经典的一种注疏体裁，正如吕思勉所述：“考诸古书，则古人所谓章句，似即后世之传注。”[②] 冯友兰也说：“章句是从汉朝以来的一种注解名称。”[③] 历来的道学大师主要以训诂章句为手段，以微言大义阐释道家思想，对后世道典的诠释有着深远的影响。

盛行于两汉的章句之体主要有两个特征：一是分章析句释义。刘勰在《文心雕龙》章句篇中说：“夫人之立言，因字而生句，积句而为章，积章而成篇。”[④] 王充在《论衡》正说篇中说：“夫经之有篇也，犹有章句也；有章句，犹有文字也。文字有意以立句，句有数以连章，章有体以成篇，篇则章句之大者也。”[⑤] 中国古代经籍多不分章，不断句，无标点，如果阐明经义，就需要分篇为章，析章为句子，这种对古籍的诠释疏解方式就是章句。二是依附经传而行。章句的注疏形式决定了其不可单行。正如清儒焦循评价章句的依附经传特征说：“章有其旨，则总括于每章之末，是为‘章旨’也。叠诂训于语句之中，绘本义于错综之内。”[⑥] 这里的“叠诂训于语句之中，绘本义于错综之内”，意思就是说章句依附经传而行。

生活在两汉时期的道家学者深受章句训诂学的影响，他们对道家经典的注释在文体上也正反映了当时的学风。他们在注疏道家经典时，多采取章句训诂的形式，比如《老子道德经河上公章句》是现存老子注本中成书较早、影响较大的完

---

① 徐道勋、徐洪兴：《中国经学史》，上海人民出版社，2006 年版，第 389 页。

② 林庆彰主编：《中国经学史论文选集》上册，文史哲出版社，1992 年版，第 277 页。

③ 冯友兰：《中国哲学史史料学初稿》，上海人民出版社，1962 年版，第 40 页。

④ （梁）刘勰：《文心雕龙》，中华书局，1985 年版，第 47 页。

⑤ （东汉）王充：《论衡》，上海人民出版社，1974 年版，第 427 页。

⑥ （清）焦循：《孟子正义》卷一，中华书局，1987 年版，第 27 页。

整注本。[①] 相传这本老子注是隐士河上丈人或河上公所撰，成书时期大约是在战国或西汉初。自南宋司马彪的注本亡后，郭象的《庄子注》成为仅存的传本，对后世的《庄子注》影响深远。《老子道德经河上公章句》与郭象的《庄子注》均具有明显的分章析句释义和依附经传的特征，现以宋刊的《老子道德经河上公章句》与《续修四库全书》中的郭象《庄子注》影印本为例：

道可道，谓经述政教之道也。非常道，以非自然长生之道也，常道当以无为养神无事安民含光藏晖，灭迹匿端不可称道。名可名，谓富贵尊荣高世之名也。非常名。非自然常在之名也，常名爱如婴孩之未言，鸡子之未分明，珠在蚌中，美玉处石间内，虽昭昭外如愚头。无名天地之始，无名者谓道，道无形，故不可名也，始者，道本也，吐气布化出于虚无，无为天地本始也。有名万物之母，有名谓天地，天地有形位阴阳，有柔刚，是其有名也，万物母者天地含气，生万物，长大成熟，如母之养子。故常无欲以观其妙，妙要也，人常能，无欲则可以观道之要，谓一也，一出布，名道赞，叙明是非。[②]

《齐谐》者，志怪者也。《齐谐》之言曰：鹏之徙於南冥也，水击三千里，搏扶摇而上者九万里，夫翼大则难举，故搏扶摇而后能上，九万里乃足自胜耳。既有斯翼，岂得次然而起，数仞而下哉。此皆不得不然，非乐然也。去以六月息者也。夫大鸟一去半岁，至天池而息；小鸟一飞半朝，枪榆枋而止。此比所能则有间矣，其於适性一也。野马也，尘埃也，生物之以息相吹也。此皆鹏之所凭以飞者耳。野马者，游气也。[③]

从上述例文可以看出，《老子道德经河上公章句》与《庄子注》的注解具有章句训诂的分章析句释义的特征，即一句经文，一句章句释义。除此之外，章句注文并没有独立成篇，而是依附经文而行。这种“章句”注释形式对历代道家经典注疏具有深远的影响，前蜀道士强思齐的《道德真经玄德纂疏》注文除了具有分章析句以外，每章前有题解，述各章前后次第及一章主旨、段落大意。唐代成玄英的《老子道德经开题序决义疏》与宋代江澄的《道德真经疏义》均采用章句的诠释形式逐句释义。不仅历史上的解经者用章句训诂的形式诠释《道德经》，对《庄子》的注疏也是如此。比如北宋陈景元的《南华真经章句音义》也严格按照章句形式释经，正如他在注者序中解说：“随指命题，号曰章句，逐章之下，音象解义，释说事类，标为章义。”[④] 除此之外，他还著有《南华真经章句余事》

① 王卡点校：《老子道德经河上公章句》，中华书局，1993 年版，第 1 页。

② 福建省文史研究馆编：《宋刊老子道德经（汉）河上公章句》，福建人民出版社，2008 年版，第 13 页。

③ 续修四库全书编撰委员会编：《续修四库全书》第 955 册，上海古籍出版社，2013 年版，第 4 页。

④ 胡孚琛：《中华道教大辞典》，中国社会科学出版社，1995 年版，第 320 页。

进一步解释章句注经法的实用处。可见，历代注疏道家经典的书目虽繁，但是通行本之体不外乎章句的注疏形式。

二、阐释思想——以玄释道

汤一介将道家思想的发展分为三期：先秦道家是第一期，魏晋玄学是第二期，初唐重玄学为第三期。[①]玄学理论源自先秦道家学说，道学在先秦本是“显学”，在秦朝时期，其文化境遇优于儒家，西汉前期，黄老思想成为治国的主导思想。东汉后期，道家文化的影响力渐长，说经泛滥，士人产生厌烦之心，儒学“经世致用”的效能严重弱化，儒家思想不但不能有效指导国家的政治思想，而且也不能规范士大夫的思想行为。迫于时代政局的呼召，魏晋时期出现了对道家经典《庄子》《老子》的研究热潮，这促使了玄学的兴起。“玄学”中的“玄”字取自老子的“玄之又玄，众妙之门”之意，以“玄”统摄世界，称《周易》《老子》与《庄子》为“三玄”，以何晏、王弼等为首的名士将道家思想引进儒学，以道家的“玄”谈容止与思辨义理之学代替儒家的讲经习礼与章句之学，以寻求精神的超脱，这促使了魏晋时期玄学的产生。汤一介给“魏晋玄学”下的定义是指魏晋时期以老庄思想为骨架企图调和儒道、会通“自然”与“名教”的一种特定的哲学思潮，它所讨论的中心为“本末有无”问题，即用思辨的方法来讨论有关天地万物存在的根本问题，也就是说表现为远离“世务”和“事物”形而上学本体论的问题。[②]道学新形态的玄学在理论上吸收了儒学的理论成分，魏晋时期王弼的《周易注》《道德经注》，向秀的《庄子注》等都促进了魏晋“儒道兼综”思想格局的形成。

何晏对“以无为本”的命题加以阐释，采用以“道”统“儒”的学术路径。王弼以注《易经》《老子》而著称于世，《老子》注的成果颇丰，著有《老子道德经注》二卷、《老子略论》一卷、《老子指例略》二卷、《周易注》。[③]王弼“以无为本”为命题阐释《道德经》，他所谓的“无”是本而“有”是末，比如，他在《老子道德经注校释》中解释“天下万物生于有，有生于无”（《道德经》第四十章）时说：“天下之物皆以有为生，有之所始，以无为本，将欲全有，必反于无也。”[④]意思是说，天下万物均是以“有”为生存形式的，万物之所以能始成为“有”，是以“无”为存在根本的。如果要全有，就要返回根本的“无”。他在解释“道

① 汤一介：《非实非虚集》，华文出版社，1999年版，第139页。

② 汤一介：《郭象与魏晋玄学》，北京大学出版社，2000年版，第13页。

③ 王晓毅：《王弼评传》，南京大学出版社，1996年版，第375页。

④ 王弼注，楼宇烈校释：《老子道德经注校释》，中华书局，2008年版，第110页。

生一，一生二，二生三，三生万物”（《道德经》第四十二章）时说：“万物万形，其归一也，何由致一，由于无也。”[①]也就是说万物万形的统一性在于“无”，“无”统一所有的“有”。由于王弼认为“无”是“有”存在的依据，因此被称为“贵无”派。他对《老子道德经注》的主要诠释特征重在阐发经典文本的完整内涵以及发挥文本里层内涵，而非单纯文字的疏解，全书贯穿“以无为本”的核心命题贴切地阐述了《老子》的思想内涵。如“天地不仁，以万物为刍狗。圣人不仁，以百姓为刍狗”。（《道德经》第五章）王弼注：“天地任自然，无为无造，万物自相治理，故不仁也。仁者必造立施化，有恩有为。造立施化，则物失其真。有恩有为，则物不具存。物不具存，则不足备载……。”[②]“仁”是儒家的最高道德规范，道家则认为天地与圣人的伟大在于“不仁”，这听起来儒道对于“仁”的论述矛盾至极，有必要加以阐发，王弼从“玄学”的角度出发，主张不废名教而任自然，以无为本，强调“自然无为”与“圣人无为”的政治思想，调和了儒道之间的矛盾。向秀与郭象均是魏晋玄学家中注疏《庄子》的名家，历代学者对于郭象剽窃向秀《庄子注》的说法不一，但是他们均曾试图调和儒道之间“名教”与“自然”的矛盾。向秀认为“自然”与“名教”并不对立，提倡“以儒道为一”。他在《养生论》中说：“夫实由文显，道以事彰，有道而无事，犹有雄而无雌耳。”[③]在向秀看来，“自然之理”与“人为之礼”并不矛盾。郭象反对“有生于无”，他认为万物是“自生”的，所以他在《逍遥游》中说：“物各有性，性各有极，”[④]事物存在的内在依据是“有性”，这个“性”又有一个“极限”。汤一介先生认为郭象的“崇有”“无无”思想是调和“自然”与“名教”的理论基础。[⑤]魏晋时期的玄学家们援道入儒，以道释儒是这一时期玄学的主要特征。

佛教自西汉时期传入中国，在魏晋时期迅猛发展，道学在魏晋时期玄化的同时，也受到了佛教思想的影响，东晋时，道学发生了佛化。佛教作为外来宗教的异质文化，自从其传入中国，便与中国儒学思想互相渗透与影响。佛经翻译者意欲借佛教补充丰富玄学，比如道安等采用“格义”的方法来诠释佛经，即用中国的儒道思想阐释佛经，这促进了佛学向儒道的渗透。到南朝时期，由于各代统治者提倡佛教，研习佛理，尤其是梁武帝提倡“三教同源”说，视孔子、老子、周公均为“如来弟子”，并颁令“唯佛一道，是为正道，公卿、百官、侯王、宗族，

① 王弼注，楼宇烈校释：《老子道德经注校释》，中华书局，2008 年版，第 117 页。

② （晋）王弼：《老子道德经注》，中华书局，1954 年版，第 3 页。

③ 杨伯峻：《列子集释》，中华书局，1979 年版，第 71 页。

④ 续修四库全书编撰委员会编：《续修四库全书》第 955 册，上海古籍出版社，2013 年版，第 1 页。

⑤ 汤一介：《非实非虚集》，华文出版社，1999 年版，第 150 页。

宜反伪就直，舍邪入正”，[①] 这就意味着国教是以佛教为中心，儒道均源于佛教。这样一来，经学反倒要借助于佛教求生存与发展了，赵翼描述南朝时经学玄化与佛化情景称：“梁时所谈，亦不专讲五经。五经之外，仍不废《老》《庄》，且又增佛义。”[②] 因此，道学佛化的趋势愈演愈烈。这一时期注经家与经学研究著作的主要特征是兼通儒、释、玄思想。

东晋张湛是道家经典注家，著有《列子注》《养生要集》与《延年秘录》等。历代学者对张湛的《列子注》属于玄学还是佛学的定论众说不一。梁启超依据两晋之间流行的佛教思想，认为张湛的注本体现了佛教思想。[③] 汤用彤认为张湛与道安有着共同的学术宗旨，张湛在注解《列子》时，将佛学纳入了玄学的体系。[④] 冯友兰将张湛注排除在玄学之外。[⑤] 钱钟书认为张湛的注本是用道教和佛教思想相互阐释，他对张湛融汇老庄、王弼、郭象与佛教之学的意图进行了剖析。[⑥] 任继愈认为张湛的《列子注》体现了以佛解玄、以玄解佛的特点，是东晋玄学被佛学取代之际的代表作。[⑦] 笔者认为张湛生活在佛教盛行的东晋，佛教思想不可避免地会影响他的人生观，这些影响主要体现在注者的主体性上，比如，他对《列子》中“虚”的注解是：“凡贵名之所以生，必谓去彼而取此，是我而非物。今有无两忘，万异冥一，故谓之虚。虚既虚矣，贵贱之名，将何所生？”[⑧] 在他看来，有无、两忘、贵贱均是“虚”的含义，只要站在“道”的高度看待有无、两忘、贵贱，便能超脱于尘世之外。显然，他对“虚”的阐释融汇了佛教的“空”。张湛对儒家学说采取保留肯定的态度，他承认孔子是圣人，但是不认为孔子的圣言具有万古不变的价值。因此，他主张扬长避短，利用儒学但不依靠它，以道学为主吸纳儒学。张湛的《列子注》及其解经法是史上影响深远的注本，后世注本多以他的注本为范。元代李道纯以儒家伦理、禅宗心性诠释《老子》。宋代林希逸的《南华真经口义》“以禅学解庄，欲为南华老仙洗去郭象之陋”，除此之外，他还用佛教名词诠释《列子》，以《庄子》校正《列子》。

---

① 唐京兆释道宣撰：《广弘明集》（二十九卷），http：//www.cmingde.com/gxw_14039/29.html，2016年3月1日。

② （清）赵翼：《廿二史札记》，中华书局，1963年版，第151页。

③ 杨伯峻：《列子集释》，中华书局，1979年版，第299-230页。

④ 汤用彤：《理学·玄学·佛学》，北京大学出版社，1991年版，第303页。

⑤ 冯友兰：《中国哲学史新编》中卷，人民出版社，2004年版，第581-597页。

⑥ 钱钟书：《管锥编》，三联书店，2000年版，第113页。

⑦ 任继愈：《中国哲学史》，人民出版社，1964年版，第241页。

⑧ 杨伯峻：《列子集释》，中华书局，1979年版，第28页。

重玄学始于东晋孙登，后来梁道士孟知周、臧矜，陈道士诸柔，隋道士刘进喜，唐道士成玄英、李荣、蔡子晃等，皆阐发重玄之义。重玄家融汇佛学的“双遣法”，以《庄子》“无为”“忘心”说为基础，采佛教破除妄执意，力图超越玄学，超越佛学，将道教哲学深化为一种“重玄”哲学，这就是道教向老庄哲学复归并深入发展的标志。道教重玄学既遣有无，又遣非有非无，有无双遣，本迹俱忘，遣之又遣，忘而再忘，方入重玄之境。重玄派盛行于唐，以成玄英最为突出，后杜光庭、陈景元亦继承其学说，影响甚大。[①]重玄学是在魏晋玄学的基础上融合了佛教哲学理论和南北朝的道教思想，使道教得以在义理上与佛教相抗衡，促成了儒道佛的鼎立之势。成玄英是唐初公认的重玄学集大成者，著有《道德经义疏》与《庄子疏》。他在《道德经义疏》第一章中定义了“重玄”，他对老子“玄之又玄，众妙之门”的疏解表述是：“玄者，深远之义，亦是不滞之名。有无二心，徼妙两观，源乎一道，同出异名。异名一道，谓之深远。深远之玄，理归无滞。既不滞有，亦不滞无，二俱不滞，故谓之玄。有欲之人，唯滞于有；无欲之士，又滞于无，故说一玄以遣双执。又恐行者滞于此玄，今说又玄，更祛后病。既而非但不滞于滞，亦乃不滞于不滞，此则遣之又遣，故曰玄之又玄。”[②]成玄英的“一玄”是否定“无”而崇“有”，而达到“非有非无”，以致“不滞于不滞”。[③]可见，成玄英的重玄学在思维方式上无疑受到了南北朝佛教的启示。他所生活的初唐时期是佛道发展臻至鼎盛，佛道交融的频繁时期，他在《庄子疏》中引用佛典中语言疏解道教经典，还引起了华严四祖澄观的注意，澄观在《大方广佛华严经随疏演义钞》中说：“后儒皆以言词小同，不观前后，本所建立，致欲混和三教。现如今时成英尊师作庄老疏。广引释教以参彼典。”[④]成玄英的重玄学也体现在他在疏义庄子时，对佛教语言与思维方式的吸收与转换。

后世以重玄学注释道典的颇多，唐高宗时期道士李荣的《道德真经注》以“重玄说”注；唐玄宗李隆基在《唐玄宗御制道德真经注》一书中以“重玄学”开题释义的著述体例著成，即以每章前作“释题”，解释《道德经》章节结构及各章层次及义旨；唐末杜光庭的《道德真经广圣义》全书以“重玄”为宗旨阐释经义。总之，在道家经典阐释的过程中，学术流派异彩纷呈，如魏晋的玄学以玄释道，魏晋之后的“重玄”派又掺和以佛释道等都是在前人典籍注释和阐发的基础上进行的。从注本的流传广度与影响深度来看，后世注本多依据《老子道德经

① 胡孚琛：《中华道教大辞典》，中国社会科学出版社，1995 年版，第 58 页。

② 蒙文通：《古学甄微　蒙文通文集》（第 1 卷），巴蜀书社，1987 年版，第 343 页。

③ 汤一介：《非实非虚集》，华文出版社，1999 年版，第 155 页。

④ 澄观：《大正藏》（36 卷），大正一切经刊行会出版，1934 年版，第 104 页。

河上公章句》、王弼的《道德经注本》、郭象的《庄子注》与张湛的《列子注》，本书在判断戴遂良对道家经典的阐释价值时，重点参考了这四个注本。

第二节 戴遂良对道家经典的阐释维度

“目的论”的翻译理论家汉斯·维米尔（Hans Vermeer）认为，翻译目的决定翻译策略，目标文本的预期目的决定翻译方法。[①] 因此，一个特定翻译任务的目的会使译者决定采取自由译法还是忠实译法，或者归化与异化两个极端间的折中译法，这完全取决于翻译目的。戴遂良对道家典籍的译介目的主要是学习和了解道家文化进行传教，并向西方学者传递道家文学经典，以实现中西耶道间的对话。这些翻译目的决定了他对经典进行诠释与翻译时，必定会在中西哲学与宗教间不断进行游说，以化解矛盾，解决冲突，并实现中西哲学与宗教间的调和与对话。故而，他主要采取了“以中释中、以西释中”策略对道家经典进行阐释。

伽达默尔认为理解循环中的前见或预期不是随心所欲的，而是从事情本身出发的，他说：“一种受方法论意识所指导的理解，不只是形成它的预期，而是对预期有意识，以便能控制预期，因而从事情本身获得正确的理解。”[②] 戴遂良在翻译道家经典时，充分参考了传统的道家经典注与当时西方对中国道家经典的研究成果，诚如他在译者序的前言中说：“我的翻译目的是使普通读者都能了解道家的思想家与他们的古老思想，这些知识曾被人们（注评家们）反复地思考过，并被当作新的讯息，我在翻译中尽量使译文读起来通俗易懂，不影响译文释义的准确性。”[③] 戴氏坚持从事情本身出发对道家经典进行理解，并非凭借译者的一己之见，他基于中外前人学者的成果，采取“以中释中、以西释中”的策略阐释道家思想，他对道家经典的阐释维度体现了翻译学在中西文化交流中的诠释空间与张力。

---

① Mona Baker，Kirsten Malmkjer，*Routledge Encyclopedia of Translation Studies*，Shanghai：Shanghai Foreign Language Educational Press，2004，p.236.

② Hans-Georg Gadamer，*wahrheit und Methode*，*I*，J. c. B. Mohr（Paul Siebeck）：Tuebingen，1986，p.274.

③ Léon Wieger，*Les Pères du système taoïste*：*Lao-Tzeu*，*Lie-Tzeu*，*Tchoang-Tzeu Par Léon Wieger*，Hien-hien：Impr. de Hien-hien，1913，p.4.

一、以中释中

戴遂良是一位学者型的翻译家，他在译介道家经籍时，参考了大量的道家经籍注本与史料文献，并引经据典地对译文进行客观诠释，他的译本是以文献为基础的。比如：他在介绍道家思想的渊源时，引用了《汉书·艺文志》中“道家者流，盖出于史官，历记成败存亡祸福古今之道”以证实道家思想源于周朝史官对成败亡祸之道的记述；他在阐释杨朱论“利己主义”的言论时，引用《孟子·尽心》上篇的“杨子取为我，拔一毛而利天下不为也”为立论依据批判杨朱的“利己享乐主义”。戴遂良在诠释道家经籍时旁征博引，这种译法忠实地传递了道家异质文化的渊源。他在《道德经》《列子》与《庄子》的译文前面分别介绍了三本经典注本在中国历史上汉、隋、唐、宋、明、清时期的采编、流传、版本、笺注等基础知识，这种译介方式直接阐释了道家经籍文本的若干历史文化问题，反映了译者对道家文献的熟悉程度。换言之，他对经典注疏本知识的介绍，也是将翻译文本置于中国史上具体的文化与语言环境中，使读者可以理解翻译文本所产生的时代特点与社会文化背景。

戴遂良在译介道教经典时，在译文的诠释体例上酌取传统注家对道家经籍的注释体例和方式。他依据原典的章数，将每章分为若干段、句，并用大写字母 ABCD 的形式标注段或句，再做对应翻译。他在注释上多采取章句依附经传的形式进行阐释，在译文的篇尾又附有总的阐释以解释经义，颇具有中国道家经典的传统注疏特点。

原文：A 持而盈之，不如其已，揣而锐之，不可长保。金玉满堂，莫之能守。B 富贵而骄，自遗其咎。C 功成名遂，天之道。（《道德经》第九章）

译文：A.Tenir un vase plein，*sans que rien découle*，est impossible；mieux eût valu ne pas le remplir. Conserver une lame affilée à l'extrême，*sans que son tranchant ne s'émousse*，est impossible；mieux eût valu ne pas l'aiguiser à ce point. Garder une salle pleine d'or et de pierres précieuses，*sans que rien en soit détourné*，est impossible；mieux eût valu ne pas amasser ce trésor. *Aucun extrême ne peut être maintenu longtemps. A tout apogée succède nécessairement une décadence. Ainsi de l'homme*...B.Quiconque，étant devenu riche et puissant，s'enorgueillit，prépare luimême sa ruine. C. Se retirer，à l'apogée de son mérite et de sa renommée，voilà la voie du ciel.①

① Léon Wieger，*Les Pères du système taoïste*：*Lao-Tzeu*，*Lie-Tzeu*，*Tchoang-Tzeu Par Léon Wieger*，Hien-hien：Impr. de Hien-hien，1913，p.25.

在例文中，ABC 是戴遂良对文章的分句，法译文中的非斜体部分是译文，标有底线斜体部分是戴氏的注释。A 句译文中标有底线斜体部分“*sans que rien découle*、*sans que son tranchant ne s'émousse*、*sans que rien en soit détourné*”是夹注，戴遂良将夹注作为插入语部分对译文的意思进行补充说明，以使译文符合法语的表达习惯与理解上的审美趣味。在 A 句译文之后的斜体字“*Aucun extrême ne peut être maintenu longtemps. A tout apogée succède nécessairement une décadence. Ainsi de l'homme...*”是戴氏对 A 句做的整体诠释。他的这种注释方法沿袭了中国历代注家对道家经典阐释的体例与范式。戴遂良以中国文献与史料对道家经籍的阐释论点来支撑自己的诠释，这种译法忠实地传达道家经籍的原文信息，不遗余力地保存了原著的形式，同时也实现了翻译形式与功能的对应。

二、以西释中

本书中所谓的“以西释中”即用西方哲学与基督教思想或术语诠释道家经籍。文化背景是影响译者主体性的一个重要因素，也决定了译者对翻译策略的取舍。澳大利亚的翻译学者皮姆认为所谓的“交互文化（intercultures）”背景指的是人们在进行跨文化交流时，由于信仰或习俗的交叉重叠，使人们很快能将两种或者两种以上的文化结合到一起，译者便是这种交互文化的综合体。[①] 戴遂良是法国传教士，他具有跨文化的国际身份，是交互文化的主体，因此，他在阐释与译介道家经籍时，不可避免地会受到西方文化、哲学、神学的影响，他的译本具有明显的“以西释中”的特征。

（一）以西方哲学释道

戴遂良在译介道家经籍时，引用了大量的西方哲学术语来诠释翻译道家经籍。他将《道德经》中的阴阳动静关系诠释为“诺斯替主义（Gnosiologie）”，根据《剑桥哲学大辞典》的解释，“诺斯替主义”是基督教早期的一种两元论的宗教与哲学运动，强调人并不是通过信心得到救恩的，而是通过知识获得。诺斯替主义的二元论教义是在人对于自然与世界的直接体验的基础上提出的，既是人与世界之间的二元论，也是世界与神之间的二元论。[②] 可见，这里诺斯替主义

---

① Anthony Pym, *Method in Translation History*, Beijing：Foreign Language Teaching and Research Press, 2007，p.xii.

② Robert Audi，*The Cambridge Dictionary of Philosophy*，Cambridge University Press，1999，p.346.

的人与世界的二元论主要指人对世界的感知。戴遂良将“阴阳动静”的关系诠释为道家的诺斯替主义灵知论，他认为：“就人的认知而言，阴与阳代表着静与动。当人在思考的时候，想象丰富，精力充沛，在这种情况下，人仅仅感受到了‘道’的作用，这使人有别于其他有感觉的生灵。相反，当人的精神活动是静止的，虚无如明镜一般，就能看见难以形容的、不可名状的‘道’，老子就是通过这种直觉来讨论‘道’的。”[①] 戴遂良为了使西方读者了解道家思想中世界与存在的关系，在此采取了归化策略，用西方的哲学俗语阐释道家哲理。类似的例子在戴氏的译文中不胜枚举，比如：他在阐释《列子》的杨朱篇时，用“伊壁鸠鲁主义（Épicurisme）”来阐释杨朱的享乐主义，用“利己主义（Égoïsme）”来诠释杨朱的“贵己”思想。“伊壁鸠鲁主义”与“利己主义”均是西方的哲学术语。从某种程度上来说，戴氏用西方哲学术语阐释道家思想，实际上试着寻求两种哲学文化间的相似性，在中西哲学的共性中实现异质文化的交流与对话。

字面意义与寓意的争论贯穿了西方《圣经》诠释史[②]。戴遂良在诠释译介道家经籍的核心词汇时，兼顾字面义与寓意。他认为，如果要正确地诠释道家经典，首先就要注意字义。目前，古汉语中的许多词汇现在已经停止使用或者很少使用，因此，在诠释字义时必须依据原始的词源意义，需从道家经典的作者们所处的时代考察当时的语言。就像“道德”不能仅仅直译成“la Voie et de la Vertu”，而应该依据词源的意思，将其翻译成“Principe et de son Action”。[③] 道家经籍尤其是《庄子》与《列子》中充斥着大量的寓言神话，如果仅按照字面意义进行译介，不微言大义，西方读者理解起来会困难重重。戴遂良在翻译时，就已经意识到了寓言神话的难译性。因此，他说《庄子》与《列子》中的寓言神话故事是没有史实依据的，寓言与神话中的人物都是虚构的，要么是拟人性

---

① Léon Wieger, *Histoire des croyances religieuses et des opinions philosophiques en Chine depuis l'origine jusqu'à nos jours*, Hien–hien：Impr. de Hien–hien，1917，p.149.

② 在基督教产生后，主要有两大系统的基督教《圣经》释经理论，分别是注重文字解释的安提阿学派和注重寓意解释的亚历山大学派。安提阿学派认为只重视象征与寓意，而不重视文字的诠释，就会有违《圣经》的真实性，并且还认为《圣经旧约》先知们对耶稣描述不是象征性的，而是真实的。亚历山大学派主要强调象征性与寓意性的释经方式，认为《圣经》的每一字句与历史背后都隐含着微言大义，因此在字面意义不清楚的情况下就要探析字面背后的隐喻义来解释经文，主要代表有克雷芒（Clemens Alexandrinus）和他的学生奥利金（Origen）。随后，奥古斯丁（Aurelius Augustine）对安提阿学派和亚力山大学派进行了调和，主张字面义与隐喻义并重。

③ Léon Wieger, *Les Pères du système taoïste*：*Lao-Tzeu*, *Lie-Tzeu*, *Tchoang-Tzeu Par Léon Wieger*, Hien–hien：Impr. de Hien–hien，1913，p.3.

的描述，要么是传说。但是其中关于孔子的言论，就必须当作史实，所有的故事都能寓意于人。[①]可见，戴遂良在翻译道家经典时，循袭了西方的解经传统，他在客观考证词源忠实翻译的同时，还根据经典的文体寻求背后的寓意，这种阐释方式忠实地传达了道家思想的异质文化。

（二）以耶释道

戴遂良身为传教士，深受天主教文化与教义的熏陶，他跨文化的宗教身份决定了他在翻译时，不可避免地会用天主教的宗教俗语阐释译介道家经典。他的译本《道家三祖：老子、列子与庄子》（*Les pères du système taoïsme*，*Lao-tzeu*，*Lie-tzeu*，*Tchoang-tzeu*）一书的译名很值得深究。他对道教创始人老子、列子与庄子的身份均进行了天主教化的诠释，认为他们与天主教中“Les pères”的身份是等同的。

根据《罗贝尔法语字母与词源字典》，法语单词“Les pères”在宗教意义上有三层的含义：一是对修道院院长的称呼，也指小礼拜堂的神父、耶稣会士的神父；二是指教父，即公元1~6世纪教堂中的经学博士，他们所阐释的教义伦理普遍被人们所赞成并接受，比如亚历山大派的教父、迦太基派的教父、罗马教父等；三是在中世纪时，“pères”既是对教堂教父的称呼，也是对经院哲学家的称呼。[②]谷寒松神父也将“pères”或“fathers”一词的宗教含义归纳为三种：一是在《圣经》的旧约中，犹太人多以“父亲”的形象来描述“上帝唯一神”，在新约中，耶稣直接称呼天主为“父”；二是在圣教会的传统中，“父亲”一词也多指那些对教会神学思想做出巨大贡献的人，无论是单数还是复数的“père”与“father”，在中文中均被译为“教父”“神甫”或者“神父”；三是对天主教司铎的尊称。[③]“神父”一词在《辞海》中的解释是“神父亦作神甫，原意是‘灵魂之父’，指天主教、正教的基层神职人员，职位在主教之下，协助主教管理教务，通常是一个教堂的负责人，正式品位称教士，神父为尊称”。[④]从上述“pères”与“神父”一词的定义可以看出，其意义具有浓厚的天主教色彩，是对隐士修

---

① Léon Wieger, *Les Pères du système taoïste* : *Lao-Tzeu*, *Lie-Tzeu*, *Tchoang-Tzeu Par Léon Wieger*, Hien-hien : Impr. de Hien-hien，1913，p.3.

② Paul Rober, *Dictionnaire Alphabétique et Analogique de la Langue Française*, Paris : Société du Nouveau Lettré le Robert，1966，pp.116-118.

③ 辅仁神学著作编译会编：《基督宗教外语汉语神学词语汇编》，光启文化事业出版社，2005年版，第376页。

④ 辞海编辑委员会：《辞海》，上海辞书出版社，2009年版，第2004页。

会或天主教教堂负责人的称呼，也指对教会神学思想具有深远影响的教父神学家。戴遂良对老子、列子与庄子的身份进行了天主教化的诠释。

戴遂良在《中国宗教信仰与哲学思想史：从萌芽期到现代》一书中注解老子的身份时，称其为“Patriarche”，称列子与庄子为“Pères”。“Patriarche”一词在法语中的意思是指“族长或者教父”。[①] 这种译法强调了庄子与列子思想在道家思想中的重要性，以及老庄与列子思想的承袭性。在戴氏看来，道家与道教所共享的经典《道德经》《列子》与《庄子》是没有本质区别的，老子既是道家思想的创始人，也是道教的教主，列子与庄子是他的门徒，将他的学说发扬光大。他的看法与中国道学学者们的看法是一致的。比如：蔡尚思认为老子是道家的开山祖师，杨朱的“为我”“重生”和庄子的《齐物论》等都是老子学说的发挥；[②] 饶尚宽强调：“研究老子，不能忽视列子，杨朱、老子、庄子是先秦道家思想发展史上的重要人物，老子学说上承杨朱，下启庄子，代表了三个不同的阶段。”[③] 在戴遂良译本之前，西方学界关注的大多是《道德经》与《庄子》的译本，很少有学者论及《列子》，更无人深讨老庄与列子思想的深层关系。戴遂良的这点认识比西方同时代其他研究翻译道家经籍的汉学家深刻了几分。

戴遂良将道家三祖的身份归化翻译成天主教的“教父”，他的传教士身份决定了他的“阐释视野”。在中国典籍的外译史上，每一次外来宗教文化的传入，都不可避免地会与中国的传统文化发生冲突。佛教在传入中国后，为了求得自身的生存，译经者多采取“格义”的方式翻译佛经，即用中国本土的儒道思想来解释佛学，以中国文化为核心去理解佛教文化的概念，这促成了佛教与中国文化的融合，最终形成了儒道释的鼎立之势，道学的重玄化便是一个力证。在明清基督教传入之际，来华耶稣会士多采取“况义”的方法，即用基督教文化诠释儒家文化，以达到“合儒”“补儒”而最终“超儒”，从而将自身的宗教文化传给中国人。戴遂良与他们所不同的是，他在此用基督教术语阐释道家文化，其目的不是向中国人传教，而是使西方了解道家文化，他将老列庄的身份译介成天主教“神父”，他用西方本土文化来诠释中国外来道家异质文化，这种译介方法也是一种中西异质文化碰撞砥砺的比较之道，有助于启发西方读者对道家老子、列子、庄子身份定位的思考。

① Paul Robert, *Dictionnaire Alphabétique et Analogique de la Langue Française*, Paris：Société du Nouveau Lettré le Robert, 1966, pp.51–52.

② 蔡尚思：《蔡尚思自选集》，重庆出版社，1999 年版，第 294 页。

③ 饶尚宽：《老子》，中华书局，2007 年版，第 5 页。

第三节　小结

传统道家经典的解经形式以章句训诂为主，道学意义的阐释主要经历了道学的玄化与重玄化。戴遂良在阐释道家经典时，参阅了大量的历代评注，详加对比、分析，在充分理解各家注评的基础上做出自己的译介判断，他的译本具有传统道家经典疏注本的章句训诂特征。戴遂良早期在法国受到了良好的语言文化教育，他对基督教的释经方法与西方哲学有着较为系统的了解，因此，他在译介道家经典时，不可避免地会受到西方《圣经》阐释学与哲学阐释学的影响，他在译本中运用了大量的西方哲学与宗教术语解读道家思想就是一个明证。然而，他对老庄与列子身份的翻译也存在着色彩鲜明的归化特征，这与他的传教士身份是息息相关的。

第三章　戴遂良对道家自然哲学思想的译介

法国近代的《道德经》译者盖·马萨（Guy Massat）曾说："什么是西方？基督教思想就是西方。什么是中国？道家思想中'无'的思想便是中国。"[①] 可见，对于西方学者来说，道家思想文化在中国传统文化的建构中占有重要的地位，是中国人精神文明的核心。先秦道家经典《老子》《庄子》与《列子》奠定了中国传统文化建构的哲学基础，这些经籍中所包含的一些哲学概念，比如道、德、阴阳、气、自然、动静、虚实等几乎涉及后来哲学派别所要探讨的所有关键问题，同时也对中国传统文化的形成与发展产生了重大的影响。中国晚清学者黄遵宪率先将西方"哲学"一词引介到中国，主要用来表示"道""玄学""理学"等。道家的哲学以老子的"道"为基础，概述了"道"是世界万物的本原。哲学所要解决的基本问题就是思维和存在的问题。唯物主义承认世界的客观存在，思维是对存在的反映。唯心主义将客观世界看作是精神的产物。[②] 有史以来，学者们对老子之"道"是唯物还是唯心争论不一，各执一词。

戴遂良在《道家三祖：老子、列子与庄子》（*Les Pères du système taoïste : Lao-Tzeu, Lie-Tzeu, Tchoang-Tzeu, Par Léon Wieger*, 1913）[③]、《中国宗教信仰与哲学思想史：从萌芽期到现代》（*L'Histoire des croyances religieuses et des Opinions philosophes en Chine depuis l'origine jusqu'à nos jours*, 1917 : 144–206）[④] 与《哲学文集》（*Rudiments 9 et 10. Texte philosophes* : 1906 : 117–128，171–177）[⑤] 中引用了大量的道家原典例证，讨论了若干个与道家三祖所言的"道""德"以及"阴阳"相关的哲学问题。本章探讨了戴遂良对道家典籍中的"道""德"与"阴阳"哲学内涵的诠释与翻译，他的译介体现了道家传统注本对"道""德"与"阴阳"

---

① Guy Massat, Arthur Rivas, *Tao te king : Le livre du tao*, Sucy-en-Brie : Anfortas, DL., 2015, p.9.

② 马克思、恩格斯：《马克思恩格斯选集》第 4 卷，人民出版社，1995 年版，第 219 页。

③ Léon Wieger, *Les Pères du système taoïste : Lao-Tzeu, Lie-Tzeu, Tchoang-Tzeu Par Léon Wieger*, Hien-hien : Impr. de Hien-hien, 1913.

④ Léon Wieger, *Histoire des croyances religieuses et des opinions philosophes en Chine depuis l'origine jusqu'à nos jours*, Hien-hien : Impr. de Hien-hien, 1917.

⑤ Léon Wieger, *Texte philosophes*, Hien-hien : Impr. de Hien-hien, 1906.

的阐释原则。

第一节 对“道”的阐释

汉字“道”在中国文化中有着丰富的内涵。“道”字从辵从首，首亦声。“首”指“头”。本意指人走的路，引申为真理、方向、途径、道德正义、道理等，还指中国古代的一个思想流派“道家”。老子哲学以“道”贯穿于全篇探讨宇宙间万事万物变化的动因与规律，是一种关于宇宙起源的世界观哲学。《道德经》第一章中讲的“道”是“无名，天地之始”，表达了一种“道即无”的世界观，河上公对这句话的疏解是“无名者谓之道，道无形故不可名也，始者道本也，为天地之本始也”[①]。王弼认为“凡有皆始于无，故未形无名之时，则为万物之始”。[②]可见，“道”具有“本原、原始、起源”的意思。

在道家经典的法译史上，不同的译者对“道”的理解与翻译也不同，法国汉学家儒莲认为“道”是“le rationaliste”，即哲理或理性，用来表示“大道”，故他将“道”翻译成“la voie”（原义指“道路”）[③]。根据法国的《道德经》译者盖·马萨的统计：“自从1842年儒莲的第一个《道德经》法译文问世以来，西方出现了250多个译本，几乎所有的译本均将‘道’翻译成‘voie’或‘way’，人们对这种译法的尊崇就像表达对天主教神父的敬重一样。”[④]戴遂良认为对道家思想核心词的翻译应该体现它们在古汉语中的词源意义，他将“道”翻译成“le Principe”，并解释说：“‘道’先于万物而存在，万物源于‘道’，‘le Principe’一词更能体现世界本原性的‘道’。”[⑤]根据罗贝尔词典的解释，“le Principe”指“l’origine de la nature ; principe universelle（自然起源与宇宙起源）”。[⑥]英国学者德里克·布莱斯评论说，“戴遂良将‘道’译作‘principle’比译作‘la voie 或

---

① 王卡点校:《老子道德经河上公章句》，中华书局，1993年版，第2页。

② 王弼注，楼宇烈校释:《老子道德经注校释》，中华书局，2008年版，第1页。

③ Stanislas Julien，*Le livre de la voie et de la vertu*，Paris：á l'Imprimerie Royale，1842，p.xiii.

④ Guy Massat，Arthur Rivas，*Tao te king*：*Le livre du tao*，Sucy-en-Brie：Anfortas，DL.，2015，p.17.

⑤ Léon Wieger，*Histoire des croyances religieuses et des opinions philosophes en Chine depuis l'origine jusqu'à nos jours*，Hien-hien：Impr. de Hien-hien，1917，p.147.

⑥ Paul Robert，*Dictionnaire Alphabétique et Analogique de la Langue Française*，Paris：Société du Nouveau Lettré le Robert，1966，pp.462-464.

way' 更确切，因为这个词能体现古汉语的意义。"[①] 从词源意义来看，戴氏对"道"的理解与阐释基本上是符合道典的传统释义的。"la voie"一词在法语中的原义是"espace à parcourir pour aller quelque part（道路）"，[②] 并没有上述"起源、本始"的意思。相比较而言，戴遂良的译法实现了词义上的功能对等，忠实地传达了"道"在中国经籍中的原义，他对文字的训释，沿袭了传统道典的释义。他除了对词义的辨析与翻译，还综合多家注疏评点，对"道"的特征进行了诠释，在发生矛盾或者不一致的地方，常倚重明朝张洪阳《老子道德经注》的观点，并做出一定的折中。

一、"道"是唯物主义一元论

"一元论"与"二元论"是一对相对概念，"一元论"是一种主张世界的本原只有一个的哲学学说。凡肯定世界的本原是物质，强调物质是根本存在，属于唯物主义一元论。唯物论的世界观是对自然界本来面目的了解，而并不附加以任何外来的成分。[③] 在《道德经》中，老子所言的"道"是"在天地以先，有物混成，其形态'恍惚'，道是'万物之母'，还似'万物之宗'，是万物的'玄牝'与'天地根'"。从"万物之母""万物之宗""玄牝""天地根"这数个核心词可知，老子在此要表达的观点是"道"为万物的本原，他主张世界的本原就是"道"，这是典型的一元论者。道家的"道"与儒家的"天"相结合，形成了"天道"。哲学家与宗教家对"天道"的理解也各不相同。唯物主义者将其诠释为"自然法则"，而唯心主义者将此诠释为"天志"。老子用"人法地，地法天，天法道，道法自然"中的"道法自然"表达了天地人及万物均效法道的自然规律。在老子看来，这种"道"非"天"所主宰，而是遵循着自然之道，与物质世界不可分开，是主宰万物的法则。

戴遂良认为，老子所谓的世界本原性的"道"是唯物主义性质的，以"道"为基础的宇宙观，老子是唯实一元论者，[④] 这种不能被言述的"道"是物质性的，

① Léon Wieger, Derek Bryce, *Lieh-Tzu : The Treatise of the Trancendent Master of the Void*, Burnham-on-Sea, Somerset : Llanerch Press, 1992, p.1.

② Paul Robert, *Dictionnaire Alphabétique et Analogique de la Langue Française*, Paris : Société du Nouveau Lettré le Robert, 1966, pp.838-839.

③ 恩格斯：《自然辩证法》，人民出版社，1953 年版，第 163 页。

④ Léon Wieger, *Histoire des croyances religieuses et des opinions philosophes en Chine depuis l'origine jusqu'à nos jours*, Hien-hien : Impr. de Hien-hien, 1917, p157.

非精神的。[①]他在以下译文中阐释了这种物质性的"道"，并解释说："老子所谓的'有物混成'，形态恍惚的'道'的混沌状态中包括微小的物质。"

原文：道生一，一生二，二生三，三生万物。万物负阴而抱阳，冲气以为和。(《道德经》第四十二章)

译文：Le Principe ayant émis sa vertu une, celleci se mit à évoluer selon deux modalités alternantes. Cette évolution produisit（ou condensa）l'air médian（la matière ténue）. De la matière ténue，sous l'influence des deux modalités *yinn* et *yang*，furent produits tous les êtres sensibles. Sortant du *yinn*（de la puissance）, ils passent au *yang*（à l'acte）, par influence des deux modalités sur la matière.[②]

戴氏对"l'air médian"一词的解释是"la matière ténue"，即微小的物质。他认为所谓的"道生一"中的"道"蕴含着阴阳二气，在阴阳二气与和气的影响下，产生了万物。[③]"道"的恍惚状态中包含着微小物质分子"气"，"道"是万物的起源，由"气"组成，换言之，万物起源于物质性的"气"或"道"，它们太微小以至于难以被觉察，因此，他认为老子对宇宙起源论的认识是唯物的。[④]在河上公注中，也有类似的表达："道始所生者，一也。一生阴阳也，阴阳生和、清、浊三气，分为天地人也。天地（人）共生万物也，天施地化，人长养之，万物无不负阴而向阳，迴心而就日。万物皆有元气，得以和柔，若曾中有藏，骨中有髓，草木中有空虚气通，故得久生也。"[⑤]唯物主义大师王充曾述："溟涬濛澒，气未分之类也。及其分离，清者为天，浊者为地。"[⑥]可见，天地是阴阳气的负载者，当其生成，阴阳气交合成冲气，故生万物，这种气具有物质性。戴遂良在译文中重点论述了"气"的性质，他认为"气"是组成"道"的最小物质，万物根源于"道"，换言之，世界的本原是微小的物质"气"，因此，他下定论，道家的宇宙观是唯物一元论。

戴氏除了论述老子之道的一元性，他还认为列子与庄子所言的"道"亦是一

---

① Léon Wieger，*Histoire des croyances religieuses et des opinions philosophes en Chine depuis l'origine jusqu'à nos jours*，Hien-hien：Impr. de Hien-hien，1917，p.147.

② Léon Wieger，*Les Pères du système taoïste*：*Lao-Tzeu*，*Lie-Tzeu*，*Tchoang-Tzeu Par Léon Wieger*，Hien-hien：Impr. de Hien-hien，1913，pp.45-46.

③ Léon Wieger，*Histoire des croyances religieuses et des opinions philosophes en Chine depuis l'origine jusqu'à nos jours*，Hien-hien：Impr. de Hien-hien，1917，p.149.

④ Léon Wieger，*Histoire des croyances religieuses et des opinions philosophes en Chine depuis l'origine jusqu'à nos jours*，Hien-hien：Impr. de Hien-hien，1917，p.148.

⑤ 王卡点校：《老子道德经河上公章句》，中华书局，1993 年版，第 169 页。

⑥（东汉）王充：《论衡》，上海人民出版社，1974 年版，第 166 页。

元论的“道”，其与老子之“道”的性质是一致的。他引用了列子的“有生不生，有化不化，不生者能生生，不化者能化化，生者不能不生，化者不能不化，故常生常化。常生常化者，无时不生，无时不化。阴阳尔，四时尔，不生者疑独，不化者往复。往复其际不可终，疑独其道不可穷。《黄帝书》曰：‘谷神不死，是谓玄牝。玄牝之门，是谓天地之根。绵绵若存，用之不勤’”（《列子·天瑞》），并解释，“道”不是被生化之物，却能生化不息，“道”是生化万物的根源。[①]他还引用了庄子的“泰初有无，无有无名，一之所起，有一而未形，物得以生谓之德”（《庄子·天地》）与“夫昭昭生于冥冥，有伦生于无形，精神生于道，形本生于精，而万物以形相生”（《庄子·知北游》）以论述庄子的“道”与老子的“道”均指万物的本原，其在意义上是一致的。他总述说：“道家三祖老子、列子与庄子的‘道’是一元论的‘道’，其性质是物质性的，道存在于万物以先，恍惚若无，却无始无终，不能为其命名也不能用语言描述。”[②]在他看来，老列庄的“道”均是世界本原的“道”，并非由外力所创造而生，是唯物的。

希腊唯物主义哲学家赫拉克利泰曾说：“世界是一个包罗万象的整体，不是由神或者人所创造的，过去、现在与将来都是在规律中燃烧，在规律中熄灭的火炬。”[③]他的这种哲学观点与老子的观点是一致的，均表达了世界处于不断的变化中，不受天志的主宰，服从于大的法则“道”。中国道学专家杨兴顺也认为：“《道德经》中的万物是由最微小的物质‘气’所构成，《道德经》哲学应该是唯物主义的学说。”[④]戴遂良从唯物主义哲学的角度对“道”的意义做了独特的阐释，其看法与传统道典疏义以及一些中国学者的看法是趋于一致的。

二、道法自然非上帝

道家最根本的哲学观是道家天道观。在老子之前，中国古人多将“天”看作是一个有意志、有知识、有情感的主宰。比如，诗经中的“有命自天，命此文王”（《大明》）[⑤]说明“天”是有意志的；“天监在下”“上帝临汝”（《大明》）[⑥]，“皇矣

① Léon Wieger, *Les Pères du système taoïste : Lao-Tzeu, Lie-Tzeu, Tchoang-Tzeu Par Léon Wieger*, Hien-hien : Impr. de Hien-hien，1913，p.69.

② Léon Wieger, *Histoire des croyances religieuses et des opinions philosophes en Chine depuis l'origine jusqu'à nos jours*, Hien-hien : Impr. de Hien-hien，1917，pp.157-167.

③ 联共（布）中央特设委员会编：《联共（布）党史简明教程》，人民出版社，1938年版，第124页。

④ 杨兴顺：《中国古代哲学家老子及其学说》，科学出版社，1957年版，第33页。

⑤ 袁梅：《诗经译注》，齐鲁书社，1985年版，第718页。

⑥ 袁梅：《诗经译注》，齐鲁书社，1985年版，第718-719页。

上帝，临下有赫，监观四方，求民之莫”（《皇矣》）[①] 说明“天”是有知识的；“敬天之怒，无敢戏豫；敬天之渝，无敢驰驱”（《板》）[②] 说明“天”是有情感的；“昊天不佣，降此鞠凶；昊天不惠，降此大戾”（《节南山》）[③] 说明“天”是主宰万物福祸的。老子生活在纷争大乱的春秋战国时期，亲眼目睹了战争的惨状、百姓的疾苦与统治者的昏庸，他认为如果“天”或“上帝”是一个有意志的主宰，就不会导致这样的惨祸，故说“天地不仁，以万物为刍狗”（《道德经》第五章）。可见，老子所谓“道”与儒家的有意识地主宰“上天、上帝”是截然不同的。

在戴遂良之前来华的索隐派耶稣会士精研传统经籍以试图在中国的古籍中找到上帝启示的痕迹。例如，白晋（Joachim Bouvet，1656~1730）从《道德经》第四十二章中的“道生一，一生二，二生三，三生万物”联想到基督教神学的“三位一体”理论，他断定老子的这句话证明了中国古人对“三位一体”的造物主早有认识，甚至还结合中国哲学中的太极、无极与道等概念对中国式的“三位一体”进行了阐述，并认为中国典籍中的“三位一体”可以与基督教神学互为补充。[④] 除此之外，白晋将“视之不见名曰夷，听之不闻名曰希，搏之不得名曰微”（《道德经》第十四章）中的“夷、希、微”的三个音节合成“IHW”，并认为这是《圣经》中上帝“耶和华”的名字。另一位索隐派的法国耶稣会士傅圣泽（Jean Francoise Foucquet，1665~1741）还撰文论述老子的“道”即基督教最高的神——造物主上帝。[⑤] 耶稣会士关于“道即上帝”的这种阐释对后来的汉学家有着直接的影响，比如，法国汉学家雷慕莎也坚信“夷、希、微”与“耶和华”有关，但是并不相信这是直接来自上帝对中国人的启示。

戴遂良在研究道家经籍时，并没有附和前人的研究成果，也没有牵强附会地以基督教文化强解道家经典，相反，他从经典的传统诠释意义出发，论证了道家的“道”非基督教中的“上帝”。他在《哲学文集》中对《尚书》《史记》与《诗经》中所包含“上帝”的语句进行了阐释性的对比分析，最后却失望地总结说：“我在过去的研究中尝试研习中国儒家经籍，以寻找到证据，好使自己信服中国古籍中的‘上帝’与基督教中的‘上帝’是一致的，但是大量的研究文献、注疏

---

① 袁梅：《诗经译注》，齐鲁书社，1985 年版，第 745 页。

② 袁梅：《诗经译注》，齐鲁书社，1985 年版，第 826 页。

③ 袁梅：《诗经译注》，齐鲁书社，1985 年版，第 510–511 页。

④ Collani Claudia von，Daoismus und Figurismus. Zur Inkulturation des Christenstums in China，*TAO，Reception in East and West*，Bern：Peter Lang，1994，p. 3.

⑤ P. Joseph Deherhne，“Les Histoire Jésuite du Taoïsme”，*Actes du Colloque Internationale de Sinologue：la mission Française de Pékin aux siecles*，Paris：Les Belle Letters，1976，p. 59.

与传统习俗证明，这是两种相互排斥而不可调和的概念。”[①] 这使他后来在阐释老子“道法自然”的哲学观时，坚持“道法自然非上帝”的阐释原则。

戴遂良认为：“道家并没有否定《尚书》与《诗经》中所提到的‘上帝’，只不过老子在《道德经》中没有明确地提到‘上帝’这个词，而是将其省略了。”[②] 他引用了“吾不知谁之子，象帝之先”（《道德经》第四章）并解释说，“道”在象帝之先就存在，这里的“象帝”便是儒家经典四书五经中的“上帝”。[③] 此外，他还引用了“冲道而用之或不盈，湛兮似或存，渊兮似万物之宗”（《道德经》第四章）以说明老子深信“道”没有源头，故而没有指出“道”的渊源，事实上，老子将之归宗于《尚书》与《诗经》中的上帝。戴遂良认为“渊兮似万物之宗，湛兮似或存”中的“似”也没有表达一种真正的怀疑，仅仅是一种小心谨慎的表达措辞，老子这样表达的原因是他身为周朝的一名官员，尽量避免有违周朝官方思想的言论。他又进一步指出，庄子所言的“千岁厌世，去而上仙，乘彼白云，至于帝乡”(《庄子·天地》) 中的“帝”即《诗经》与《尚书》中的“上帝”，[④]“其有真君存焉，若求得其情与不得，无益损乎其真”(《庄子·齐物论》) 中的“真君”是与《诗经》《尚书》中的“上帝”相对的[⑤]。可见，在戴氏看来，老庄所言的“帝”均非基督教中的“上帝”。

戴氏坚信：“对于老子来说，《尚书》与《诗经》中的上帝并不是创造宇宙的‘神’，也不是管理宇宙的‘神’，老子的一元论摧毁了中国古代的有神论。”[⑥] 这种说法也不是毫无意义，王弼认为“以道莅天下，其鬼不神；非其鬼不神，其神不伤人”(《道德经》第六十章) 即是“神不害自然也。物守自然，则神无所加；神无所加，则不知神之为神也”[⑦]。道家的“道”是不从“天志”的，并且拒绝排斥任何超自然力的干涉，道家的“道”并无神的本质。戴遂良没有用道家经典中的“帝”附会基督教中的“上帝”或“天主”，而是将对道典的诠释落实到中国传统的古籍语篇中的字词意义。他根据语篇分析，把握“上帝”在中国古籍中的不同含义，结合老子思想，进行客观的诠释，从而避免了在他之前的

① Léon Wieger, *Textes philosophiques*, *Hien-hien*：*Impr. de la Mission catholique*, 1906, p.13.

②⑥ Léon Wieger, *Histoire des croyances religieuses et des opinions philosophes en Chine depuis l'origine jusqu'à nos jours*, Hien–hien：Impr. de Hien–hien, 1917, p.148.

③ Léon Wieger, *Textes philosophiques*, *Hien-hien*：*Impr. de la Mission catholique*, 1906, p.119.

④ Léon Wieger, *Les Pères du système taoïste*：*Lao-Tzeu*, *Lie-Tzeu*, *Tchoang-Tzeu Par Léon Wieger*, Hien–hien：Impr. de Hien–hien, 1913, pp.297–299.

⑤ Léon Wieger, *Les Pères du système taoïste*：*Lao-Tzeu*, *Lie-Tzeu*, *Tchoang-Tzeu Par Léon Wieger*, Hien–hien：Impr. de Hien–hien, 1913, p.217.

⑦ 王弼注，楼宇烈校释：《老子道德经注校释》，中华书局，2008 年版，第 157–158 页。

索引派强解道典的谬误。戴遂良对道家典籍理解的深度和准确度决定了译文释义的忠实度，他从“他者”的宗教角度出发提出了“道法自然非上帝”的研究定论。

三、道即无

在老子看来，“道”是一个抽象的概念，难以用语言表达，难以用一个词为其命名，不能被感知，他的“吾无以名之”，“强名之”（《道德经》第二十五章）则可见他的用词困难。因此，他提出“道常无名之朴”（《道德经》第三十二章），“天地万物生于有，有生于无”（《道德经》第四十章）。可见，“道”与“无”是万物之母，“道”即“无”，“无”即“道”，“无”与“有”是相对的，“无”中能生“有”。戴遂良在诠释“道常无名之朴”时，他坚持了“道”即“无”的诠释原则。他认为：“‘道’是永恒、完整、无所不在的，其存在于宇宙之先，在‘道’之前，不存在任何物质，这被称之为‘无’‘玄’或‘道’，即老子所言的‘无名，天地之始，有名，万物之母’。”[①] 他在《哲学文集》一书中以“天下万物生于有，有生于无”为论点从三个方面阐释了“道”即“无”的思想。[②]

首先，关于宇宙根源论，戴遂良坚持“道”即“无”的阐释原则。他认为，老子的“宇宙观”可以概括为“道在天地之先，就已经存在，万物皆源于道，道无边无际、无始无终、延绵不绝，所以又谓之‘大’”。他认为老子的这种宇宙观贯穿着《道德经》的核心思想，并引用“有物混成，先天地生。寂兮寥兮，独立而不改，周行而不殆，可以为天下母。吾不知其名，强字之曰道，强为之名曰大”（《道德经》第二十五章）解释说：“在天地之前，有一物浑然生成存在，无形、寂静、空虚，循环不息。它是万物之母，勉强用‘道’为其命名。”他在此描述了老子的用词困难，“道”为天下母，无法形容描述，故用“无”描述，“道”即“无”，万物的根源是“无”。他认为“道似万物之宗”（《道德经》第四章）即宇宙根源于“道”，“道”无名、无形、无始、无终，“道”生万物，万物又源于“无”。庄子的“泰初有无，无有无名。一之所起，有一而未形”（《庄子·天地》）中的“无”与老子在《道德经》中所述“无名天地之始”中的“无”在意义上是一致的，[③]庄

---

① Léon Wiege，*Histoire des croyances religieuses et des opinions philosophes en Chine depuis l'origine jusqu'à nos jours*，Hien–hien：Impr. de Hien–hien，1917，pp.148–149.

② Léon Wieger，*Textes philosophiques*，*Hien-hien*：*Impr. de la Mission catholique*，1906，pp.118–121.

③ Léon Wieger，*Les Pères du système taoïste*：*Lao-Tzeu*，*Lie-Tzeu*，*Tchoang-Tzeu Par Léon Wieger*，Hien–hien：Impr. de Hien–hien，1913，p.299.

子继承了老子“道即无”的思想。

其次，关于“道”的形态，他坚持“无中生有”的阐释原则。戴氏先阐明了道家的“大象无形”观点，他引用“视之不见，名曰夷；听之不闻，名曰希；搏之不得，名曰微。此三者不可致诘，故混而为一。其上不皦，其下不昧，绳绳兮不可名，复归于无物。是谓无状之状，无物之象，是谓惚恍”（《道德经》第十四章）来解释说明大道无形。他说：“道不能视、听或触，却无处不在，道是一切，又归于‘无’，它不像其他物质有形，道是无形的，因此用‘恍惚’来形容道。”即大道无形。[①] 随后，他又引用“道之为物，惟恍惟惚。惚兮恍兮，其中有象；恍兮惚兮，其中有物；窈兮冥兮，其中有精”（《道德经》第二十一章）说明“道”是恍惚的，由于叫不出它的名称，只得说“道”是“无状之物”“无物之象”，称之为“恍惚”。这个“恍惚”先是“无物之象”，即“惚兮恍兮，其中有象”，随后，变成“有物”，即“恍兮惚兮，其中有物”，此即“无”生“有”。

最后，关于“有”与“无”的关系，他坚持“有无是相对关系”的阐释原则。在老子看来，“有”与“无”之间是一种相对的情景。他说“道”即“无”，又说“无中有物”，虽然人不能感知，但是并不是绝对没有形状，只是我们不能描述它，又叫不出名称，只得说是“无物”。根据戴遂良的解读，道家的“有”与“无”是相对的概念。大道的无形中有物，有象，即“无”中的“有”。同时，“有”中也有“无”，“有”与“无”之间的关系是相互的，他引用“三十辐共一毂，当其无，有车之用。埏埴以为器，当其无，有器之用。凿户牖以为室，当其无，有室之用。故有之以为利，无之以为用”（《道德经》第十一章）以说明车轮间隙、器皿中空与窗户间隙正为所存在的物质，即“有”中的“无”，因此，“有”与“无”之间的作用是相互的。最终，万物都会归本，“有”都会复归于“无”，他用“万物并作，吾以观复。夫物芸芸，各复归其根。归根曰静，静曰复命。复命曰常，知常曰明”（《道德经》第十六章）以进一步说明万物的“存在”（“有”）最终都会复归于原先的状态“无”。“无”的状态即“静”，只有圣人才能明白其中的奥妙。同时他也指出，即使作为存在的“人”最终也会复归于“静”的状态，即死亡，这是万物都不能逃避的最终状态。[②]

从上文戴氏对“道即无”三方面的阐释可以看出，他阐释了老子为“道”命名的困难，只好勉强命名，称其为“无”。道生万物，道即无，“无”是万物的本原。同时，他又认为道家的“无”并不是绝对的“无”，而是“无物之象”“无物有物”，即无中生有。“有”与“无”是一对相对的概念，两者之间的关系是相互依存的，

① Léon Wieger, *Textes philosophiques*, *Hien-hien*：*Impr. de la Mission catholique*, 1906, p.119.

② Léon Wieger, *Textes philosophiques*, *Hien-hien*：*Impr. de la Mission catholique*, 1906, p.120.

但是万物最终都会复位归本，回归最终的“无”的状态。老子关于有无关系的名句是“天下万物生于有，有生于无”（《道德经》第四十章），河上公认为“万物皆从天地生，天地有形位，故言生于有。天地神明，蜎飞蠕动，皆从道生，道无形，故言生于无也”。[①]王弼的阐释是“天下之物，皆以有为生，之所始，以无为本，将欲全有，必反于无也”。[②]与戴遂良同时期的中国国学大师冯友兰认为：“道即无，有无同出于道，盖即道之两方面也，此‘无’是对于具体事物之‘有’而言的。”[③]道即无，有与无之间的关系是相互的，以无为本而生有，戴氏对“道即无”的诠释基本上是符合传统道家经典疏解的，且与同时代的中国学者的看法也是一致的。道家“道”的哲学意义深厚，翻译的选词要体现词义的功能对等，释义时需要有丰富的语言知识和独特的推理判断能力，更需要理解道典中不同语境下“道”的特殊内涵。戴遂良对“道即无”的诠释坚持了阐释性的循环，他将道家经典中不同语境中“道与无”的关系结合起来，通过语言的转换传递“道”的哲学内涵。戴氏的释义既无不及，又无超越，在内容与意义上保持了平衡的阐释，故对后世译本产生了深刻的影响。[④]

第二节　对“德”的阐释

在《道德经》中，“道”与“德”是两个重要的核心概念，也是两个重要的哲学范畴。在全书中，“道”的出现次数达 70 多次，“德”的出现次数达 40 多次。老子将“道”与“德”相提并论，“遵道”“贵德”是老子思想的重要内容。陈鼓应认为，老子所谓的“德”乃是形而上的“道”落实到物界，作用于人生，便是“德”。“道”与“德”的关系是体和用的关系。[⑤]可见，“德”是“道”作用于万物与人类的表现。戴遂良则认为“道”的延绵不绝可以用“德”来表达，“德”无穷无尽、永不止息地运转，像是摇纱轴上的线，可以用“纪”表达，即“道散为德，德为道之纪也”。[⑥]他视“道”与“德”的关系是“道散为德”“德为道之纪”。[⑦]

---

① 王卡点校：《老子道德经河上公章句》，中华书局，1993 年版，第 162 页。

② 王弼注，楼宇烈校释：《老子道德经注校释》，中华书局，2008 年版，第 110 页。

③ 冯友兰：《冯友兰文集　第二卷：中国哲学史》，长春出版社，2008 年版，第 131–132 页。

④ 详参本书第六章第二节。

⑤ 陈鼓应：《老子注释及评介》，中华书局，1984 年版，第 12 页。

⑥ Léon Wieger，*Histoire des croyances religieuses et des opinions philosophes en Chine depuis l'origine jusqu'à nos jours*，Hien–hien：Impr. de Hien–hien，1917，p.149.

⑦ Léon Wieger，*Les Pères du système taoïste*：*Lao-Tzeu*，*Lie-Tzeu*，*Tchoang-Tzeu Par Léon Wieger*，Hien–hien：Impr. de Hien–hien，1913，p.29.

换句话说，一方面，“德”是“道”的多种表现形式，即德是道之功；另一方面，“德”的变化多端是以“道”为纲纪，即“德”从“道”，所谓的“执古之道，以御今之有，能知古始，是谓道纪”。因此，他将“德”翻译成“l' action du Principe”或“la vertu”。根据罗贝尔词典的解释，法语单词“l'action”是“作用、活动或者行为”[①]；“la vertu”指“道德、功效或效力”[②]。戴氏从“道散为德”“德为道之纪”两个方面诠释了“德”，他对“德”的诠释大致上是符合传统道典注家对“德”的诠释的，但是也存在不足之处。

一、道散为德

老子在《道德经》中并没有明确界定“德”的定义，在他看来，“德”字的外延意义广大，内涵丰富，虽然不能为其定义，但是从“道”中可见一斑，即“孔德之容，惟道是从”（《道德经》第二十一章）。不同文献对这句话的解释也不同，比如《尔雅·释言》：“孔，甚也。”[③]河上公注：“孔，大也。”[④]《广雅·释诂》曰：“搈（容），动也。”[⑤]韩非说：“‘德’者‘道’之功也。”[⑥]高明注曰“言大德者之动惟从乎道也。”[⑦]陈鼓应译：“大‘德’的样态，随着‘道’为转移。”[⑧]也就是说，一切德高德大之事、物或人，都是依“道”而行的。虽说文献的解释不同，但是也说明“德”与“道”有着密切的关系，“道”如何，“德”便如何。“德”的范围、性质与作用从根本上取决于“道”的范围、性质与作用。“德”之所以“无为而无不为”（《道德经》第三十八章）是因为“道”具有“万物恃之以生二不辞，功成而不有”（《道德经》第三十四章）的特性。“道生万物”是“无中生有”，那么“德”的产生也是“无中生有”。

戴遂良认为“道”在宇宙中的表现形式即他所谓的“道散为德”，主要体现在两个方面：一方面，德是道之功，即德是道的体现形式。“功”即功效、功

① Paul Robert, *Dictionnaire Alphabétique et Analogique de la Langue Française*, Paris : Société du Nouveau Lettré le Robert，1966，pp.46–47.

② Paul Robert, *Dictionnaire Alphabétique et Analogique de la Langue Française*, Paris : Société du Nouveau Lettré le Robert，1966，pp.791–792.

③ 胡奇光、方环海：《尔雅译注》，上海古籍出版社，2004 年版，第 138 页。

④ 王卡点校：《老子道德经河上公章句》，中华书局，1993 年版，第 86 页。

⑤ 徐復：《尔雅诂林》，江苏古籍出版社，1992 年版，第 97 页。

⑥ 刘乾先、韩建立、张国昉、刘坤：《韩非子译注》，黑龙江人民出版社，2003 年版，第 210 页。

⑦ 高明：《帛书老子注》，中华书局，2007 年版，第 328 页。

⑧ 陈鼓应：《老子注译及评介》，中华书局，1983 年版，第 148 页。

劳。韩非子对“以道莅天下，其鬼不神……故德交归焉”（《道德经》第六十章）中“德交归”的阐释是：“言其德上下交盛而俱归于民也。”[①]这句话的意思是只要道莅临天地间，则会出现盛德之世。老子又言，“天得一以清，地得一以宁，神得一以灵”（《道德经》第三十九章），此处，“一”即“道”，当万物得道以后，天会清明，地会宁静，神会灵验。这里的天清、地宁、神灵都是万物在得道以后所表现出来的“德”的征象。陆德明注疏是“德者，道之用也”；苏辙说“道者，德之现也”；杨兴顺说：“德是道的体现，道因德而得以显现于物的世界。”[②]从上述注疏可知，戴氏将“德”翻译成“l’action du Principe”是符合“德”在传统注本中意义的。另一方面，“德从道”，即道如何，德便如何。戴遂良认为“德”同“道”一样，犹如橐龠一般是中空虚无的，但是却能绵绵不断地产生无尽的“风”。他对“天地之间，其犹橐龠乎，虚而不曲，动而愈出”（《道德经》第五章）的翻译是“L’entredeux du ciel et de la terre，*siège du Principe，lieu d’où agit sa vertu*，est comme un soufflet，*comme le sac d’un soufflet dont le ciel et la terre seraient les deux planches*，qui se vide sans s’épuiser，qui se meut externant sans cesse[③]”。译文中加底线部分是戴氏的夹注，他在此将底线部分作为法语语法中的插入语部分，放在相应的词或句后进行阐释，其中“*siège du Principe，lieu d’où agit sa vertu*”修饰前面的“L’entredeux du ciel et de la terre”，全句直译是“天地被‘道’所环绕，道的行为在天地之间表现为‘德’”。下文中他又用斜体部分“*comme le sac d’un soufflet dont le ciel et la terre seraient les deux planches*”更形象地阐述了“橐龠”一词，并认为“天地犹如风箱皮橐的两块挡板”。戴氏在此对“德从道”理解是符合传统道典释义的，他对“德”的翻译方法传递了道家的异质文化。然而，他所引用的这章言论并不属于“德”篇，而是“道”篇的内容。在传统注疏中，历代注家对这章文字的注疏诠释也丝毫没有涉及“德”的性质，比如：河上公注是“天地间空虚，和气流行，故万物自生。橐龠中空虚，故能有声气。言空虚无有屈竭时，动摇之，益出省气也”；[④]王弼注是“橐龠之中有空洞，无情无为，故虚而不得穷屈，动而不可竭尽也。天地之中，荡然任自然，故不可得而穷，犹若橐龠也”。[⑤]可见，这章经文

---

① 刘乾先、韩建立、张国昉、刘坤：《韩非子译注》，黑龙江人民出版社，2003年版，第226页。

② 陈鼓应：《老子注译及评介》，中华书局，1983年版，第148页。

③ Léon Wieger，*Les Pères du système taoïste：Lao-Tzeu，Lie-Tzeu，Tchoang-Tzeu Par Léon Wieger*，Hien-hien：Impr. de Hien-hien，1913，pp.21-22.

④ 王卡点校：《老子道德经河上公章句》，中华书局，1993年版，第18-19页。

⑤ 王弼注，楼宇烈校释：《老子道德经注校释》，中华书局，2008年版，第14页。

是论述“道”的运行不息，空虚而不衰竭，循环而不止息，并非论述“德”的性质。

从以上论述可知，戴氏对“道散为德”的释义诠释是符合中国传统道家疏解的，但是他引用《道德经》第五章、第六章论述“德”像“道”一样虚无、绵延不绝，有悖于中国传统注本对原句的阐释。事实上，原句的本意是论述“道”的，并没有涉及“德”的描述，虽说，他的阐释部分迎合了“德”的性质，但是他的解释未免有点牵强附会。

二、德为道之纪

老子在《道德经》第十四章的“视之不见名曰夷，听之不闻名曰希，搏之不得名曰微。此三者，不可致诘，故混而为一。其上不皦，其下不昧。绳绳不可名，复归于无物。是谓无状之状，无物之象，是谓惚恍。迎之不见其首，随之不见其后。执古之道，以御今之有。能知古始，是谓道纪”提出了“道纪”的概念。他在此用“夷、希、微与恍惚”描述浑然一体的“道”。如果能够懂得“道”的规律，就能驾驭现今的事物，“道”在冥冥之中以一种规律或法则的形式支配着万物的发展，这种道的规律即“道纪”。

关于“道纪”的解释，历代注疏也略有不同：河上公与王弼均视“道纪”为“规律或法则”；[①] 张洪阳认为“无始无终能御万有是谓道纪”；[②] 戴遂良关于“德为道之纪”的观点是：“天地或者橐籥的侧板是‘道’的彰显形式。‘道’所表现的‘德’存在于宇宙天地之间，运行不息。‘执古之道，以御今之有，能知古始，是谓道纪’即‘德’可用来表达‘道’的延绵不绝，‘德’无穷无尽，永不止息地运转，像是摇纱轴上的线，可以用‘纪’表达，即‘德为道之纪也’。”[③] 他还引用“玄牝之门，天地之根，绵绵若存，用之不尽”（《道德经》第六章）以说明“道”所表现的“德”也是绵绵若存、无穷无尽的。根据戴遂良的观点，不论“德”如何千变万化，其源头总归在“道”，“德”的变化大纲是“道”。

---

① 王弼注是“无形无名者，万物之宗也。虽今古不同，时移俗易，故莫不由乎此以成其治者也。故可执古之道以御今之有。上古虽远，其道存焉，故虽在今可以知古始也”，参王弼注，楼宇烈校释：《老子道德经注校释》，中华书局，2008年版，第32页。河上公注是“圣人执守古道，生一以御物，知今当有一也。人能知上古本始有一，是谓知道纲纪也”，参王卡点校：《老子道德经河上公章句》，中华书局，1993年，第54页。

② 严灵峰主编：《无求备斋老子集成初编》，艺文印书馆印行，1965年版，第6页。

③ Léon Wieger, *Histoire des croyances religieuses et des opinions philosophes en Chine depuis l'origine jusqu'à nos jours*, Hien-hien : Impr. de Hien-hien, 1917, p.149.

通过以上论述可知，戴遂良所诠释的“德从道，德乃道之功，德为道之纪”是符合传统注家对“德”的释义的。他所谓的“德从道”即“孔德之容，惟道是从”；“德乃道之功”即韩非子所诠释的“德交归”；“德为道之纪”是“德从道”的另类表现。综观戴遂良对“德”的诠释，[①] 虽说他对“德”本意的解释符合中国的道家注本对“德”的注疏传统，但是，颇为遗憾的是，他在论述“德”时，并没有引用《德经》中的任何语句，反而频频引用《道经》的语句，不免有点以偏概全，牵强附会，在学术上不免给人一种虎头蛇尾的感觉，并没有从整体上彻底地融会贯通对“德”的诠释。

第三节　对“阴阳”的阐释

“阴阳”是道家哲学中一对重要的哲学概念。老子所言的“万物负阴而抱阳，冲气以为和”(《道德经》第四十二章）中的“负阴而抱阳”即指万物背阴而向阳，阴阳二气交冲形成和气，阴阳之间是正反对立关系。同时，老子还认为阴阳之间的对立关系是循环往复的，“万物并作，吾以观复，夫物芸芸，各复归其根”(《道德经》第十六章）与“反者道之动”(《道德经》第四十章)，这里“复”与“反”都表明了万物循环往复的规律。“反”即“复”，说明阴阳之间是相反相成，对立转化，物极则反，回归本原，这是道的循环运动方式。在老子看来，事物内部都存在着阴阳对立的关系，阴阳相互依存，相互转化，促进事物的发展。在事物发展的过程中，当阴阳中任何一方发展到极端时，都会向相反的方向转化，这就是物极则反的规则。由于对立面的转化是持续进行的，因而事物变化的模式便是循环不息。“道”化生万物，万物从“道”禀受了形质，同时也禀受了运动变化的规律。万物生生不息，最终都“复归于朴”，返回到“道”的出发点，紧接着“朴散为器”，又开始新的循环。本节从三个方面论述了戴遂良对阴阳关系的阐释，即对立性、物极则反性与统一性。

一、对立性

老子的“道生一,一生二,二生三,三生万物，万物负阴而抱阳，冲气以为和”(《道德经》第四十二章）描述了道生万物的过程。在老子看来，“道”是一个独

---

① Léon Wieger，*Histoire des croyances religieuses et des opinions philosophes en Chine depuis l'origine jusqu'à nos jours*，Hien-hien：Impr. de Hien-hien，1917，pp.148-149.

立存在的混沌之物，“一”是“道”的代名词；道生天地，蕴含着阴阳二气，“二”是天地阴阳的代名词；阴阳二气相交冲形成和谐之气而生万物。阴与阳是道自身所蕴含的两种相反的力量，正是由于这种内在的相反因素，才促进了“道”的“周行而不殆”。老子的“万物负阴抱阳”说明的是事物具有相反的阴阳两面性，对立的阴阳相交冲成和气。戴遂良从辩证法的角度出发，阐释了阴阳之间的关系，他认为老子哲学中阴阳之间的关系是对立性的。

原文：天下皆知美之为美，斯恶已；皆知善，斯不善矣。有无之相生也，难易之相成也，长短之相刑也，高下之相盈也，音声之相和也，先后之相随，恒也。（《道德经》第二章）

译 文：Tout le monde a la notion du beau，et par elle（par opposition）celle du pas beau（du laid）. Tous les hommes ont la notion du bon，et par elle（par contraste）celle du pas bon（du mauvais）. Ainsi，être et néant，difficile et facile，long et court，haut et bas，son et ton，avant et après，sont des notions corrélatives，*dont l'une étant connue révèle l'autre*. ①

河上公注：自扬己美，使显彰也，有危亡也，有功名也，人所争也，见有而为无也，见难而为易也，见短而为长也，见高而为下也，上唱下必和也，上行下必随也。②

王弼注：美者，人心之所进乐也。亚心者，人心之所恶疾也。美恶，犹喜怒也。善不善，犹是非也。喜怒同根，是非同门，故不可得偏举也。此六者，皆陈自然不可偏举之明数也③。

张洪阳注：有美斯有恶，有善斯有不善，以至有无难易长短高下倡和互相对待。④

在上述译文中，戴氏用“par opposition”与“par contraste”强调了美丑、善恶、有无、难易、长短、高下、音声、前后相反相成的关系。他认为道家老子所言的“负阴抱阳”中的“阴阳”是一对相反相成的概念。他在译文篇尾评注说：“宇宙这一橐籥中存在着相反的、对立的，肯定与否定的规律，这一规律延绵不绝像是同一线轴上的摇线，其根源于一成不变的原则即道。所有的矛盾现象仅是表面性的，这种矛盾不是人们主观思维的想象，是一种客观的现象，也是单一事

① Léon Wieger，*Les Pères du système taoïste*：*Lao-Tzeu*，*Lie-Tzeu*，*Tchoang-Tzeu Par Léon Wieger*，Hien-hien：Impr. de Hien-hien，1913，pp.19-20.

② 王卡点校：《老子道德经河上公章句》，中华书局，1997 年版，第 5-7 页。

③ 王弼注，楼宇烈校释：《老子道德经注校释》，中华书局，2008 年版，第 6 页。

④ 严灵峰主编：《无求备斋老子集成初稿》，艺文印书馆印行，1965 年版，第 2 页。

物的两面性，以阴阳消长的方式呈现。道的本质始终大致上是相同的，以此消彼长的方式发展，这导致了事物表面变化的多样性，即积极与消极、原因与结果等。”[①] 河上公注中的“危亡功名、有无、难易、短长与高下”体现了事物的对立性。王弼的“有无、难易、长短、高下、倡和、互相对待”强调了事物之间的对立相反关系。戴遂良在此对阴阳对立性关系的阐释采用了中国学者注释道典的模式，即在忠实翻译原文的基础上附上注解与阐释，既可准确重现作品的原貌，又能充分传达道家的哲学思想。他在此试图回到道典的注本中去，考察文本中的原始释义，以求开创一种新的阐释性翻译方法，这对于一名传教士译者来说，是难能可贵的。

二、物极则反性

“物极则反”一词最早见于战国末期《鹖冠子·环流》的“物极则反，命曰环流”[②]。“物极必反”还出自《近思录·道体》。[③]“物极则反”是老子思想中重要的一个概念。在老子看来，事物的对立与相反关系不是一成不变、僵死凝固的，而是处于不断变化发展中，当事物发展到某种极限，便会向反面转化，即“物极则反”。对立面的阴阳是相互包含与渗透的，决定了事物发展的趋势和方向。老子的“物壮则老”（《道德经》第五十五章）、“兵强则灭与木强则折”（《道德经》第七十六章）均说明了物极则反的道理。他以“物极则反”的眼光观察自然、社会与人生。

戴遂良在诠释道家的宇宙论时，坚持“物极则反”的阐释原则，这主要体现在他的译文中。

原文：将欲歙之，必固张之；将欲弱之，必固强之；将欲废之，必固兴之；将欲取之，必固与之。是谓微明，柔弱胜刚强。（《道德经》第三十六章）

译文：Le commencement de la contraction suit nécessairement l’apogée de l’expansion. L’affaiblissement suit la force，la décadence suit la prospérité，le dépouillement suit l’opulence. Voilà la lumière subtile（que beaucoup ne veulent pas voir）. Toute puissance et toute supériorité précédente，s’expie par la débilité et l’infériorité

① Léon Wieger, *Les Pères du système taoïste* : *Lao-Tzeu*, *Lie-Tzeu*, *Tchoang-Tzeu Par Léon Wieger*, Hien-hien : Impr. de Hien-hien，1913，p.19.

② 黄怀信：《鹖冠子汇校集注》，中华书局，2004年版，第71页。

③ 程颐语曰：“物极必反，其理须如此。”详参（南宋）朱熹，吕祖谦撰集，于民雄译注：《近思录》，贵州人民出版社，2000年版，第27页。

subséquente. *Le plus appelle le moins，l'excès appelle le déficit*.[①]

老子在这章中主要讲述了事物对立的双重性与矛盾的转化辩证关系。文中的"合张、弱强、废兴和取与"是四对矛盾的对立统一体，当事物发展到某个极限，必然会向相反的方面转化，故老子选择居于柔弱的一面。上述戴遂良的法译文对全句的诠释是"Le plus appelle le moins，l'excès appelle le déficit（过则极，盈则损）"，他认为："阴阳始终处于此消彼长的状态，而非静止的状态，万物都难以逃脱这两个阶段的定律。收缩的开始必定是膨胀的极点。强弱交替、废兴交替、得失交替。任何先前具有强势与优势的状态都会被后续的虚弱与劣势所替代。"[②]为了使译文的意思更能够贴近原文的意思，他进一步解释说："任何的极端都不能常保。极则反，盈则损。太阳到达顶峰以后就会降落。当月亮满月以后，便开始缺损。滚动的轮到达坡度的极点后，随即便滑落，然后再上坡，如此循环往复。宇宙处于平衡的状态，但是这种不平衡不具有稳固性，是处于此消彼长的交替状态中的。"[③]此外，戴氏还强调老子所界定的这种规律也适用于人生处世之道的"福祸相依"规律。

原文：持而盈之，不如其已；揣而锐之，不可长保。金玉满堂，莫之能守；富贵而骄，自遗其咎。功成身退，天之道也。(《道德经》第九章)

译文：Tenir un vase plein，*sans que rien découle*，est impossible；mieux eût valu ne pas le remplir. Conserver une lame affilée à l'extrême，*sans que son tranchant ne s'émousse*，est impossible；mieux eût valu ne pas l'aiguiser à ce point. Garder une salle pleine d'or et de pierres précieuses，sans que rien en soit détourné，est impossible；mieux eût valu ne pas amasser ce trésor.（*Aucun extrême ne peut être maintenu longtemps. A tout apogée succède nécessairement une décadence. Ainsi de l'homme...*）Quiconque，étant devenu riche et puissant，s'enorgueillit，prépare luimême sa ruine. Se retirer，à l'apogée de son mérite et de sa renommée，voilà la voie du ciel.[③]

河上公注：盈，满也。已，止也。持满必倾，不如止也。揣，治也。先揣之，后必弃捐。耆欲伤神，财多累身。夫富当赈贫，贵当矜贱，而反自骄恣，必被祸

---

① Léon Wieger，*Les Pères du système taoïste*：*Lao-Tzeu*，*Lie-Tzeu*，*Tchoang-Tzeu Par Léon Wieger*，Hien-hien：Impr. de Hien-hien，1913，p.42.

②③ Léon Wieger，*Histoire des croyances religieuses et des opinions philosophiques en Chine depuis l'origine jusqu'à nos jours*，Hien-hien：Impr. de Hien-hien，1917，p.150.

③ Léon Wiege，*Les Pères du système taoïste*：*Lao-Tzeu*，*Lie-Tzeu*，*Tchoang-Tzeu Par Léon Wieger*，Hien-hien：Impr. de Hien-hien，1913，p.25.

害。言人所为，功成事立，名迹称遂，不退身避位，则遇於害，此乃天之常道也。譬日中则移，月满则亏，物盛则衰，乐极则哀。[①]

王弼注：持谓不失德也。既不失其德，又盈之，势必倾危。故不如其已者，谓乃更不如无德无功者也。既揣末令尖，又锐之令利，势必摧衄，故不可长保也。当贵而骄，自遗其咎。四时更运，功成则移。[②]

张洪阳注：持久必盈盈，则必坏其所持，不如不持之为愈矣，揣久必锐锐，则必亏其所揣，不可常保其不挫矣，盈满难持，骄矜自败，气溢思拽，才高思炫，如金玉难守，富贵遗殃，人生到此，勇决最难，功成名遂，奉身而去，四时之序，成功者退非天道乎。[③]

老子在这章论述的重点是"盈"和"功成身退"，"锐""满""骄"都是"盈"的状态，是一种极端的过度表现，难免招致灾祸。在上述注疏中，河上公注强调了"日中则移，月满则亏，物盛则衰，乐极则哀"的哲学观点，王弼与张洪阳主要从理性的角度作出了阐释。戴遂良比较倚重河上公注，他在译文中加注阐释"Aucun extrême ne peut être maintenu longtemps. A tout apogée succède nécessairement une décadence. Ainsi de l'homme..."以说明任何一种极端都不能长保，所有的极端后都是衰落，这种规律同样适合于人生处世之道。他认为在极端后残酷的交替状态中没有慈悲可言。这种交替不是必然的结果，也不是命定或偶然的，而是一种盲目的、不变的、永恒的自然定律。[④]老子的"功成名遂，身退，天之道"是一种基本的审慎之道。为人处世即便不懂得道家这种天道，也难逃这种不可抗拒的福祸相依规律。[⑥]从以上分析可知，戴氏的解释基本上符合传统道典释义，但是颇为遗憾的是，他在译文中的措辞比较笼统，在篇尾注中，常常用"résumé des commentaire"总结所有注疏，除了张洪阳的注释，他并没有标注其他注疏的出处。

三、统一性

戴遂良认为阴阳的对立关系最终都将回归到原始的出发点"道"，即归根复命，对立中含有统一。他用生与死的关系阐释了万物的归根与生生不息。

---

① 王卡点校：《老子道德经河上公章句》，中华书局，1997年版，第31-32页。

② 王弼注，楼宇烈校释：《老子道德经注校释》，中华书局，2008年版，第21页。

③ 严灵峰主编：《无求备斋老子集成初编》，艺文印书馆印行，1965年版，第4页。

④⑥ Léon Wieger, *Histoire des croyances religieuses et des opinions philosophes en Chine depuis l'origine jusqu'à nos jours*, Hien-hien : Impr. de Hien-hien, 1917, p.150.

原文：万物并作，吾以观复。夫物芸芸，各复归其根。归根曰静，静曰复命。复命曰常，知常曰明。(《道德经》第十六章)

译文：Les êtres innombrables sortent（du nonêtre），et je les y vois retourner. Ils pullulent，puis retournent tous à leur racine. Retourner à sa racine，c'est entrer dans l'état de repos. De ce repos ils sortent，pour une nouvelle destinée. Et ainsi de suite，continuellement，sans fin. Reconnaître la loi de cette continuité immuable（des deux états de vie et de mort），c'est la sagesse.[①]

河上公注：芸芸者，花叶茂盛之貌，言万物无不枯落，反复其根而更生。静谓根也。根安静柔弱，谦卑处下，故不复死。言能安静者，是谓复还性命，便不死。复命使不死，乃道之所常行也，能知道之所常行者，则为明也。[②]

王弼注：各反其所始也，归根则静，故曰静。静则复命，故曰复命也，复命则得性命之常，故曰常也，常之为物，不偏不彰，无皦昧之状，温凉之象，故曰知常曰明也。[③]

张洪阳注：夫万物虽芸芸并作，各有气复归根之时，这归根时叫作静，乃是命根，由此而复，虽是万物复命，其实造化真常的道理，皆在于此。故一岁冬至也，一月晦朔也，一日子也，一息呼吸也，既有形气，便有消息。[④]

戴氏在上述译文中用夹注部分"les êtres et nonêtre"与"vie et mort"强调了"有与无""生与死"的对立关系，他将"复"翻译成"retourner"，"各复归根"译成"retourner à sa racine"，将"复命"译为"cette continuité immuable（des deux états de vie et de mort）"。河上公注将"复命"译为"复还性命，便不死"，王弼诠释为"静"，张洪阳的诠释是"气复归根，由此而复"。戴氏认为"有与无""生与死"的对立关系最终都将回归至原始的出发点以归根复命，这种复命是循环往复、无穷无尽的规律，看来，他的这种解释比较倚重河上公注与张洪阳的阐释。他又进一步指出："生与死，或者说生与死的状态也仅仅是两个阶段。众生都归于'无'，即不存在的状态，然后再循环往复。众生各归其根，归根曰静。在静中复命。以此类推，循环往复没有尽头。生与死是两个阶段，认识这种连续的，永恒不变的规律，就是圣人。中国历代的注解学者通过月亮的盈亏来解释这种规律：月球不会发生变化，圆月代表生命，朔月代表死

① Léon Wieger，*Les Pères du système taoïste*：*Lao-Tzeu*，*Lie-Tzeu*，*Tchoang-Tzeu Par Léon Wieger*，Hien-hien：Impr. de Hien-hien，1913，pp.31-32.

② 王卡点校：《老子道德经河上公章句》，中华书局，1997 年版，第 62-63 页。

③ 王弼注，楼宇烈校释：《老子道德经注校释》，中华书局，2008 年版，第 35-36 页。

④ 严灵峰主编：《无求备斋老子集成初编》，艺文印书馆印行，1965 年版，第 7 页。

亡，月亮的消长变化是生与死之间的阶段。”[①] 戴遂良在此综合了多家注释，论述了具有对立性的生死最终将以“复命”的形式“归根”，即阴阳对立面的统一性。

戴遂良认为庄子在阴阳对立统一性上的观点继承了老子的思想，他评价庄子的“齐物论”说：“如果万物归一，一切的事物仅有一个规则，这个规则同时包括真理谬误等所有相反对立的两个面（si tout est un，si tout se réduit à une norme unique，cette norme comprendra simultanément la vérité et l’erreur，tous les contraires）。”他引用了庄子所说的“方生方死，方死方生；方可方不可，方不可方可；因是因非，因非因是。是以圣人不由而照之于天，亦因是也。是亦彼也，彼亦是也”（《庄子·齐物论》）并解释说：“事实上，没有正误是非，生死没有区别，最终都将归一，直到事物再次表现出对立关系（Il n’y a，en réalité，ni vérité ni erreur，ni oui ni non，ni autre distinction quelconque，tout étant un，jusqu’aux contraires）。”[②] 郭象对这句话的注释是“夫死生之变，犹春秋冬夏四时行耳。故死生之状虽异，其于各安所遇，一也”。成玄英疏义是“言彼此是非，无异生死之说也。夫生死交谢，由寒暑之递迁”。[③] 可见，在郭象与成玄英看来，生死如四季一样阴消阳长，此起彼伏，事物相反的两面性“生死与是非”最终都会归一。戴遂良在诠释这种无异性时突出强调了无异中的相反性，即相反关系的统一性。他在此将庄子的“齐物”思想与老子的“阴阳”思想结合起来深入地探讨了阴阳关系的统一性。道家经典多用玄幻的语言表达深邃的哲理，因此，译者在翻译与诠释其文本时，不能仅仅停留在表层含义上。戴遂良在译介道典时，多贯穿老庄道家思想，参照并比较众多注本，力求充分了解中国传统文化，向西方读者传递阴阳关系的内涵。

第四节　小结

戴遂良在翻译的过程中广泛参照历代道家经典注本以对道家经典进行解题、

---

① Léon Wieger，*Histoire des croyances religieuses et des opinions philosophes en Chine depuis l’origine jusqu'à nos jours*，Hien-hien：Impr. de Hien-hien，1917，pp.149-150.

② Léon Wieger，*Les Pères du système taoïste：Lao-Tzeu，Lie-Tzeu，Tchoang-Tzeu Par Léon Wieger*，Hien-hien：Impr. de Hien-hien，1913，p.217；Léon Wieger，*Histoire des croyances religieuses et des opinions philosophes en Chine depuis l’origine jusqu'à nos jours*，Hien-hien：Impr. de Hien-hien，1917，pp.168-172.

③（晋）郭象注，（唐）成玄英疏，曹础基、黄兰发点校：《南华真经注疏》，中华书局，1998 年版，第 34-35 页。

注释和翻译，独立挖掘原文的思想本意，以求独立阐释，但是他在很大程度上还是没有摆脱传统道家注家的拘囿。他对“道”与“阴阳”的阐释符合传统道典释义。但是，他在诠释“德”的意义时并没有引用《德经》中的语句加以论述，反而频频引用《道经》中的语句，虽说他的释义部分迎合了“德”的性质，但是他的解释未免有点牵强附会，并没有彻底融会贯通“德”的释义。同时，他在译文中参考了多个注疏版本，但是遗憾的是，除了明代张洪阳的《道德经》注本，他在文中并没有详细地标出其他注本，而是笼统地称“多个评注的统一注说”，他的这种对学术不拘小节与缺乏严谨的态度也被同时代法国汉学家所诟病。单从戴遂良所阐释的道家经典思想内容来看，虽说他的部分诠释出现了偏差，但是他的大部分诠释并不是顺从己意，主观发挥，他从中国历代文献入手，有作为学者的科学理性的判断，不但留下不少闪光点，还得到了后世法国译者的认可，比如：里奥内（Jacques Lionnet）在翻译《老子道德经》时，参考并引用了戴氏在《道德经》与《庄子》译本中对“道”“玄德”“宠辱若惊”“愚人之心”等道家相关核心词的阐释；[①] 艾田蒲（René Etiemble）在为柳家槐所翻译的《道德经》作序时，他主要参考了戴遂良译本对“道”与“德”含义的阐释，并肯定了戴遂良对“阴阳”的诠释。[②] 在 19 世纪晚期，能够对道家思想有系统阐释的西方学者为数不多，戴遂良属于较前卫的一员。

① Jacques Lionnet, *Tao te king : Traité sur le principe et l'art de la vie des vieux maitres de la Chine*, Paris : Adrien-Maisonneuve，1962，p.73，p.79，p.80.

② Liou Kia-hway，préf. René Etiemble，*Tao tö king par Lao-tseu. Traduit du chinois par Liou Kia-hway. Préface de René Etiemble*，Paris : Gallimard，1967，pp.7-30 ; Liou Kia-Hway，préf. d'Étiemble，*Tao-tö king. L'oeuvre complète de Tchouang-tseu. Le vrai classique du vide parfait*，Paris : Le Grand livre du mois，1992，pp.9-27.

第四章　戴遂良对道家人生哲学思想的译介

所谓“人生哲学”即用一定哲学世界观和方法论解释人生问题的理论体系，[①] 多涉及生命价值、生活方式、生死归属以及人性善恶等方面的问题。老子、列子与庄子生活在动荡不安的春秋战国时期，他们曾深刻思考了人生的真谛，把生命的价值置于首位，建立起“贵己重生”的人生观。杨朱的“拔一毛而利天下不为”的利己思想与老庄的“贵己重生”思想在理论上是一脉相承的关系。老庄所提出的理想人格，即“圣人”和“真人”，均以大道为安身立命的纲常，他们崇尚自然无为，随遇而安。生死哲学是道家人生哲学的核心问题，老庄所提出的“生死命定论”“齐一论”“自然论”一直是历来学者阐释的热点。虽说杨朱、老子与庄子的思想在人生观上并不完全相同，但是三者在理论上还是有共同之处的，并且是发展的关系。

戴遂良在《道家三祖：老子、列子与庄子》（*Les Pères du système taoïste : Lao-Tzeu*，*Lie-Tzeu*，*Tchoang-Tzeu*，*Par Léon Wieger*，1913）与《中国宗教信仰与哲学思想史：从萌芽期到现代》（*L'Histoire des Croyances religieuses et des Opinions philosophes en Chine depuis l'origine jusqu'à nos jours*）中列举了大量的例证并讨论了若干道家生命哲学的问题，诸如老庄的“贵己”、杨朱的“乐生”、道家的伦理仁义观与生死观。本章依据戴氏在原始文献中所引用的例证，结合相关译文与译文评注从三个方面分析了戴遂良对道家人生哲学的阐释，分别是“贵己乐生”观、伦理“仁义”观与生死观。

第一节　“贵己乐生”观

“贵己”与“乐生”是先秦道家人生哲学的重要组成部分。它们是两个不同的概念，但是其本质都是从“为我”角度出发，前者注重人的生命价值，后者

① Felix Adler，*An Ethical Philosophy of Life*，*Presented in Its Main Outlines*，New York；London：D. Appleton and Company，1918，p.1.

注重人的生存价值。老子的"贵身"思想、杨朱的"贵己乐生"与庄子的"贵己"思想实则都是一种道家的"为我"人生观。戴遂良认为三者之间具有一定区别与联系，杨朱"拔一毛而不为天下"的利己主义观是道家"贵己"思想的重要组成部分，相对于老子与庄子的"为我"思想，杨朱对仁义道德的否定更为彻底，他的"乐生"主义的实质便是伊壁鸠鲁主义。[①] 此外，庄子的"贵己"思想与杨朱的利己主义人生观还有着密切的联系，理论上具有一定的相似性，如果深究庄子的"贵己"思想，就不能忽视杨朱的"贵己"思想。[②] 戴氏从西方哲学角度阐释了道家的"贵己乐生"观，但也染有鲜明的中国学者的"前见"。

一、"利己主义"的"贵己"思想

戴遂良将先秦道家与墨家的思想分为两大类，分别是以杨朱为代表的利己主义（égoïsme）和以墨翟为代表的利他主义（altruiste）。西方哲学家桑德斯（Steven M. Sanders）认为："利己主义是指每个人在任何时候都应该最大限度地追求自己利益而不应该牺牲自己利益的学说。"[③] 戴遂良认为，杨朱思想是中国利己主义的典型代表，道家老子、列子与庄子的"贵己"思想均隶属于西方伦理哲学中的利己主义范畴。

在杨朱看来，任何的以物累我、损我的事情都不为，哪怕"损一毛"也是不可以的。因此，他说："损一毫利天下，不与也。"他的这种"为我"思想也多为后世学者所诟病，就先秦有关典籍对杨朱"为我"论的批评就有数家，比如：《孟子·尽心上》的"杨子取为我，拔一毛而利天下不为也"[④]；《吕氏春秋·不二》记载"老聃贵柔，孔子贵仁，墨翟贵廉，关尹贵清，列子贵虚，陈骈贵齐，阳生贵己"[⑤]；《韩非子·显学》的"今有人于此，义不入危城，不处军旅。不以天下大利易其胫一毛。世主必从而礼之，贵其智而高其行，以为

---

①② Léon Wieger, *Histoire des croyances religieuses et des opinions philosophes en Chine depuis l'origine jusqu'à nos jours*, Hien-hien : Impr. de Hien-hien, 1922, p.201.

③ Hugh La Follette, *The international encyclopedia of ethics*, Malden, MA : Wiley-Blackwell, 2013, p. 250.

④ 杨伯峻:《孟子译注》，中华书局，1962 年版，第 313 页。

⑤ 张双棣、张万彬、殷国光、陈涛：《吕氏春秋译注》（下），吉林文史出版社，1987 年版，第 588 页。

轻物重生之士也”。[①] 可见，杨朱的“为我”思想是显而易见的。戴遂良认为杨朱的“拔一毛为天下而不为”是一种极端的利己主义，相对于老子与庄子的思想，杨朱的言论对仁义道德的否定更彻底。[②] 戴遂良引用了上文孟子的言论为理论依据以支撑自己的观点，在他看来，杨朱的“身者，所为也，天下者，所以为也”意指个人背后的行为只能是为了自我。可见，中国学者孟子言论的“前见”直接影响了汉学家对杨朱“为我”论的诠释。

老子的“贵己”思想主要体现在他的自我修炼方面，他所言的“上善若水”“后其身而身先，外其身而身存”“不敢为天下先”“为而不争”等言论都是以自我修炼以达成柔弱、谦虚等方式实现“贵己”目的的，也是保全自我的方式与手段。法国哲学家霍尔巴赫（Heinrich Diefrich）将这种“为我利人”的原则概括为：“德行不过是一种用别人的福利来使自己幸福的艺术。”[③] 法国 18 世纪的利己主义哲学家认为“利己主义就是为了使自己幸福，就必须为自己的幸福所需要的别人的幸福而工作”。[④] 基于西方的这些哲学言论，戴遂良认为：“老子‘上善若水’的‘贵己’修炼实则是为了被人爱戴，不树敌，就能保全自己，圣人因着自己的无私就能够成就自己。”[⑤] 在他看来，老子提倡对“柔”“谦”的修炼最终是为了成就自我利益，因此，他将老子的“贵己”思想也纳入了利己主义哲学中，并称：“老子所表达的‘贵己’言辞，表面上是谦虚无我，实质上是伪装的利己主义，道家提倡圣人退隐也是为了不招惹是非，最终是为了自己的利益。”[⑥] 西方哲学家萨特（Jean-Paul Sartre）说：“给予就是奴役，给予就是以毁灭划归己有，同时利用这毁灭来奴役别人。”[⑦] 戴遂良认为老子笔下的圣人在实行无为统治时，即使他们向百姓施加重负，百姓也感受不到其沉重。[⑧] 因为圣人对百姓的奴役，表面上是为百姓服务，实则是为己。他在此以“为我利人”为出发点，对道家的“贵己”思想做了另类的诠释。

---

① 刘乾先、韩建立、张国昉、刘坤：《韩非子译注》，黑龙江人民出版社，2003 年版，第 813 页。

② Léon Wieger，*Histoire des croyances religieuses et des opinions philosophes en Chine depuis l'origine jusqu'à nos jour*，Hien-hien : Impr. de Hien-hien，1922，p.201.

③ （法）霍尔巴赫著，管士滨译：《自然体系》上卷，商务印书馆，1999 年版，第 247 页。

④ 葛力：《十八世纪法国哲学》，商务印书馆，1991 年版，第 649 页。

⑤⑥⑦ Léon Wieger，*Histoire des croyances religieuses et des opinions philosophes en Chine depuis l'origine jusqu'à nos jour*，Hien-hien : Impr. de Hien-hien，1922，p.153.

⑧ （法）让·保罗·萨特著，陈宣良译：《存在与虚无》，三联书店，1987 年版，第 798 页。

庄子在《养生主》中提到“为善无近名，为恶无近刑。缘督以为经，可以保身，可以全生，可以养亲，可以尽年”①，在《逍遥游》中又说“至人无已，神人无功，圣人无名”②，可见，“保身”“全生”“养亲”“尽年”“无己”正是庄子所追求的人生境界。换言之，庄子所谓的“贵己”思想即“保身”“无己”的思想。他在《庖丁解牛》一文中，将复杂的社会关系比作牛身上的“肯綮”与“大軱”，指出谁想享天年就要“乎天理，批大郤，导大窾，因其固然”，人世一切的名利仁义都是享天年的绊脚石，人若因为追求这些身外之物伤身，最后会沦为丧生者。③法国的利己主义哲学家霍尔巴赫认为每个人的行为目的只能利己，却又不可能依靠自己单独实现，只能依靠社会通过利他手段实现。因此，他认为每个人都是为自己的幸福以自己的方式而劳动，一旦承认了这一点，那么，绝没有哪个人可以够得上是无私心的人。④戴遂良认为，庄子的这些“保全自我”思想亦是利己主义，这种养生方法仅适用于那些消极避世的人。⑤

通过以上论述可知，戴遂良从西方利己主义哲学的角度出发，将道家的“贵己保身全生”思想纳入“利己”范围内，但是他忽略了一个历史性的问题，就是老庄所身处的时代背景。老庄身处春秋战国时期，社会动荡不安，各国诸侯竞相称霸，横征暴敛，滥施刑罚，百姓不堪重负，动辄便会受到刑罚，身家性命朝不保夕。如果身家性命不保，谈论一切都是枉然，故老庄才在那个时代呼吁人们“贵己保身全生”。可见，戴遂良在翻译中，并没有将译本置于译本成书的年代背景中进行探讨。这启发我们，在典籍翻译中，译者应该从译本的历史背景出发，将译本置于其成书的背景，才能与作者在思想上达成一致，引起共鸣，从而传达中国经典的深广内涵。

---

① （晋）郭象注，（唐）成玄英疏，曹础基、黄兰发点校：《南华真经注疏》，中华书局，1998 年版，第 67 页。

② （晋）郭象注，（唐）成玄英疏，曹础基、黄兰发点校：《南华真经注疏》，中华书局，1998 年版，第 9 页。

③ （晋）郭象注，（唐）成玄英疏，曹础基、黄兰发点校：《南华真经注疏》：中华书局，1998 年版，第 67–69 页。

④ （法）霍尔巴赫著，管士滨译：《自然体系》上卷，商务印书馆，1999 年版，第 271 页。

⑤ Léon Wieger, *Les Pères du système taoïste* : *Lao-Tzeu*, *Lie-Tzeu*, *Tchoang-Tzeu Par Léon Wieger*, Hien-hien : Impr. de Hien-hien，1913，p.229.

二、伊壁鸠鲁主义的“乐生”思想

伊壁鸠鲁[①]的哲学一般被称之为快乐哲学，伊壁鸠鲁主义是追求享乐和奢华生活的代名词。伊壁鸠鲁把快乐与善好直接等同起来，他把快乐称为最高的善好，并声称人天生就有追求快乐的本性。他认为：“快乐是幸福生活的开端和目的，我们认为快乐是首要的好，以及天生的好。我们的一切追求和规避都开始于快乐，又回到快乐，因为我们凭借感受判断所有的好。”[②]伊壁鸠鲁追求的快乐是一种感官的适宜，感官层次的快乐是一切快乐与善好的基础和渊源。

戴遂良认为杨朱的“乐生观”与伊壁鸠鲁的快乐哲学是一致的，主要体现在以下三个方面：

首先，杨朱的“养生之道”是一种追求感官的快乐养生观，他提倡“贵己全生”的实质就是“适欲”，顺其自然地满足人的欲望。戴遂良列举了《列子·杨朱篇》的《晏平仲问养生于管夷吾》中，管夷吾回答晏平仲说：“肆之而已，勿壅勿阏。恣耳之所欲听，恣目之所欲视，恣鼻之所欲向，恣口之所欲言，恣体之所欲安，恣意之所欲行。夫耳之所欲闻者音声，而不得听，谓之阏聪；目之所欲见者美色，而不得视，谓之阏明；鼻之所欲向者椒兰，而不得嗅，谓之阏颤；口之所欲道者是非，而不得言，谓之阏智；体之所欲安者美厚，而不得从，谓之阏适；意之所为者放逸，而不得行，谓之阏性。凡此诸阏，废虐之主。去废虐之主，熙熙然以俟死，一日、一月，一年、十年，吾所谓养。拘此废虐之主，录而不舍，戚戚然以至久生，百年、千年、万年，非吾所谓养。”[③]他对这段言论的阐释是：“人们应该随心所欲地放任耳目，满足嗅觉与味觉之需，想尽办法以获取身体的安逸，心灵的安宁。只要是限制这些安逸的手段都是在残忍地扼杀人的天性。人生不该被任何外物所羁绊，力求满足人之天性，这样活一天便是一天，直到命终，这便是所谓的‘养生之道’。所有的人性自我克制，自我束缚都是残害身心的行

---

① 伊壁鸠鲁（希腊文：Ἐπίκουρος，英文：Epicurus，公元前 341 至前 270 年），古希腊哲学家、无神论者，伊壁鸠鲁学派的创始人。他的学说的主要宗旨就是要达到不受干扰的宁静状态，并要学会享乐。伊壁鸠鲁学派是当时最有影响的学派之一，一直延续了 4 个世纪 。罗马时期伊壁鸠鲁学派的著名代表有卢克来修，他的哲学长诗《物性论》，系统地宣传和保存了伊壁鸠鲁的学说。3 世纪以后，伊壁鸠鲁的学说成了基督教的劲敌。在中世纪，伊壁鸠鲁成了不信上帝、不信天命、不信灵魂不死的同义语。文艺复兴时期，由于卢克莱修《物性论》的发现和出版，扩大了伊壁鸠鲁学说对早期启蒙思想家的影响。17 世纪伽森狄全面恢复了伊壁鸠鲁学说，它直接影响了 17 世纪、18 世纪英法唯物主义哲学和自然科学。

② 包利民等译：《自然与快乐——伊壁鸠鲁的哲学》，中国社会科学出版社，2004 年版，第 32 页。

③ 景中：《列子》，中华书局，2007 年版，第 214 页。

为，都不是养生之道。”[①] 从这段释义可知，戴氏在此论述了杨朱养生之道中的“感官之乐”，满足了感官的需求就是懂得养生之道，不能满足感官的需求的就是扼杀人天生的本性。他认为，管夷吾的这番言论是伊壁鸠鲁主义的快乐哲学，杨朱提倡的这种满足身心感官的养生之道从根本上说也是伊壁鸠鲁的感官快乐哲学。

其次，伊壁鸠鲁曾说：“要习惯于相信死亡与我们无关，因为一切的好与坏都在感觉之中，而死亡是感觉的剥夺。死亡与我们毫不相干，因为当我们活着的时候，死亡还没有来临；当死亡来临的时候，我们已经不在了。”[②] 可见，伊壁鸠鲁的快乐哲学是一种寻找生前的快乐观，他试图通过简单的快乐以减轻难以承受的欲望。戴遂良认为杨朱的“乐生”思想是一种活在当下，只求生前快乐的哲学。他引用了杨朱的“万物所异者生也，所同者死也。生则有贤愚、贵贱，是所异也；死则有臭腐消灭，是所同也。虽然，贤愚、贵贱，非所能也，臭腐、消灭，亦非所能也。故生非所生，死非所死，贤非所贤，愚非所愚，贵非所贵，贱非所贱。然而万物齐生齐死，齐贤齐愚，齐贵齐贱。十年亦死，百年亦死，仁圣亦死，凶愚亦死。生则尧舜，死则腐骨；生则桀纣，死则腐骨。腐骨一矣，孰知其异？且趣当生，奚遑死后”[③]，并诠释说：“这是杨朱的一种活在当下，不去忧虑死后事的快乐哲学观（Donc，vivre la vie présente，sans se préoccuper de ce qui suivra la mort）。”[④]

最后，戴氏认为杨朱的快乐哲学是反对消耗今生精力以求死后虚名的一种哲学。他解释《杨朱篇》的“凡彼四圣者，生无一日之欢，死有万世之名者，固非实之所取也”[⑤] 说：“那四位圣人辛苦一生直到终老，死后也仅仅落下一个虚妄的名声。”因此，耗费今生的经历以谋求身后的虚名是杨朱所不提倡的。[⑥]

通过以上论述可知，戴遂良将杨朱的乐生观纳入西方的伊壁鸠鲁快乐哲学，并认为这种快乐哲学是“一种感官的，只求生前快乐不图来世虚名”的哲学。中西方哲学文化差异造成了理解上的鸿沟，他在此采取了“归化”译法，以目的语的读者为导向，跨越了文化鸿沟，从而使译文更贴近西方读者。这种诠释方法在

---

① Léon Wieger，*Histoire des croyances religieuses et des opinions philosophes en Chine depuis l'origine jusqu'à nos jours*，Hien-hien：Impr. de Hien-hien，1917，p.167.

② 包利民等译：《自然与快乐——伊壁鸠鲁的哲学》，中国社会科学出版社，2004年版，第31页。

③ 景中：《列子》，中华书局，2007年版，第210页。

④⑥ Léon Wieger，*Histoire des croyances religieuses et des opinions philosophes en Chine depuis l'origine jusqu'à nos jours*，Hien-hien：Impr. de Hien-hien，1917，p.165.

⑤ 景中：《列子》，中华书局，2007年版，第226页。

内容上体现了中西方哲学相通之处，便于西方读者理解中国道家的快乐哲学，也使译文达到缩小读者与译文的视域差距，促进译文读者和译文视域成功融合的效果。然而，从翻译的忠实度来看，越是靠近目的语读者的译作，译文所承载的原著文化信息也越少。戴氏之所以选择这种译介策略，与他预期的翻译目的是紧密相连的，诚如他在译文序言中所述："本书翻译的目的是让普通读者了解道家思想。"① 他的预期受众是普通读者，而非专业汉学家。他这种以目的语读者为导向的译介方法在一定程度上满足了不同层次大众读者对道家知识的需求。

第二节 "仁义"伦理观

戴遂良在《道家三祖：老子、列子与庄子》前言中论述了道家对待儒家仁义的态度问题，道家视孔子是道家"自然无为"思想的摧毁者，尤其是《庄子》一书中收录了大量关于老子反对孔子仁义礼教的篇目。戴氏依据中国学者的观点，从两个方面讨论了庄子对孔子的态度：一方面，庄子视孔子为礼教的化身，道家自然主义的摧毁者，道家思想的劲敌；另一方面，孔子是传道说教者，他使一些迷信道家思想的学生成为儒家子弟。《庄子》中一些具有创造性的寓言不但突出了儒道学说的相似处，还强调了孔学的弊端与道学的长处。②

戴遂良认为列子与庄子讽刺嘲笑孔子，视他为那个时代对"自然无为"思想的摧毁者，伪道德仁义的化身，其主要原因是道家的"自然论""本性论"与儒家"礼教""不知变通"之间的冲突与矛盾。③ 他引用了《庄子·天运》中的大量篇幅以阐释老庄对孔子的嘲讽。"孔子见老聃而语仁义。老聃曰：'夫播糠眯目，则天地四方易位矣；蚊虻噆肤，则通昔不寐矣。夫仁义憯然，乃愤吾心，乱莫大焉。吾子使天下无失其朴，吾子亦放风而动，总德而立矣！又奚杰然若负建鼓而求亡子者邪！夫鹄不日浴而白，乌不日黔而黑。黑白之朴，不足以为辩；名誉之观，不足以为广。泉涸，鱼相与处于陆，相呴以湿，相濡以沫，不若相忘于江湖。'"④ 老聃的这段话旨在劝诫孔子要变通，他开口毫不客气地视孔子为"播糠眯目"者与"蚊虻噆肤"者，随后又抨击了孔子的仁义观说："夫仁义憯然，乃

①② Léon Wieger，*Les Pères du système taoïste：Lao-Tzeu，Lie-Tzeu，Tchoang-Tzeu Par Léon Wieger*，Hien-hien：Impr. de Hien-hien，1913，p.3.

③ Léon Wieger，*Histoire des croyances religieuses et des opinions philosophes en Chine depuis l'origine jusqu'à nos jours*，Hien-hien：Impr. de Hien-hien，1917，p.195.

④ （晋）郭象注，（唐）成玄英疏，曹础基、黄兰发点校：《南华真经注疏》，中华书局，1998 年版，第 300-301 页。

愤吾心，乱莫大焉。”最后，老聃提倡自己的自然论，批判孔子的不知变通。郭象认为这段话所要表达的中心是“言仁义之誉，皆生於不足”。成玄英评价说：“此总结前文，斥仁义之弊。夫泉源枯竭，鱼传沫以相濡；朴散淳离，行仁义以济物。及其江湖浩荡，各足所以相忘；道德深玄，得性所以虚淡。既江湖比於道德，濡沫方於仁义，以此格量，故不同日而语矣。”①可见，郭象与成玄英都认为这段话是庄子在说仁义的弊端。另外，戴氏还引用了《庄子·天道》中的孔子与老聃的对话以解释老子反对孔子的仁义论，“孔子曰：‘要在仁义。’老聃曰：‘请问，仁义，人之性邪？’孔子曰：‘然。君子不仁则不成，不义则不生。仁义，真人之性也，又将奚为矣？’老聃曰：‘请问，何谓仁义？’孔子曰：‘中心物恺，兼爱无私，此仁义之情也。’老聃曰：‘意，几乎后言！夫兼爱，不亦迂乎！无私焉，乃私也。夫子若欲使天下无失其牧乎？则天地固有常矣，日月固有明矣，星辰固有列矣，禽兽固有群矣，树木固有立矣。夫子亦放德而行，循道而趋，已至矣；又何偈偈乎揭仁义意，夫子乱人之性也！’”②郭象对这段话的理解是“事至而爱，当义而止，斯忘七义者也，常念之则乱真矣。世所谓无私者，释己而爱人。夫爱人者，欲人之爱己，此乃甚私，非忘公而公也”。成玄英疏解说：“亡子不获，罪在鸣鼓；真性不明，过由仁义；故发噫欺，总结之也……夫兼爱於人，欲人之爱己也，此乃甚私，何公之有邪。”③在郭象和成玄英看来，孔子的仁义是“乱人之性”的“乱真”“噫欺”，老聃反驳孔子的仁义是因为仁义的背后有私心。

从以上论述可知，老庄在批判孔子仁义论的同时，不断地提倡“自然无为”与“圣人无为”。戴遂良认为老庄所提倡的这种圣人效法自然无为的道理，其实是在论述人的自然本色，这是一种虚伪的仁义论。他在翻译“宇泰定者，发乎天光。发乎天光者，人见其人，物见其物。人有脩者，乃今有恒；有恒者，人舍之，天助之。人之所舍，谓之天民；天之所助，谓之天子”（《庄子·庚桑楚》）④时说：“Celui dont le cœur a atteint cet apogée de l’immuabilité，émet la lumière naturelle（raison pure，sans rien de conventionnel）qui lui révèle ce qui

① （晋）郭象注，（唐）成玄英疏，曹础基、黄兰发点校：《南华真经注疏》，中华书局，1998年版，第301页。

② （晋）郭象注，（唐）成玄英疏，曹础基、黄兰发点校：《南华真经注疏》，中华书局，1998年版，第275–276页。

③ （晋）郭象注，（唐）成玄英疏，曹础基、黄兰发点校：《南华真经注疏》，中华书局，1998年版，第276页。

④ （晋）郭象注，（唐）成玄英疏，曹础基、黄兰发点校：《南华真经注疏》，中华书局，1998年版，第451页。

peut encore rester en lui d’artificiel.”[①] 这句话的回译就是“那些达到最深层静寂境界的人，从内心深处流露出自然本色的人也保留着虚伪矫揉造作，这种自然本色是单纯的，没有经过任何礼教”。这里所谓人的“自然本色”即人性，也是人的自然属性，是人与生俱来的东西。中国传统的人性论以儒家尤其是孟子的“性善论”为核心，以道家提倡的“顺从自然人性”为主，而西方基督教国家的人性论则以基督教的“原罪”观念为核心。戴遂良作为传教士，自然会受基督教原罪说的影响，因此，他认为道家所谓的自然论中人的本色具有“原罪”的性质，具有虚伪性，换句话说，道家的自然人性论是伪善的。他更倾向于支持儒家的道德观，并认为道家的仁义论是比儒家的仁义论要低等的言论。[②]

戴遂良从基督教的核心教义“爱”批判了道家的圣人伪善。他对老子的“天地不仁以万物为刍狗，圣人不仁以百姓为刍狗”（《道德经》第五章）、“圣人无常心，以百姓心为心”（《道德经》第四十九章）中的“仁”进行了批判，他认为这些关于圣人善行的言论，其本质是与不善的言行相吻合的（Voici comment les textes qui vantent la bonté du Sage，se concilient avec ceux qui veulent qu’il ne soit pas bon），他从两个方面分析了老子所谓的“仁”：一方面，上善，指为了万物而爱万物，这是因为人是万物的一部分，实行仁义不是为了自己的切身利益；另一方面，下善，指人们为了自己与自己的切身利益而爱某个个体。天地产生万物乃是道的居所，道生万物，且对待万物无偏私，这种善对于道家而言是上善，不是下善。圣人效法大道而治，以一种冷漠的机会主义对待百姓，是为了获取普遍利益，并不是为了个别百姓的利益，如果百姓对他们有利，就使百姓昌盛，如果无利，就剥削压迫。[③] 可见，戴氏是基于西方的哲学理论，以善的动机为落脚点区别上善与下善的。他指出，道家圣人对百姓的利用如同利用刍狗一般，等刍狗毫无用处之后，便根据自己的利益对其进行压制甚至屠杀。这种伪善与基督教中的“善”义是大相径庭的。[④] 他认为老子对下等的善是不屑的，因此，道家一定会惊奇基

---

① Léon Wieger, *Les Pères du système taoïste :Lao-Tzeu, Lie-Tzeu, Tchoang-Tzeu Par Léon Wieger*, Hien-hien : Impr. de Hien-hien，1913，p.407.

② Léon Wieger，*Histoire des croyances religieuses et des opinions philosophes en Chine depuis l'origine jusqu'à nos jours*，Hien-hien : Impr. de Hien-hien，1917，p.156.

③ Léon Wieger，*Histoire des croyances religieuses et des opinions philosophes en Chine depuis l'origine jusqu'à nos jours*，Hien-hien : Impr. de Hien-hien，1917，pp.153-154.

④ 思高本《圣经》，哥林多前书第 13 章第 4~8 节：爱的颂歌（爱是含忍的，爱是慈祥的，爱不嫉妒，不夸张，不自大，不做无礼的事，不求己益，不动怒，不图谋恶事，不以不义为乐，却与真理同乐，凡事包容，凡事相信，凡事盼望，凡事忍耐，爱永存不朽。）从“不求己益”可知基督教的核心范畴“爱”更是无私利他的“爱”。

督徒对那些衰老虚弱、疯癫的残疾人的悉心照料。他认为单从爱的层次来讲，道家的“仁”无法与基督教中的“爱”相提并论。[①]基督教“爱”的本质是“不求自己的益处，反求别人的益处”，在戴氏看来，凡是爱人为己的行为都是一种利己主义，都是有违道德目的，是不仁的表现。

从以上论述可知，戴遂良从西方哲学与基督教的“善恶论”出发，对道家的“仁义”做了评判。首先，他依据历代注疏解释了道家的“自然论”与儒家的“礼教”之间的冲突；其次，他又评论了道家“自然论”中关于人性的伪善；最后，他从西方哲学与基督教的“善恶论”的角度出发，对道家的理想人格“圣人”的“仁爱”做了批判，并认为道家的“仁”是无法与基督教的“爱”相提并论的。可见，戴遂良在参考中国传统注释的同时，还不断利用自己的理性思维进行分析，他潜意识中理解前结构预埋的基督教知识结构直接影响了他对道家经典的评论与诠释。他从比较的视野出发，在诠释与翻译的过程中，不断在理解前结构的拟话场中进行着基督教与道教的对话，通过比较性认知，发现两者之间的优劣是非。在这种情况下，基督教的“善恶论”借着他的诠释与道典文化展开对话，这充分体现了译者理解前结构中的知识背景对译者主体性的影响。

第三节　生死观

任何一种宗教的终极关怀都是生死问题。戴遂良是耶稣会士，他到中国传教的本旨就是向中国人传扬“天主救人灵魂不死”的真理，因此，他在解读诠释道家经典时，最关注的话题就是道家三祖对生死问题的见解。本节从三个方面讨论了戴遂良对道家生死观的阐释分别是生死自然论、循环如一论与命定论。

一、生死自然论

戴遂良认为老子所言的生死如阴阳一样是相反相成的关系，是“道法自然”规则中的一种自然现象。[②]他用自然界月亮的阴晴圆缺交替变化来解释老子的生

① Léon Wieger, *Histoire des croyances religieuses et des opinions philosophes en Chine depuis l'origine jusqu'à nos jours*, Hien-hien：Impr. de Hien-hien，1917，p.154.

② Léon Wieger, *Histoire des croyances religieuses et des opinions philosophes en Chine depuis l'origine jusqu'à nos jours*, Hien-hien：Impr. de Hien-hien，1917，p.149，p.168.

死观，他说："圆月代表着生命，朔月代表着死亡，月亮的消长变化是生与死之间的两个阶段。"他还引用老子的"生之徒十有三；死之徒十有三；人之生，动之于死地，亦十有三。夫何故？以其生生之厚"（《道德经》第五十章）说明过分强调和维护生的状态，反而会使生命受到损害，不利于生命的自然生长。因此，应该以顺其自然的态度来对待生死，而绝不能人为地求生避死。①

在戴氏看来，老列庄三人的生死观是趋于一致的。他引用列子《周穆王第三》中的"有生之气，有形之状，尽幻也。造化之所始，阴阳之所变者，谓之生，谓之死。穷数达变，因形移易者，谓之化，谓之幻。造物者其巧妙，其功深，固难穷难终。因形者其巧显，其功浅，故随起随灭。知幻化之不异生死也，始可与学幻矣。吾与汝亦幻也，奚须学哉"②，并解释说："万物在宇宙中的生化包括人的魂与身体，生与死这两个字代表了存在的两种状态，生与死是两个连续的过程，所有物质最终都统一于道。"③从戴氏的解释可以看出，他认为列子所言的生死过程是一个统一于"道"的自然过程。他接着又引用了庄子的"死生为昼夜""杂乎芒芴之间，变而有气，气变而有形，形变而有生，今又变而之死，是相与为春秋冬夏四时行也"④（《庄子·至乐》），并评价说："生死相继如昼夜交替，生死相继又如四季变幻，是一自然的过程。"⑤成玄英认为这句话中庄子所言的生死变化循环如四时，是一种生死自然观。⑥可见，戴氏对道家生死循环论的解读与传统注本一致，他的诠释忠实地传递了道家的"生死自然论"。

二、生死循环齐一论

戴遂良认为道家经典中所言的生死过程是一个循环过程。他在阐释老子的"致虚极，守静笃；万物并作，吾以观复。夫物芸芸，各复归其根。归根曰静，静曰复命"（《道德经》第十六章）时解释说："老子所谓的'生与死'，或者'生

---

① Léon Wieger，*Histoire des croyances religieuses et des opinions philosophes en Chine depuis l'origine jusqu'à nos jours*，Hien-hien：Impr. de Hien-hien，1917，p.150.

② 景中：《列子》，中华书局，2007 年版，第 87 页。

③⑤ Léon Wieger，*Histoire des croyances religieuses et des opinions philosophes en Chine depuis l'origine jusqu'à nos jours*，Hien-hien：Impr. de Hien-hien，1917，p.179.

④（晋）郭象注，（唐）成玄英疏，曹础基、黄兰发点校：《南华真经注疏》，中华书局，1998 年版，第 359 页。

⑥（晋）郭象注，（唐）成玄英疏，曹础基、黄兰发点校：《南华真经注疏》，中华书局，1998 年版，第 359–360 页。

与死的状态'仅仅是两个阶段。众生都会归于'无'，即不存在的状态，然后再循环往复。众生各归其根，归根曰静。在静中复命。以此类推，循环往复没有尽头。生与死是两个阶段，能够认识这种连续、永恒不变的规律，就是圣人。"①在戴遂良看来，老子的生死观就像是循环链，没有尽头，庄子在老子的"生死循环论"的基础上又提出"生死齐一论"。戴遂良引用《庄子·大宗师》中的"孟孙氏不知所以生，不知所以死。不知就先，不知就后"并解释说："对于孟孙氏而言，生与死的状态是相同的，没有区别，没有先后，因为生死是一个无限的循环链。"②他认为庄子的生死观是一种"生死如一"观，为了进一步解释清楚这种观点，他又引用了《大宗师》中庄子以寓言的形式描写子祀、子舆、子梨、子来四位莫逆之交的生死观的故事，用"孰能以无为首，以生为脊，以死为尻。孰知死生存亡之一体者"③解说庄子的生死观是一种循环齐一的生死观。他将这句话直译为"celui qui penserait comme moi，que tout être est éternel，que la vie et la mort se succèdent，qu'être vivant ou mort sont deux phases du même être，celui-là j'en ferais mon ami"。从译文可以看出，他并没有忠实地翻译原文，而是采用直接阐释的方式解说生死是相随循环的两个过程。④他强调了庄子所言的"安时而处顺，哀乐不能入也，古者谓是帝之县解。指穷于为薪，火传也，不知其也"⑤（《庄子·养生主》），并解释说庄子想表达"人在活着的时候，犹如一捆柴火，解散这困柴火，犹如死亡。生死相继好像来去往返，万物都是如此。人是万物的灵长，不论在何处，都带着灵魂。灵魂在体内犹如木在火内，它进入一个新的身体就像火从一个燃烧的柴捆燃及另一捆柴火一般，火在继续扩散，永不熄灭，生命的延续也是无始无终。这种生命继续存在的方式不是个人的，或者可能很快会通过一些渠道进入任何身体，最终都会与万物融为一体，所谓的个人、自我都

① Léon Wieger，*Histoire des croyances religieuses et des opinions philosophes en Chine depuis l'origine jusqu'à nos jours*，Hien-hien：Impr. de Hien-hien，1917，pp.149-150.

② Léon Wieger，*Histoire des croyances religieuses et des opinions philosophes en Chine depuis l'origine jusqu'à nos jours*，Hien-hien：Impr. de Hien-hien，1917，p.176.

③（晋）郭象注，（唐）成玄英疏，曹础基、黄兰发点校：《南华真经注疏》，中华书局，1998 年版，第 150 页。

④ Léon Wieger，*Histoire des croyances religieuses et des opinions philosophes en Chine depuis l'origine jusqu'à nos jours*，Hien-hien：Impr. de Hien-hien，1917，p.174.

⑤（晋）郭象注，（唐）成玄英疏，曹础基、黄兰发点校：《南华真经注疏》，中华书局，1998 年版，第 72 页。

会终止"[①]。

郭象认为庄子在这里是要表达"以有系者为县，则无系者县解也，县解而性命之情得矣。此养生之要也。穷，尽也；为薪，犹前薪也。前薪以指，指尽前薪之理，故火传而不灭；心得纳养之中，故命续而不绝；明夫养生乃生之所以生也"。成玄英的解释是"帝者，天也。为生死所系者为县解，则无死无生者县解也。穷，尽也。薪，柴樵也。为，前也。言人然火，用乎前之，能尽然火之理者，前薪虽尽，后薪以续，前后相继，故火不灭也。亦犹善养生者，随变任化，与物俱迁，故吾新吾，曾无系恋，未始非我，故续而不绝者也"。[②]从这些言论可知，郭象与成玄英所理解的庄子生死观也是一种"生死循环齐一"观，戴遂良对这句话的阐释与中国传统道典的释义是一致的，他在上述释义中着重强调了生死的相继性，人最终都将与万物融为一体，灵魂犹如体内的薪火一样生生不息。他在此突出了灵魂，在他看来，人只有拥有灵魂才能拥有生命，灵魂的离体也意味着死亡，这点诠释体现了他作为传教士的一种生死观。

三、生死命定论

戴氏认为相对于老子与列子而言，庄子对生命的短暂性和死亡的必然性做了更深刻的表达。他认为庄子所言的生死命定论具有宿命论（fatalité）的特征。[③]他引用庄子的"死生，命也；其有夜旦之常，天也"[④]（《庄子・养生主》），并注解说："生死如昼夜一样是预设好的，人们应该坦然地面对命运，没有任何人能违背天命。"[⑤]随后，他又提到了《至乐》篇中，庄子妻死，他不是悲痛万分，而是"箕踞鼓盆而歌"。当惠子质问他时，他却说："我嗷嗷然随而哭之，自以为不通乎命，故止也 。"[⑥]这说明在庄子看来，人的生命是有限的，有生必有死，这是一种必然，也是一种宿命。戴氏对庄子的"命"的解释是

① Léon Wieger, *Histoire des croyances religieuses et des opinions philosophes en Chine depuis l'origine jusqu'à nos jours*, Hien–hien：Impr. de Hien–hien，1917，pp.176–177.

② （晋）郭象注，（唐）成玄英疏，曹础基、黄兰发点校：《南华真经注疏》，中华书局，1998 年版，第 72 页。

③⑤ Léon Wieger, *Histoire des croyances religieuses et des opinions philosophes en Chine depuis l'origine jusqu'à nos jours*, Hien–hien：Impr. de Hien–hien，1917，p.173.

④ （晋）郭象注，（唐）成玄英疏，曹础基、黄兰发点校：《南华真经注疏》，中华书局，1998 年版，第 142 页。

⑥ （晋）郭象注，（唐）成玄英疏，曹础基、黄兰发点校：《南华真经注疏》，中华书局，1998 年版，第 359 页。

destin：La loi universelle et inéluctable des transformations。[1]可见，在他看来，生与死既是世间万物不断变化的内容，也是自然界物质生命之间相互转化的前提条件，如果有生而无死，那么自然之道就无法运行。生死福祸都掌控在“命”的手中，就像黑夜与白天交替循环变化的常规由天所决定一样，人无法改变，这是自然之道，也是万物运行的常态。不仅生和死，人生的种种变故都是受“命”支配。成玄英也认为庄子在此说的“命”是“天命”，他注解说：“偃然，安息貌也。巨室，谓天地之间也。且夫息我以死，外於天地之间，譬彼炎冻，何得随而哀恸。自觉不通天命，故止哭而鼓瓮也。”[2]

通过上述戴氏对道家生死哲学阐释的分析可知，他在翻译道典的过程中，最先接触到的中文文本以及相应的注本对他的理解产生了重大的影响。在他的前理解中，部分来自中国古代的注释，部分来自他自身文化与教育背景的影响，比如，他用西方哲学中的“fatalité（宿命）”一词来翻译“命”以阐释道家生死宿命论的观点。同时，在他前理解中也潜伏着他作为传教士的期待，即突出道教生死观。他用大量的篇幅阐释道家生死观就是他重视宗教终极关怀生死问题的明证。比如：他在解释《道德经》第十章中的“载营魄抱一”与“专气致柔”中的“魄”“气”时，主要解释了道教所谓“魂魄”“鬼”与“死亡”的关系。由此可见，译者的翻译始终受到前理解的影响，最后的译文更是译者创造性地发挥自己主体性的结果。

第四节 小结

本章通过分析戴遂良对道家生命哲学中“贵己乐生”“仁义伦理”与“生死观”的翻译，我们可以看到，由于中西方文化的差异，戴遂良虽然竭力避免理解上的误读，但是作为虔诚的天主教徒与忠诚的传教士，在传播天主福音与追求译本忠实度之间难免产生矛盾。他自觉不自觉地按照自身的文化传统、思维方式与自己所熟悉的哲学与宗教去解读道家经典。他用西方哲学中的“利己主义”“伊壁鸠鲁主义”“功利主义的善恶论”与基督教的“原罪论”解析了道家的生命哲学，同时，他也权衡参照了中国权威注疏，对道家生死哲学做了客观的诠释。总

① Léon Wieger, *Histoire des croyances religieuses et des opinions philosophes en Chine depuis l'origine jusqu'à nos jours*, Hien-hien：Impr. de Hien-hien，1917，p.173.

② （晋）郭象注，（唐）成玄英疏，曹础基、黄兰发点校：《南华真经注疏》，中华书局，1998 年版，第 360 页。

之，戴遂良对道家生命哲学的译介体现了中西哲学与宗教文化的双向渗透，碍于他原有的“视域”和个人禀赋与修养，决定了他的“不见”和“洞见”，从而产生了对异质文化理解上的差异。

第五章　戴遂良对道家治世哲学思想的译介

道家思想以宇宙论的起点“道”为基础，引申到人生层面，落脚点在政治论。陈鼓应说：“老子哲学系统的发展，可以说是由宇宙论伸展到人生论，再由人生论延伸到政治论。”① 历来的学者多认为道家的政治论是“君人南面之术”。西方社会的政治在长期的发展过程中逐渐积淀形成自由与平等，宪政与民主的政治文化传统。18 世纪的法国深受启蒙主义的影响，天赋人权与平等问题在政治学说中占有重要的位置。19 世纪，法国拿破仑帝国灭亡，波旁王朝复辟失败，法国在普法战争中战败，武装起义频发，资产阶级政权建立，正当时，戴遂良（1887）离开法国来华。在戴遂良到华之际，中国晚清也正处于政局动荡不安、战争频发的时期，他亲眼目睹了中国晚清的垮台与民国的成立。这使他在研究道家经籍时，分外关注政治问题，他在《道家三祖：老子、列子与庄子》（*Les Pères du système taoïste：Lao-Tzeu，Lie-Tzeu，Tchoang-Tzeu*）、《中国宗教信仰与哲学思想史：从萌芽期到现代》（*L'Histoire des Croyances religieuses et des Opinions philosophes en Chine depuis l'origine jusqu'à nos jours*）著作中阐发了若干个道家三祖对待政治的观点与看法，诸如道家政治观对统治者的要求、对被统治者百姓的要求以及治世政策的主张等。

本章依据戴遂良原始文献中的例证，结合译文中的相关评注，分析了他对道家经籍中治世理论基础“无为而治”的阐释，对统治者“圣人”与“圣人无为而治”的阐释，对治世策略“绝弃圣智”以及“老死不相往来”的阐释，并试图从戴遂良的教士“前见”和译者的主体性中找到合理的解释。

第一节　对治世之纲“无为而治”的阐释

戴遂良认为道家的“无为而治”是以“道法自然”为理论基础的，他对“无为而治”的阐释过程是从“道法自然”到“道常无为”，再从“道常无为”到“无为而治”的一个过程。在他看来，老庄的政治思想在理论上是一脉相承的关系，

① 陈鼓应：《老庄新论》，上海古籍出版社，1992 年版，第 3 页。

庄子的“道法自然”“无为而治”同老子的观点是趋于一致的。[①]本节讨论了戴氏对老庄“无为而治”政治内涵的阐释，主要包括他对“道常无为而无不为”与“无为而治”政治内涵的诠释。

一、道常无为而无不为

戴遂良称，老子所言的“人法地，地法天，天法道，道法自然”（《道德经》第二十五章）中的“道”为万物生化之本，天、地、人都依赖道的“自然性”而生存，这种“自然性”是“à son aséité（自有的）”，即“道”是自己存在的。他引用晚清学者汪东亭的话解释“道法自然”说：“寂然不见其有，寥然不见其边，亘古今独立而长存，不变不灭，流通于天地万物之中，无殆无危，为生生之本，化化之根，天地人物，赖之以生，故曰可以为天下母也。为其无有，不可得而名之。”[②]在他看来，“道法自然”即道的自生自成，道生化万物无始无终。王弼认为“道法自然”即“道法自成”。[③]戴遂良在此强调了“道法自然”的本性。

老庄崇尚自然，他们反对人们干扰自然法则，私自妄为，主张统治者要效法自然的“无为而治”，使人性返璞归真，回归到“道”的质朴状态。老子提出“道法自然无为”不但体现在道能够“有爱养万物而不为主”（《道德经》第三十四章），而且还具有“生而不有，为而不恃，长而不宰”的“玄德”。戴遂良认为老子所言的“玄德”和他“无为而治”的政治观是息息相关的，这主要体现在他的翻译与诠释中。

A. 原文：万物恃之以生而不辞，功成而不名。有爱养万物而不为主。（《道德经》第三十四章）

译文：Il se prête avec complaisance à la genèse de tous les êtres（ses participés）. Quand une œuvre est devenue，il ne se l’attribue pas. Bienveillamment il nourrit tous les êtres，sans s’imposer à eux comme un maître（pour les avoir nourris；les laissant libres；n’exigeant d’eux aucun retour avilissant）.[④]

---

① Léon Wieger, *Les Pères du système taoïste：Lao-Tzeu, Lie-Tzeu, Tchoang-Tzeu Par Léon Wieger*, Hien-hien：Impr. de Hien-hien，1913，p.2.

② Léon Wieger, *Les Pères du système taoïste：Lao-Tzeu, Lie-Tzeu, Tchoang-Tzeu Par Léon Wieger*, Hien-hien：Impr. de Hien-hien，1913，p.36.

③ 王弼注，楼宇烈校释：《老子道德经注校释》，中华书局，2008年版，第85页。

④ Léon Wieger, *Les Pères du système taoïste：Lao-Tzeu, Lie-Tzeu, Tchoang-Tzeu Par Léon Wieger*, Hien-hien：Impr. de Hien-hien，1913，p.43.

河上公注：恃，待也。万物皆待道而生，道不辞谢而止，有道不名其有功，道虽爱养万物，不如人主有所收取。①

王弼注：万物皆由道而生，既生而不知其所由，故天下常无欲之时，万物各得其所。②

B. 原文：生之畜之，生而不有，为而不恃，长而不宰，是谓玄德。(《道德经》第十章)

译文：Produire，élever，sans faire sien ce qu’on a produit，sans exiger de retour pour son action，sans s’imposer à ceux qu’on gouverne. Voilà la formule de l’action transcendante. ③

河上公注：道生万物而畜养之。道生万物，无所取有。道所施为，不恃望其报也。道长养万物，不宰割以为器用。言道德玄冥，不可得见，欲使人知道也。④

王弼注：不塞其原也，不禁其性也。不塞其原，则物自生，何功之有？不禁其性，则物自济，何为之恃？物自长足，不吾宰成，有德无主，非玄如何？凡言玄德，皆有德而不知其主，出乎幽冥。⑤

C. 原文：故道生之，德畜之，长之育之，成之熟之；养之覆之。生而不有，为而不恃，长而不宰，是谓玄德。(《道德经》第五十一章)

译文：Le Principe donne la vie ; sa Vertu fait croître，protège，parfait，mûrit，entretient，couvre（tous les êtres）. Quand ils sont nés，il ne les accapare pas ; il les laisse agir librement，sans les exploiter ; il les laisse croître，sans les tyranniser. Voilà la Vertu transcendante.⑥

河上公注：道生于万物，非但生而已，乃复长养、成熟覆育，全其性命。人君治国治身，亦当如是也。道生万物，不有所取以为利用。道所施为，不恃望其报也。道长养万物，不宰害以为利。道之所行恩德，玄暗不可得见。⑦

王弼注：谓成其实，各得其庇荫，不伤其体矣。有德而不知其主也，出乎幽冥，

---

① 王卡点校：《老子道德经河上公章句》，中华书局，1997 年版，第 136–137 页。

② 王弼注，楼宇烈校释：《老子道德经注校释》，中华书局，2008 年版，第 64 页。

③ Léon Wieger，*Les Pères du système taoïste*：*Lao-Tzeu*，*Lie-Tzeu*，*Tchoang-Tzeu Par Léon Wieger*，Hien–hien：Impr. de Hien–hien，1913，p.26.

④ 王卡点校：《老子道德经河上公章句》，中华书局，1997 年版，第 35–36 页。

⑤ 王弼注，楼宇烈校释：《老子道德经注校释》，中华书局，2008 年版，第 24 页。

⑥ Léon Wieger，*Les Pères du système taoïste*：*Lao-Tzeu*，*Lie-Tzeu*，*Tchoang-Tzeu Par Léon Wieger*，Hien–hien：Impr. de Hien–hien，1913，p.49.

⑦ 王卡点校：《老子道德经河上公章句》，中华书局，1997 年版，第 197 页。

故谓之玄德也。[①]

上述译文中括号内加底线的部分是戴氏的夹注。戴氏对A句中“有爱养万物而不为主”的诠释是“pour les avoir nourris ; les laissant libres ; n’exigeant d’euxaucun retour avilissant（回译：道为养育万物，任其自由，不苛求它们使其堕落）”。根据他的理解，“道”是以放养的形式化生万物，不施以外力的干涉，用无为的态度对待万物的。从河上公注的“道不名其有功，道虽爱养万物，不如人主有所收取”，由王弼注中的“万物皆由道而生”可知，戴遂良对“道生万物而不有、不恃与不宰”的解释比较倚重河上公注释义。他在译文B与译文C中又进一步阐释了“道无为”与“玄德”的密切关系，并解释说：“道化生万物，德养育万物，万物得以生长，成熟并结果。道生长万物而不占有，抚育万物而不自恃有功，使万物生长不以自己为主宰，这就是‘玄德’。”[②] 在例句B与例句C中，他分别对“长而不宰”做了不同的翻译。在B句中，他将“宰”翻译为“gouverne（统治）”，在C句中却翻译成“tyranniser（暴政）”。B句是《道经》第十章部分，C句是《德经》第五十一章部分，从河上公注与王弼注可知，河上公与王弼在B句中解说“道的长而不宰”时均未提及“安身治国”事宜，但是在C句的阐释中，河上公将“道的长而不宰”推及“人君治国治身，亦当如是也”。戴氏在此依据河上公注对“宰”做了不同的阐释与翻译，意将“道”的无为过渡到“无为而治”的政治思想，指出圣人当效法“道”的不言之教，摒弃暴政，从而传递“道法自然无为”的政治性内涵。

除了上述阐释，戴遂良还引用了“道常无为而无不为”（《道德经》第三十七章）进一步解释“道无为”即“不干预”，道不干预万物，就能生化万物。正因为道的无为与不妄为，万物才能生生不息，故此，天不止息地化生万物，是源于道不对万物进行积极干扰。尊崇道的圣人无须征战就能取胜，不发号命令就能使人归顺，不召唤而自来，所向披靡且善于谋划［Car la voie du ciel（sa conduite constante），c’est de ne pas intervenir positivement. Il vainc sans lutter. Il se fait obéir sans ordonner. Il fait venir sans appeler. Il fait tout aboutir，en ayant l’air de tout laisser traîner.］。[③] 在戴氏看来，老子的“道常无为”是一种天道，这种

---

① 王弼注，楼宇烈校释：《老子道德经注校释》，中华书局，2008年版，第136–137页。

② Léon Wieger，*Histoire des croyances religieuses et des opinions philosophes en Chine depuis l’origine jusqu'à nos jours*，Hien–hien：Impr. de Hien–hien，1922，pp.151–152.

③ Léon Wieger，*Histoire des croyances religieuses et des opinions philosophes en Chine depuis l’origine jusqu'à nos jours*，Hien–hien：Impr. de Hien–hien，1922，p.152.

天道具有无穷的威力。[①] 因此，他将笔锋从“道常无为”转向“无为而治”，他引用老子的“道常无为而无不为，侯王若能守之，万物将自化”（《道德经》第三十七章），并解释说：“老子在此论述，君王能够无为民自化。道能够永远顺应自然不妄为，才能够无所不为，如果统治者能够效法道的无为，万物就能自己变化成长。‘道无为’即‘不干预’，道不干预万物，就能生化万物（Le Principe est toujours nonagissant n’agit pas activement et cependant tout est fait par lui par participation inapparente. Si le prince et les seigneurs pouvaient gouverner ainsi sans y mettre la main，tous les êtres deviendraient spontanément parfaits par retour à la nature）。”[②] 由此可见，在戴遂良看来，道家的“道法自然”是“无为而治”的理论基础。

戴遂良在解释“道法自然无为”的同时，还指出违背“道”的自然无为法则会引起的严重后果，他引用了“故从事于道者同于道；德者同于德；失者同于失。同于道者，道亦乐得之；同于德者，德亦乐得之；同于失者，失亦乐得之”（《道德经》第二十三章）进行解说，圣人从事于“道”，行为就与道相符，从事于“德”，行为就与德相符，从事于“失道失德”的人，行为就与失道失德相符。行为与道相同的人，道也乐于得到他；行为与德相同的人，德也乐于得到他，行为与失道失德相符的人，失道失德也乐于得到他。这主要是因为不论发生或没有发生什么事情，都是“道”的自然法则所为，圣人没有任何怨言。他在此表达了“无为而治”是“道常无为”在现实中“德”的体现。[③]“无为”是老子哲学中的核心概念，只有当译者对它的诠释建立在深度理解的基础上，才能使译本的释义客观、真实与准确。道家典籍的语言本身就晦涩难懂，这给译者带来了理解上的极大困难，译者除了要在翻译与释义中面对语言的转码问题，还要充分理解古汉语中一词多义现象。戴遂良在阐释“无为”时，贯穿了《道德经》前后语篇，对“道法自然无为”进行了客观诠释，他在此坚持了阐释的循环论，将部分与整体结合起来，对“无为”的解读有着比较客观的诠释。

二、“无为而治”的政治内涵

从老子的言辞“道常无为而无不为。侯王若能守之，万物将自化”（《道德

---

① Léon Wieger, *Les Pères du système taoïste*：*Lao-Tzeu*, *Lie-Tzeu*, *Tchoang-Tzeu Par Léon Wieger*, Hien-hien：Impr. de Hien-hien，1913，p.59.

②③ Léon Wieger, *Histoire des croyances religieuses et des opinions philosophes en Chine depuis l'origine jusqu'à nos jours*，Hien-hien：Impr. de Hien-hien，1922，p.152.

经》第三十七章）可知，在老子看来，君王能够“无为”则“民自化”，这是老子对君王提出的治国之策。道之所以生化万物，无所不为，是因为道顺应自然不妄为，如果参政的统治者能够效法道的“无为”，百姓也就能最大限度地发挥自主性，自化自正，社会就能和谐，百姓就能安居乐业。可见，道家的政治观对统治者的要求是遵循“道法自然”的原则，“无为而治”是治理国家的最高标准，这要求统治者在处理国家事务时，要遵循自然规律，不违背事情发展的自然规律，不进行主观性的干预妄为。庄子认为“天不产而万物化，地不长而万物育，帝王无为而天下功”（《庄子・天道》），他的“无为而治”政治观与老子是一致的，他们都以“无为而治”为治世的核心策略。

戴遂良认为道家的“无为而治”实指参政的统治者用无为的方式处世，犹如道一样，实行不言的教化。[①] 他对老庄“无为而治”的含义做了详细阐释，主要体现在他的翻译中。

A. 原文：道常无为而无不为。侯王若能守之，万物将自化。（《道德经》第三十七章）

译文：Le Principe est toujours nonagissant（n’agit pas activement）et cependant tout est fait par lui（par participation inapparente）. Si le prince et les seigneurs pouvaient gouverner ainsi（sans y mettre la main），tous les êtres deviendraient spontanément parfaits（par retour à la nature）.[②]

B. 原文：是以圣人居无为之事，行不言之教，万物作而弗始也，为而弗志也，成功而弗居也。（《道德经》第二章）

译文：Il laisse tous les êtres，devenir sans les contrecarrer，vivre sans les accaparer，agir sans les exploiter. Il ne s’attribue pas les effets produits，et par suite ces effets demeurent.[③]

C. 原文：太上，不知有之；功成事遂，百姓皆谓“我自然”。（《道德经》第十七章）

译文：Dans les premiers temps（quand，dans les choses humaines，tout était encore conforme à l’action du Principe），les sujets savaient à peine qu’ils avaient un prince

---

① Léon Wieger，*Histoire des croyances religieuses et des opinions philosophes en Chine depuis l’origine jusqu'à nos jours*，Hien–hien：Impr. de Hien–hien，1922，p.152.

② Léon Wieger，*Les Pères du système taoïste：Lao-Tzeu，Lie-Tzeu，Tchoang-Tzeu Par Léon Wieger*，Hien–hien：Impr. de Hien–hien，1913，pp.42–43.

③ Léon Wieger，*Les Pères du système taoïste：Lao-Tzeu，Lie-Tzeu，Tchoang-Tzeu Par Léon Wieger*，Hien–hien：Impr. de Hien–hien，1913，p.19.

(tant l’action de celuici était discrète) . *Combien délicate fut la touche des anciens souverains*. Alors que tout prospérait grâce à leur administration, leur peuple s’imaginait avoir fait en tout sa propre volonté.①

上述三段言辞是老子提倡的“君王无为民自化”，“道”永远顺应自然不妄为，才能够无所不为，如果统治者能够效法道的无为，万物就能自己变化成长。戴遂良在 A 句中重点阐释了“道无为”，这种“无为”即“不积极干预（n’agit pas activement）”“不动手干涉（sans y mettre la main）”，正因为道不干预万物，才能生化万物，君王能够将这一原则运用到政治中进行统治，对万物不进行人为干涉，他们的统治成就必定会很突出，使万物按照自然的本性发展。②从 B 句、C 句可知，在老子看来，最好的统治者是向百姓行“不言之教”，百姓似乎根本感觉不到他们的存在。戴遂良认为，老子在此所谓的“最好的君主”是犹如“道”一般，百姓几乎感觉不到他的存在。居于“太上”的圣人之言行与大道或德相符（tout était encore conforme à l’action du Principe），百姓才能被驯服并归顺，最终功成业就，还深信自己本来如此。因此，老子要求统治阶级的圣人用无为的方式处世，犹如道一样，实行不言的教化。③他认为老子的统治之道是以大道的无为法则为前提的，庄子的“无为而治”思想与老子的言论是一致的。

D. 原文：天不产而万物化，地不长而万物育，帝王无为而天下功。(《庄子·天道》第十三章)④

译文：Tel le ciel ne faisant pas naître, les êtres naissent ; la terre ne faisant pas croître, les êtres croissent. Ainsi，le souverain n’agissant pas，les sujets prospèrent.⑤

E. 原文：夫帝王之德，以天地为宗，以道德为主，以无为为常。无为也，则用天下而有余；有为也，则为天下用而不足。故古之人贵夫无为也。(《庄子·天道》第十三章)

译文：Fidèles imitateurs du ciel et de la terre，du Principe et de son influence，les anciens souverains n’intervenaient pas directement，ne s’occupaient pas des détails.

① Léon Wieger，*Les Pères du système taoïste : Lao-Tzeu，Lie-Tzeu，Tchoang-Tzeu Par Léon Wieger*，Hien-hien : Impr. de Hien-hien，1913，p.31.

②③ Léon Wieger，*Histoire des croyances religieuses et des opinions philosophes en Chine depuis l’origine jusqu'à nos jours*，Hien-hien : Impr. de Hien-hien，1922，p.152.

④ 此处 D 句与 E 句中所标注的章数是依据戴遂良的原著对译本的分章，章数后面标注的大写字母是戴遂良对译文的分节标识。

⑤ Léon Wieger，*Les Pères du système taoïste : Lao-Tzeu，Lie-Tzeu，Tchoang-Tzeu Par Léon Wieger*，Hien-hien : Impr. de Hien-hien，1913，p.311.

De là vient qu'ils pouvaient gouverner l'empire tout entier. Inactifs, ils laissaient agir leurs sujets. Immobiles, ils laissaient les hommes se mouvoir. Leur pensée s'étendait à tout, sans qu'ils pensassent à rien ; ils voyaient *tout en principe*, [①] sans rien distinguer *en détail* ; leur pouvoir, capable de tout, ne s'appliquait à rien.[②]

F. 原文：夫物或行或随；或觑或吹；或强或羸；或载或隳。是以圣人去甚、去奢、去泰。(《道德经》第二十九章)

译文：Quand il gouverne, le Sage laisse aller tous les êtres (et l'empire qui est leur somme), d'après leurs natures diverses ; les agiles et les lents ; les apathiques et les ardents ; les forts et les faibles ; les durables et les éphémères. Il se borne à réprimer les formes d'excès qui seraient nuisibles a l'ensemble des êtres, comme, la puissance, la richesse, l' ambition.[③]

戴氏认为庄子的“无为”思想是对老子思想的继承，他在译文 D 中添加了“Ainsi（同样）”一词以突出天地对待万物的“无为”方式也适用于帝王治世，以此强调庄子所提倡的“无为治世”策略是效法天地法则的。他在译文 E 中又进一步详细阐释了庄子“无为而治”观，E 句可回译为：天地、道德的忠诚模仿者，古时的君王并没有进行直接的干预，也不为枝叶烦琐的小事而困扰。他们能够统治整个帝国，通过“无为”达到自己的目的，通过“无为”让人民行动，他们无须思考，思想就能蔓延全国，他们仅看到了“道”，并没有在乎枝末细节的事情，他们的“原则”无所不适，威力无所不能。从回译文可看出，戴氏对原文的翻译是一种改写性的阐释，他在此主要是解说庄子对实行“无为而治”的古代君王的赞许。因此，他在译文中强调了君王是天地道德的忠诚模仿者（Fidèles imitateurs），圣人在实行无为统治时，只需关注“principe（原则）”，并模仿大道的无为才能在政治上取得成功。在译文 F 中，戴氏又进一步说明如果统治阶级违反了“无为”统治就会带来负面影响，这句话可回译为“如果圣人统治国家时妄为，就会导致失败。不论是谁触犯了这条金科玉律，都要付出代价，万物都要服从自然法则。同样，万物都要按着本身所不同的天性自然发展。过度妄为干涉事

---

① 戴遂良对《庄子》的译本原著是用斜体的形式标注夹注，笔者为了便于夹注的醒目皆加底线标示。

② Léon Wieger, *Les Pères du système taoïste* : *Lao-Tzeu*, *Lie-Tzeu*, *Tchoang-Tzeu Par Léon Wieger*, Hien-hien : Impr. de Hien-hien, 1913, p.311.

③ Léon Wieger, *Les Pères du système taoïste* : *Lao-Tzeu*, *Lie-Tzeu*, *Tchoang-Tzeu Par Léon Wieger*, Hien-hien : Impr. de Hien-hien, 1913, p.38.

物本来的状态，尤其是通过强权、巨富、雄心进行干涉，只会给万物造成伤害”。[①]

从上文论述可知，戴遂良对“无为而治”政治思想的阐释先是介绍了“道常无为而无不为”，紧接着又由“道常无为”过渡到政治观“无为而治”。他对由“道常无为”落实到政治上的“无为而治”进行了双向诠解，不但诠释了政治上依循“道”实行无为而治的效果，也诠释了违反“道”的无为规律，君王妄为干涉统治要承担相应的政治后果。虽说，他的译文是在一定程度上对译文的改写，但是，戴遂良对“无为”的诠释体现了道典原文所体现的“无为”是“为”的深刻政治内涵。他的理解与诠释体现了译者语言表达背后的思想逻辑，究其原因乃是他自身对道家经典的深刻理解，他没有将“自然无为”与“无为而治”割裂开来，反而根据传统疏义进行客观解释。

第二节　对“圣人之治”的阐释

先秦儒家、道家与墨家先后都提出过很多与“圣人”相关的论述，他们都视自己所设定的“圣人”为理想的统治者，可以改变春秋战国时期“礼坏乐崩”的社会状况，实现“小国寡民”的理想社会。道家所描绘的“圣人”具有理想的人格，多被赋予不同的内涵，他们肩负着“无为而治”的治国重任。戴氏在阐述“圣人无为而治”前，首先对理想的统治者“圣人”做了详细的解说，其次他对圣人“绝圣弃智”的治世策略做了阐释。

一、对“圣人”的解读

老子对“圣人”的描述更注重圣人“谦柔”的自然本性与循道而行的理想人格。他说：“圣人常无心，以百姓之心为心。善者，吾善之；不善者，吾亦善之，德善。信者，吾信之；不信者，吾亦信之，德信。圣人在天下，歙歙焉为天下浑其心，百姓皆注其耳目，圣人皆孩之。”（《道德经》第四十九章）老子在此所讲的“圣人”即是履行“无为而治”的执行者，在老子看来也是最理想的统治者。这里的“常无心”即常无私心。老子认为理想的执政者“圣人”不但没有私心，而且还以满足百姓所需为主，能引导百姓向善守信，以返归婴儿的纯真质朴状态。

① Léon Wieger，*Histoire des croyances religieuses et des opinions philosophes en Chine depuis l'origine jusqu'à nos jours*，Hien-hien：Impr. de Hien-hien，1922，p.153.

形象学中的“他者”形象倾向于表现对“他者”文化的否定，对“自我”文化空间的补充和延长。①形象是加入了文化的和情感的、客观的和主观的因素的个人的或集体的表现。②来华传教士对中国的民间信仰多持有批评的态度，戴遂良也不例外。他视中国道教民俗为“异教之风”，正如他在《近代中国民间故事》一书前言部分中所述“本书中所描绘中国民间的道德习俗与使徒保罗在罗马书信第一章中所描述的异教习俗是相似的”③。他在《近代中国民间故事》一书所选译的多篇文本均是讽刺道士的自私卑劣，贪财残忍，他们利用旁门左道驱邪画符之术，蛊惑民众，最后都不得善终，比如《聊斋志异》中的《白莲教》,《新齐谐》中的《道士作祟自毙》《张大帝》与《炼丹道士》等小说。可见，戴氏对中国道士持有极其负面的态度，并且他深信这些道士或多或少都秉承了老子所谓“圣人”的理想人格。基于这些负面影响，他对“圣人”做了另类的诠释：

首先，他认为老子所谓的“圣人”是一种无所事事的人，他们漠视一切事物，以淡然态度而处之。他在翻译“为无为，事无事，味无味。大小多少。报怨以德（Agir sans agir ; s’occuper sans s’occuper ; goûter sans goûter ; voir du même œil，le grand，le petit，le beaucoup，le peu ; faire le même cas des reproches et des remerciements）”（《道德经》第六十三章）时补充说：“这就是老子所谓的‘圣人言行（voilà comme fait le Sage）’”，并进一步解释说：“圣人用一种漠视淡定的态度行无为之为，做无事之事，品无味之味，大生于小，多生于少，用德来报答怨恨，这就是所谓的‘圣人’。”④

其次，戴遂良认为老子所言的圣人力求摒弃欲望，一切顺其自然，他对“是以圣人欲不欲，不贵难得之货，学不学，复众人之所过，以辅万物之自然而不敢为（Le Sage ne se passionne pour rien. Il ne prise aucun objet，parce qu’il est rare. Il ne s’attache à aucun système，mais s’instruit par les fautes des autres. Pour coopérer à l’évolution universelle，il n’agit pas，*mais laisse aller*）”（《道德经》第六十四章）的解释是“圣人对什么都没有强烈的欲望，也不爱任何财宝。圣人无所不学，以淡定漠视的态度处无为之事，任凭一切顺其自然，为的是不干扰宇宙的自然法

---

① 孟华:《比较文学形象学》，北京大学出版社，2001 年版，第 5 页。

② 孟华:《比较文学形象学》，北京大学出版社，2001 年版，第 113 页。

③ Léon Wieger，*Folk-lore chinois modern*，Hien-hien : Impr. de la Mission catholique，1909，p.3.

④ Léon Wieger，*Histoire des croyances religieuses et des opinions philosophes en Chine depuis l’origine jusqu'à nos jours*，Hien-hien : Impr. de Hien-hien，1922，p.152.

则”。[1] 他评价说：“道家的‘圣人’像是一个有趣的旁观者，对论辩没有丝毫的兴趣。他们胸怀大志，怀着虚幻的欲望，抱着不实的幻想，却尝试着对世界进行革命。”[2]

再次，戴遂良认为圣人要实现无为而治，不必逃遁世界，历来的中国道人为了清修得道而过着离群索居的生活，这显然与老子的教导是不相符的。可见，随着戴遂良对《道德经》研究的不断深入，他逐渐发现道士的行为与道家之祖老子的教导是不相符的。他引用了“孰能浊以静之徐清？孰能安以静之徐生？保此道者，不欲盈。夫唯不盈，故能蔽而新成［La pureté s'obtient dans le trouble（de ce monde），par le calme（intérieur），à condition qu'on ne se chagrine pas de l'impureté du monde. La paix s'obtient dans le mouvement（de ce monde），par celui qui sait prendre son parti de ce mouvement，et qui ne s'énerve pas à désirer qu'il s'arrête. Celui qui garde cette règle de ne pas se consumer en désirs stériles d' un état chimérique，celuilà vivra volontiers dans l'obscurité，et ne prétendra pas à renouveler le monde.］”（《道德经》第十五章）以说明圣人与世界的关系，他认为，要成为道家的“圣人”，不必逃遁这个世界，但是后来的道教徒却选择归隐的生活方式，以求与世隔绝，寻得安静与纯朴，这不免有点夸张，其实，培养内心的安静与品格的纯朴在现世中就能够实现。只要人们不愤慨现世的污浊，就能在这个喧嚣的世界中培养出内心的安宁。只要人们深谙如何利用这种现世的喧嚣与污浊，就可以实现平静与安宁。[3] 他在此批判了道家政治观不实的一面，对他所认为的道家在处理个人与社会关系不当的一面，他从“修心”的角度对道教的“归隐”做了批判。

最后，戴遂良认为，圣人在实现无为而治时，要具有“善为下不争”的美德。他引用了老子所言的“江海之所以能为百谷王者，以其善下之，故能为百谷王”（《道德经》第六十六章）与“善用人者，为之下。是谓不争之德，是谓用人之力，是谓配天古之极”（《道德经》第六十八章）并阐释说：“因为圣人有‘善为下’的美德，因此，圣人在实现无为而治，施加负荷时，人们感受不到它的沉重，尽管他们地位显赫，没有人会嫉妒。由于他们不扰民，民众也不会反抗他们。他们不是通过剥削压迫，而是通过服务于民来实现统治，他们的服务征服了民众。”戴遂良认为这里圣人的“善”是伪善，为了自己的利益才不争的。[4]

---

①②③ Léon Wieger，*Histoire des croyances religieuses et des opinions philosophes en Chine depuis l'origine jusqu'à nos jours*，Hien–hien：Impr. de Hien–hien，1922，p.152.

④ Léon Wieger，*Histoire des croyances religieuses et des opinions philosophes en Chine depuis l'origine jusqu'à nos jours*，Hien–hien：Impr. de Hien–hien，1922，p.153.

从上述戴氏对道家“圣人”的批判可知，他是带着对民间道士言行不齿的态度进行译介的，他认为圣人无所事事，是一个冷漠的旁观者，没有欲望，怀着不实的愿望，妄想实行统治。他批判了道士离群索居的归隐生活，认为这点是不符合老子的教导的。正因为圣人具有上述的种种不是，戴遂良将圣人“善与不争”的言论全部纳入西方的利己主义。由此可知，戴氏对“圣人”的诠释是在“他者”的眼光下进行的，是按照自己对文本的理解及心理预期进行解释。他作为耶稣会士，在翻译诠释道典时，不可避免地会否定道教文化，从而补充与延长自我文化空间。他在传达《道德经》的原义时，首先解释道家经典文本的意义，其次发现道教的不合理之处，最后明示道教或道士行为对道家经典的颠覆。

二、对“绝圣弃智”的解读

老子除了对理想统治者“圣人”提出了一定的要求，同时也对“圣人”即得道之人的治国策略给出了建议，即“绝圣弃智”与“愚民”，这样做的原因是“民利百倍”。老子反对阻碍统治、扰乱社会的智慧，因此提出了“绝圣弃智，民利百倍”（《道德经》第十九章）与“古之善为道者，非以明民，将以愚之”（《道德经》第六十五章）。此处“愚”的意义深远，后世的学者对此褒贬不一。王弼认为“愚，谓无知守真，顺自然也”。① 范应元认为“将以愚之，使淳朴不散，智诈不生也。所谓愚之者，非欺也，但因其自然，不以穿凿私意导之也”。② 在他们看来，这里的“愚”都是顺应自然本性的意思，是一种无知无欲、平静质朴的境界。冯友兰认为，这里圣人所行的“愚”是淳朴和天真的意思，是修养的结果，乃“大智若愚”也。“大智若愚”之愚，乃智愚之“合”，与原来之愚不同。③ 但是也有许多学者认为这里的“愚”是无知的表现，遂驳斥老子的“愚民”政策，将其归入“人君南面之术”之列，并对此进行了深刻的批判。比如：与戴遂良同时代的中国国学大师蔡元培认为，老子的“绝圣弃智，民利百倍”是因果倒置论，老子有激于此，遂谓废弃道德，即可臻于至治，则不得不谓之谬误矣；④ 英国汉学家理雅各认为老子的“绝弃圣智，民利百倍”的说法非常可笑，“道教反对知识积累这简直太错误了。人

---

① 王弼注，楼宇烈校释：《老子道德经注校释》，中华书局，2008 年版，第 167 页。

② 范应元：《老子道德经古本集注》，中华书局，1998 年版，第 649 页。

③ 冯友兰：《冯友兰文集第二卷：中国哲学史》（上），长春出版社，2008 年版，第 143 页。

④ 梁启超、章太炎、闻一多等：《国学大师说老庄及道家》，云南人民出版社，2009 年版，第 10 页。

类社会的发展规律是向前迈进的，老子及其门人将自己囚禁在一片未知之地，这使道教无法进步，反而堕落”。① 换言之，老子所谓的通过“愚”民为民谋福是谬误，戴遂良与他们的看法几乎是趋于一致的，他从以下四个方面解释了“愚民”的含义：

首先，戴氏认为：“老子之所以实行‘愚民’政策，是因为‘民之难治，以其智多。故以智治国，国之贼；不以智治国，国之福（Quand un peuple est difficile à gouverner，c'est qu'il en sait trop long. Celui qui prétend procurer le bien en y répandant l'instruction，celuilà se trompe et ruine ce pays. Tenir le peuple dans l' ignorance，voit qui fait le salut d' un pays.）（《道德经》第六十五章）。” ② 他认为：“这是道家古圣人实行统治的秘诀，国家难以治理，是因为百姓智多。据说那些谋求一国之财的人，多通过巧智手段获得，最终却弄巧成拙，导致国家败亡。因此，老子说‘使百姓无知无欲，是对一个国家的拯救’。” ③ 他在此对老子提出“愚民”政策的背后因素进行了分析。

其次，戴遂良认为圣人所谓的“愚民”政策是对被统治阶级“人民”的一种颇为消极的要求。他引用了“是以圣人之治也，虚其心，实其腹，弱其志，强其骨，恒使民无知、无欲也”（《道德经》第三章）并进一步说明：“圣人治理天下是空虚人民的心灵，解决他们的温饱问题，减少他们的欲望，使他们筋骨强健。这是使人民处于一种麻木无知状态，也是统治阶级长期以来所关注的核心问题。换言之，打消百姓对尝试所有事情的兴趣，限制其对知识的掌握，这样全世界就能坐享和平盛景，并能使百姓参与社会生产，牲畜农耕。确保百姓与牲畜的温饱以枯竭他们的心思，束缚创新，阻止创业。百姓无知无欲，没有任何的嫉妒愤恨，也不需要严加看管，更不需要上报他们的得失。” ④ 可见，戴遂良认为道家的圣人所为是对民众思想进行麻痹的一种手段，目的是便于对无知无欲的百姓进行管理。

再次，戴遂良认为庄子与老子所提倡的“愚民”思想是一脉相承的关系。他认为庄子所说的“故绝圣弃知，大盗乃止；擿玉毁珠，小盗不起；焚符破玺，而民朴鄙；掊斗折衡，而民不争……灭文章，散五采，胶离朱之目，而天下始人含

① James Legge，“The Texts of Taoism”，*The Sacred Books of the East*，vols. XXXIX，XL，Oxford：Oxford University Press，1891，p.30.

② Léon Wieger，*Les Pères du système taoïste*：*Lao-Tzeu*，*Lie-Tzeu*，*Tchoang-Tzeu Par Léon Wieger*，Hien-hien：Impr. de Hien-hien，1913，pp.55-56.

③④ Léon Wieger，*Histoire des croyances religieuses et des opinions philosophes en Chine depuis l'origine jusqu'à nos jours*，Hien-hien：Impr. de Hien-hien，1922，p.154.

其明矣"(《庄子·胠箧》第十章)中的"绝圣弃知"与老子的"绝圣弃智"思想是一致的。他认为道家的政治家"圣人"是一国之资本，他幻想天下有智慧的人都绝灭了，盗贼也就销声匿迹了。[①]

最后,戴遂良认为老子的"愚民"主义在中国历代政府统治中负面影响深远,历史上一些文武良将多因为他们的智慧才招致了"狡兔死走狗烹"的悲剧。历代每次改朝换代以后，统治阶级畏惧文臣武将，对他们疑虑重重，最终将他们杀害。统治阶级抱着对政治小心谨慎的态度，多重用一些平庸无能之辈。[②]

从以上论述可知，戴遂良认为老子的"愚民"思想是中国古代帝王统治的秘诀，其对中国政治的负面影响颇深，他将中国有史以来的统治者在改朝换代时屠杀功臣的行径全部归罪于老庄的"绝智愚民"思想,并认为是帝王对人民的愚弄。戴遂良在此按照自己的推理给出结论，并说明了"绝智愚民"在中国历史发展中的隐患与悲剧。当传统本身已处于一种困境时，人们应该如何看待那根从外部援引而来，并试图穿透传统外壳的刺。戴遂良在阐释道典的意义时，不仅告诉西方读者"绝智愚民"的原义是什么，而且以解读原义的方式向西方读者呈现出一种理解中国历史的方法，以及对历史问题的渊源的分析。他的这种诠释方式也体现了西方汉学家与中国传统经典之间的诠释空间与张力，是反观中国历史文化的另一面镜子。

第三节　对"老死不相往来"的阐释

老子在《德经》的最后部分描述了他所谓的在圣人无为统治下无知无欲的百姓所构成且没有战争的"小国寡民"的理想社会。历代学者对老子的这一"小国寡民"褒贬不一，有的学者认为这是一种幻想历史的倒退思想，是一种乌托邦的理想社会。比如，陈鼓应认为"小国寡民"乃是对现实的不满，是在当时散落农村基础上所构幻出来的"桃园式"的乌托邦。[③] 本节讨论了戴遂良对老子关于战争的态度，理想社会"小国寡民"以及老子就"小国"所提出的"老死不相往来"治理政策的诠释。

---

① Léon Wieger, *Les Pères du système taoïste*：*Lao-Tzeu*, *Lie-Tzeu*, *Tchoang-Tzeu Par Léon Wieger*, Hien-hien：Impr. de Hien-hien，1913，p.279.

② Léon Wieger，*Histoire des croyances religieuses et des opinions philosophes en Chine depuis l'origine jusqu'à nos jours*，Hien-hien：Impr. de Hien-hien，1922，p.154.

③ 陈鼓应：《老子译及评介》，中华书局，1984年版，第360页。

一、对“战争观”的解读

老子生活在战争频发的春秋战国时期，常年目睹战争的残酷，民不聊生的场面，这使他对战争深恶痛绝。戴遂良对老子关于战争态度的诠释非常贴近原文的意思。

原文：以道佐人主者，不以兵强天下，其事好还。师之所处，荆棘生焉。大军之后，必有凶年。善有果而已，不敢以取强。果而勿矜，果而勿伐，果而勿骄，果而不得已，果而勿强。物壮则老，是谓不道，不道早已。（《道德经》第三十章）

译文：（<u>De tous les excès，le plus préjudiciable，le plus damnable，c’est celui des armes，la guerre</u>）.Que ceux qui assistent un prince de leurs conseils，se gardent de vouloir faire sentir à un pays la force des armes.（<u>Car pareille action appelle la revanche，se paie toujours fort cher.</u>）Là où des troupes séjournent，les terres abandonnées par les laboureurs，ne produisent plus que des épines. Là où de grandes armées ont passé，des années de malheur（<u>famine et brigandage</u>）suivent. Aussi le bon général se contentetil de faire ce qu’il faut（<u>le moins possible；répression plutôt morale que matérielle</u>），et s’arrête aussitôt，se gardant bien d’exploiter sa force jusqu’au bout. Il fait tout juste ce qu’il faut（<u>pour rétablir la paix</u>），non pour sa gloire et son avantage，mais par nécessité et à contrecœur，sans intention d’augmenter sa puissance. Car à l’apogée de toute puissance，succède toujours la décadence. Se faire puissant，est donc contraire au Principe（<u>source de la durée</u>）. Qui manque au Principe sur ce point，ne tarde pas à périr. [①]

这章是老子讨论战争的主要经文，涵盖了老子对战争的看法。戴遂良在译文开头首先对老子关于战争的态度进行了注解：“在人类的所有行为中，战争是杀伤力最强、最残忍的行为（De tous les excès，le plus préjudiciable，le plus damnable，c’est celui des armes，la guerre）。”其次，他对战争的弊端做了进一步解释，他认为“其事好还”即指战争招致报仇的话，所付代价甚大，也会导致凶年的饥荒与掠夺。同时，他还指出好的将军会尽量减少战争，除非迫于维护和平不得已而为之。最后，他总结：用道辅佐君王的人之所以建议君王慎用武器，是因为战争具有报复的仇杀性。军队所到之处，哀鸿遍野，饥荒蔓延，烧杀抢掠。军队所停留之处，荒地纵横，荆棘丛生。善于用兵之人只求用取得胜利维持社会秩序与和平，并没有带着强烈的欲望，违背意愿求得自己的荣耀或称霸王国。因

① Léon Wieger，*Les Pères du système taoïste*：*Lao-Tzeu*，*Lie-Tzeu*，*Tchoang-Tzeu Par Léon Wieger*，Hien-hien：Impr. de Hien-hien，1913，p.39.

为荣耀与王权会随后颓废凋零，这是一条不可抗拒的自然法则。[①]他非常认可历代文献注疏对老子战争态度的诠释。[②]可见，老子对战争的态度也是戴氏自己对战争的态度。

戴遂良在加入耶稣会之前，曾从事了6个月的军医工作。法国军队中的军医一般兼有医生与军官的身份，往往由受过系统军医教育或具有医疗工作经验的人员担任。短暂的半年军营生活为戴遂良日后能够经得起耶稣会军队般的训练打下了坚实的基础。他作为随军军医，在战场中经历了勇敢的将士在战争中撒手人寰，目睹了血肉横飞、尸体堆积如山的情景。他也曾亲自为呻吟不止的受伤战士剖腔取弹，缝合伤口，这些都成为他触目惊心的记忆。除了军医的经历，他在青年时期，就亲眼目睹了普法战争给法国与法国人民所带来的重创，他有18万左右的法国同胞在这场战争中毙命，40多万的同胞被普军所俘。更令他难忘的是，1870年9月27日斯特拉斯堡守军投降以后，普军的残忍行径。这些人生阅历使戴遂良在解释老子的战争观时，对战争的厌恶感不禁油然而生，因此，他在译文的开篇就疾呼战争的杀伤性与残忍性。可见，译者的人生阅历是理解结构的"前见"中的重要成分，直接影响了译者对译作的深层次解读。译者与作者在人生阅历上越具有相同的"视域"，译者对译文的译介与阐释越能体现原作者的创作意图，也能更忠实地传递原著文本的信息量。

二、对"小国寡民"的解读

A. 原文：小国寡民。使有什伯之器而不用；使民重死而不远徙；虽有舟舆，无所乘之；虽有甲兵，无所陈之。使人复结绳而用之。至治之极。甘美食，美其服，安其居，乐其俗，邻国相望，鸡犬之声相闻，民至老死不相往来。（《道德经》第八十章）

译文：*Si j'étais roi* d'un petit État，d'un petit peuple，je me garderais bien d'utiliser（de mettre en charge）les quelques dizaines d'hommes capables que cet État contiendrait. J'empêcherais mes sujets de voyager，en leur faisant craindre la mort *par accident possible*，tellement qu'ils n'oseraient pas monter dans un bateau ou sur un char. Je défendrais tout usage des armes. En fait de lettres et de science，je les

---

① Léon Wieger，*Histoire des croyances religieuses et des opinions philosophes en Chine depuis l'origine jusqu'à nos jours*，Hien-hien：Impr. de Hien-hien，1922，p.156.

② Léon Wieger，*Les Pères du système taoïste：Lao-Tzeu，Lie-Tzeu，Tchoang-Tzeu Par Léon Wieger*，Hien-hien：Impr. de Hien-hien，1913，p.39.

obligerais à revenir aux cordelettes à nœuds (quippus) . C'est alors qu'ils trouveraient leur nourriture savoureuse, leurs habits beaux, leurs maisons paisibles, leurs us et coutumes agréables. (J'empêcherais la curiosité et les communications, au point que,) mes sujets entendissentils de chez eux les cris des coqs et des chiens de l'État voisin, ils mourraient de vieillesse avant d'avoir passé la frontière et eu des relations avec ceux de l' État voisin. ①

B. 原文：子独不知至德之世乎？昔者荣成氏、大庭氏、伯皇氏、中央氏、栗陆氏、骊畜氏、轩辕氏、赫胥氏、尊卢氏、祝融氏、伏牺氏、神农氏，当是时也，民结绳而用之，甘其食，美其服，乐其俗，安其居，邻国相望，鸡狗之音相闻，民至老死而不相往来。若此之时，则至治已。(《庄子・胠箧》第十章)

译文：Il en fut tout autrement, au temps de la nature parfaite, au temps des anciens souverains, avant *Fou-hi Chenn-noung* et *Hoang-ti*. Alors les hommes ne connaissaient, en fait d'annales, que les cordelettes à nœuds. Ils trouvaient bonne leur grossière nourriture, bons aussi leurs simples vêtements. Ils étaient heureux avec leurs mœurs primitives, et paisibles dans leurs pauvres habitations. *Le besoin d'avoir des relations avec autrui, ne les tourmentait pas*. Ils mouraient de vieillesse, avant d'avoir fait visite à la principauté voisine, qu'ils avaient vue de loin toute leur vie, dont ils avaient entendu chaque jour les coqs et les chiens. En ces tempslà, *à cause de ces mœurslà*, la paix et l' ordre étaient absolus.②

从上述译文可知，戴氏的译文并不是忠实的翻译，A 段的译文可回译为：如果我是一个人口稀少的小国之主，我会任用数个本国的力所能任称职的臣将。我会尽量使百姓恐惧死亡与意外事故，使他们甚至不敢乘坐舟车，以阻止他们远游。我会避免使用武器。至于知识与学问，我会使他们回到结绳记事的时代。他们会发现美食香甜，良衣取暖，家庭和睦，习惯优良，民风淳朴。我会在一定程度上消除他们的好奇心，阻止其与外界交流。我的目的是国与国之间可以听到邻邦的鸡鸣声与犬吠声，并且，他们直到终年也未能跨越国界与邻邦建立任何的关系。戴遂良在翻译这段话时，全部采取第一人称的方式翻译。他在译文中频繁地使用“je (我)”以代表老子谈论政治，这里的第一人称强化了老子政治观背后译者的声音。同时，戴氏用括号加注“J'empêcherais la curiosité et les communications,

① Léon Wieger, *Les Pères du système taoïste* : *Lao-Tzeu*, *Lie-Tzeu*, *Tchoang-Tzeu Par Léon Wieger*, Hien-hien : Impr. de Hien-hien, 1913, p.62.

② Léon Wieger, *Les Pères du système taoïste* : *Lao-Tzeu*, *Lie-Tzeu*, *Tchoang-Tzeu Par Léon Wieger*, Hien-hien : Impr. de Hien-hien, 1913, p.279.

au point que”以强调老子的外交政策。他对B段的翻译也是一种对原文的改写性的阐释，他省略了“至德之世”中君王的名字（荣成氏、大庭氏、伯皇氏、中央氏、栗陆氏、骊畜氏、轩辕氏、赫胥氏、尊卢氏、祝融氏），紧接着将译文转向了对理想社会的描写，先是描写了欣欣向荣、安居乐业的社会境况“Alors les hommes ne connaissaient，en fait d’annales，que les cordelettes à nœuds. Ils trouvaient bonne leur grossière nourriture，bons aussi leurs simples vêtements. Ils étaient heureux avec leurs mœurs primitives，et paisibles dans leurs pauvres habitations”，随后转向了对邻邦外交关系的阐释，戴氏强调说：“Le besoin d’avoir des relations avec autrui，ne les tourmentait pas.（需要与他国建立关系的事情并没有使他们苦恼）”。下文中就进一步展开了没有苦恼的外交策略，即“Ils mouraient de vieillesse，avant d’avoir fait visite à la principauté voisine，qu’ils avaient vue de loin toute leur vie，dont ils avaient entendu chaque jour les coqs et les chiens.（人们每天能隔墙相望，还能听到邻邦的鸡鸣犬吠，至终年老死也未能拜访邻国）”，最后一句注释“à cause de ces mœurslà”总结了能够维持和平的原因是“那时的民风习俗”。

戴遂良认为，正是由于战争的残酷性，老庄才提倡“老死不相往来”的外交政策，这促使中国长期以来的仇外情绪高涨。他总述说：“中国人很善于交际，求知欲强，思想开放。然而，由于中国清政府畏惧国民与外国人有瓜葛，采取闭关锁国的政策，中国的国民不能向外学习，以至于失去了敏慧性。中国统治者包括政府机构、官员与文人长期以来都主张采取闭关锁国的政策，还恶意攻击仇杀外国人，这种情绪在民众中非常普遍。”[①]1900年的“庚子事件”是中国晚清时期民众仇外情绪的极点，戴遂良当时亲眼目睹了不计其数的外国传教士被拳民所杀害，他在此将中国政治中的“闭关锁国”与中国民众的仇外情绪皆归咎于老子“老死不相往来”的教导。同时，他也认为“老死不相往来”的思想阻碍了“小国寡民”社会的发展。

学界多认为，老庄的理想社会是消极倒退的，他们是用消极与否定的眼光看待社会的进步与发展。老庄提出的“小国寡民”否定了智慧与好奇心对社会进步的作用。冯友兰认为：“此非只是原始社会之野蛮境界，此乃包含有野蛮之文明境界也。非无舟舆也，有而无所乘之而已。非无兵甲也，有而无所陈之而已。‘甘其食，美其服’，岂原始社会中所能有者？”[②]换言之，民族若仅有文明而无野蛮，则为其衰亡之先兆。蔡元培认为老子所理想之社会，其后庄子之《胠箧篇》又述

---

① Léon Wieger，*Histoire des croyances religieuses et des opinions philosophes en Chine depuis l’origine jusqu'à nos jours*，Hien-hien：Impr. de Hien-hien，1922，p.154.

② 冯友兰：《冯友兰文集第二卷：中国哲学史》（上），长春出版社，2008年版，第143页。

之，这足见南方思想家之理想，常为遁世者所服膺焉。[①] 也就是说，理想社会是一种消极的遁世主义者才会倡导的社会观。戴遂良在此对道家理想社会的批判与他同时代的国学大师的认识是趋于一致的。他透过道家哲学治世观，看到哲学对政治的影响，并就他所处时代的中国政治问题进行了探讨。

第四节　小结

本章分析了戴遂良对“无为而治”政治内涵的解读，“圣人”“绝圣弃智”以及“老死不相往来”的治国政策的阐释。通过对戴氏译本与传统道家经典注本文献的比较发现，戴氏对道家治世观的诠释是以“道法自然”为切入点，并引申到“无为而治”，这是符合传统道典释义的。通过行文的分析可知，戴氏对老庄的“圣人”“绝圣弃智”以及“老死不相往来”的治世政策持有否定的态度。他站在一个文化他者的角度，批判了道家的“圣人仁心”与“绝圣弃智”愚民思想。综观与戴遂良同时代的中国国学大师，他们对老庄的治世态度与策略多少也是持有同样的态度。戴遂良的阐释并非是主观的臆断，他大量历史方面的著述如《历史文集》《跨世纪的中国》以及十卷本的《现代中国》就是明证。他是基于自己对中国历史的研究与亲眼目睹的晚清史实，对中国道家的治世观做了另类诠释。他对道家政治观的诠释受到了自己作为传教士的“前见”影响，他站在老子的背后阐释了自己对战争的态度和对“老死不相往来”外交政策的看法。从翻译的忠实与否来看，戴氏的译本并不是忠实的译本，而是基于道典传统文献的诠释性改写。

① 梁启超、章太炎、闻一多等：《国学大师说老庄及道家》，云南人民出版社，2009 年版，第 9 页。

第六章　戴遂良对道家典籍的西传贡献

道家经典虽是中国最古老的经典之一，但是，直到 19 世纪与 20 世纪初才逐渐得到国外学者的关注。在戴遂良的法译本之前，就曾出现过一些《道德经》的译本，比如雷慕沙（Jean-Pierre Abel-Rémusat）的节译本、鲍梯（Guillaume Pauthier）的拉丁文与法文对照译本、儒莲（Stanislas Aignan Julien）的法译本以及理雅各（James Legge）的英译本等。其中，儒莲的《道德经》法译本与理雅各的《道德经》《庄子》的英译本堪称为译介的经典之作。戴遂良在译介道家经典时，主要参考的也是上述译本。然而，在阐释与译介的理念方面，戴遂良与他们却有所不同。他认为："儒莲的法译本是他那个时代一项伟大而值得赞誉的工程，而理雅各的译本有点散乱，没有厘清道家思想的重点。"[①] 因此，他说，"如果不考虑列子和庄子,则无法厘清道家思想的核心",[②]并用法语完整地译介了《列子》与《庄子》。本章旨在将戴遂良及其法译本置于 19 世纪末与 20 世纪初法国汉学的深广背景中，以探讨戴遂良时代的法国汉学与汉学家、戴氏译本在道家经典复译风潮中的流传与影响以及戴遂良对法国汉学界的贡献。

第一节　法国汉学研究的戴遂良时代

"汉学（sinologie）"一词源自法国，根据《小罗伯尔词典》的解释，"汉学"是关于中国的研究的总和。这里的"总和"有两层意思，一方面指汉学研究的内容是语言、文明与历史；另一方面指当"汉学"一词生成时，法国，甚至整个欧洲几乎没有中国学者的踪迹与信息，换言之，研究对象国即中国学者的研究并不包括在内。因此，可以说，法国汉学指一切非中国学者所研究的关于中国的语言、文明与历史，研究汉学的人被称之为"汉学家"。中国学者阎纯德先生认为"汉学是外国人了解、认识中国文化的一座桥梁，是中外文化的'混血儿'。中国文化是一道奔流不息的活水，活水流出去，带着中国文化的光辉

---

① Léon Wieger，*Histoire des croyances religieuses et des opinions philosophes en Chine depuis l'origine jusqu'à nos jours*，Hien-hien：Impr. de Hien-hien，1917，p.156.

② Léon Wieger，*TomeI. Bibliographie générale*，Hien-hien：Impr. de Hien-hien，1911，p.9.

影响世界；流出去的活水吸纳异国文化的智慧之后，形成既有中国文化的因子，又有异质文化思维的一种文化，这就是汉学”。① 可见，汉学是中西历史文化交流的成果，其中蕴含着异质文化因子。法国早期汉学形成于17~18世纪，19世纪随着汉学讲座的设立，最终走向专业汉学研究的道路。

一、19世纪与20世纪初的法国汉学

西方汉学源于法国。法国汉学的发源是以其邻国葡萄牙、西班牙和意大利的汉学成果为基础的。16世纪初，葡萄牙人率先来到中国，紧接着是西班牙人的到来。西班牙人门多萨（Juan González de Mendoza）在1585年出版的《中华大帝国史》是最早的有关中国的著作之一，这本书在1588年被译成法语，曾在法国风靡一时。16世纪末，意大利耶稣会士利玛窦（Matteo Ricci）被视为西方汉学的鼻祖，他将“四书”翻译成拉丁文，还著有《畸人十篇》《天主实义》等汉语著述。龙华民（Nicholas Longobardi）所著的《论晚明的礼仪之争与政治理论》（*The"terms controversy"in the late ming China and political theology*）自18世纪以来，一直影响着法国天主教对礼仪之争的看法。卫匡国（Martino Martini）的《鞑靼战纪》（*De bello tartarico historia*）与《中国历史初编十卷，从人类诞生到基督降世的远方亚洲，或中华大帝国周邻记事》（*Sinicae historiae decas prima res a gentis origine ad Christum natum in extrema Asia*，*sive Magno Sinarum Imperio gestas comlexa*）在17世纪五六十年代传到法国，引起了法国作家的关注。这些意大利耶稣会士的著述为法国汉学开辟了道路，随后很快又被法国汉学家的成果所取代。

1658年，法国国王路易十四授予6位学识渊博的耶稣会士“国王数学家”称号，并派遣他们来华传教。其中，以白晋（Joachim Bouvet）为代表的“索引派学者”企图在中国上古典籍中找到基督教中的上帝。他的追随者马若瑟（Joseph de Premare）编译了元曲《赵氏孤儿》，这个译本对18世纪的欧洲产生了不同凡响的意义。冯秉正（Joseph-Francois-Marie-Anne de Moyriac de Mailla）翻译了朱熹的《资治通鉴纲目》，这是一部根据中国史资料编撰成的完整的西文中国史。宋君荣（Antoine Gaubil）翻译了《书经》，并著有《论中国纪年》《大唐王朝史》等，他在中国天文学史方面的著述颇丰。北京最后一位耶稣会士汉学家钱德明（Jean-Joseph-Marie Amiot）翻译了兵法书《孙子》《吴子》《司马法》等。法国耶稣会士在中国的汉学事业，随着钱德明的逝世而结

① 阎纯德：《汉学研究·序》第一辑，中国和平出版社，1996年版，序言。

束。1764 年，法国的耶稣会遭禁，罗马教廷于 1773 年撤销了耶稣会。戴密微（Paul Demiéville）评价说："在这个时期，耶稣会士的错误是未能花费更多的精力去翻译中文原著，而将有关基督教和科学的西文著作翻译成中文，这占据了他们工作中很大的精力。"[①]18 世纪期间，汉学研究唯有在设立法国耶稣会的北京教区得到了培育与发展。

19 世纪，法国的汉学研究形式呈现出一种新的面貌。1814 年，法兰西学院开设了汉学讲座，这对于法国汉学界，甚至整个欧洲汉学界都具有决定性的意义。雷慕莎是讲座的首任主持人，他在鞑靼语言和汉语语言与文学方面的著作颇丰，比如《汉语语法基础知识》（*Element de la grammaire chinoise*）、《法显撰〈佛国记〉》等。第二任讲座的主持人是他的学生儒莲，他将《道德经》翻译成法语，还翻译了《大唐大慈恩寺三藏法师传》《赵氏孤儿》《灰阑记》《西厢记》和玄奘的《大唐西域记》等文学作品。儒莲的学生德理文（Le Marquis d'Hervey de Saint Denys）后来接替了他的位置主持讲座，他是欧洲最早对中国诗歌感兴趣的汉学家之一，先后翻译了《唐诗》《离骚》等。沙畹（Edouard Chavannes）是德理文的接替者，他翻译了司马迁的《史记》（*Les mémoires historiques de Se-ma Ts'ien*），著有《汉文三藏经中的五百个故事和寓言》（*Cinq cents contes et apologues：Extraits du Tripitaka Chinois et traduits en français*）、《泰山—中国的山岳崇拜专论》（*Le T'ai Chan：Essai de monographie d'un culte chinois*）等。从 19 世纪中叶起，国立东方现代语言学院开设了汉语课程。东方语言学院的首席汉语教授是安东尼·巴赞（Antoine Bazin），他著有《官话语法》，还翻译了数本中国戏剧，如《㑳梅香》《窦娥冤》和《琵琶记》等，他的主要成就是语言和通俗文学方面的著述。继巴赞之后，儒莲又主持了六年的讲座。他的继承者波兰人哥士耆（Alexandre Kleczhowski）著有《汉语口语和书面语言的渐进与系统教科书》。德微理亚（Jean Gabriel Deveria）是沙畹的导师，他继哥士耆成为下位讲座的主持人，著有《中国与安南——越南关系史》《中越边境，汉文文献中的地理和民族志资料》等。19 世纪在东方语言学院教授汉文课程的最后一位教授是微席叶（Arnold Vissière），他主要著有《汉语初级课本》《中国伊斯兰研究》等。

1840 年鸦片战争以后，法国的外交官和领事来华，同时，耶稣会士也卷土而来。这一时期有两位值得关注的来华外交官或领事汉学家，一位是戴伯理（Dabry de Thiersant），他著有《中国人的医学》和《中国中原和新疆的伊斯兰教》；另一位是于雅乐（C.Imbault—Huart）领事，他最著名的译作是《14~19 世

① （法）戴仁编，耿昇译：《法国中国学的历史与现状》，上海辞书出版社，2010 年版，第 88 页；有关早期传教士们的汉文文献译本，请参阅方豪的《中国天主教史论丛》，商务印书馆，1948 年版，第 87-96 页。

纪的中国诗文集——中国诗人诗选》与《18 世纪中国诗人袁子才的生平与著作》。鸦片战争以后，耶稣会士再次来华传教，主要有两个中心教区，即直隶省的河间府（今河北省的献县）与上海的徐家汇。这些耶稣会士们坚持恢复 18 世纪前辈们的学术传统，着手研究编辑出版汉学巨著。河间府著述最丰的是顾赛芬（Séraphin Couvreur）与戴遂良。顾赛芬将《四书》《五经》等翻译成法语。戴遂良著有《汉语入门》《道家三祖：老子、列子与庄子》《佛传》《哲学文集》与《历史文集》等。徐家汇的耶稣会士汉学家主要有夏鸣雷（Henri Havret）与费赖之（Louis Pfister）。夏鸣雷创办了《汉学论丛》，著有《西安府景教碑》，这本书是研究唐代景教的汉文和古叙利亚文碑的专著。费赖之著有《在华耶稣会士列传及书目》，这本书是在他去世后才出版的，其内容涉及 16~18 世纪在华耶稣会传教区的历史。

综上所述，在法国汉学的发展史上，主要有两类汉学家：来华的传教士汉学家与法国本土的专业汉学家。以利玛窦为代表的耶稣会士是以传教为主的业余汉学家。他们为了寻找传教的文化门户，实现基督教文化与中国传统文化的对话，刻苦钻研中国传统经典，并出版了大量的关于中国的著述，有些著述还在西方汉学界引起了巨大的反响。他们的汉学主要特征是没有师承，著述大多与宗教文化相关且自成体系。与之相反，法国本土的专业汉学家没有长期在中国生活的体验，他们生活在欧洲，大多是通过书本来认识中国。但是他们拥有严格的师承，专业的学术训练，因此，他们的汉学研究成果与明末清初的耶稣会士们大相径庭。正如戴密微所评论："他们著作的精确度及考证水平，要远远高于耶稣会士们，因为他们的成果在各方面都与欧洲人文科学，尤其是历史学和语言学所取得的成果同步发展。"[①] 以上仅是 19 世纪及以前法国汉学研究的概况，自然不能囊括所有细节。每个汉学家的立场观点不一，治学方面也千差万别。有些作品仍然是后人从事科研时不可忽视的里程碑。有些作品虽然名噪一时，但会随着时间的流逝而被淹没，最终变得寂静无声。

二、戴遂良与法国著名汉学家

鸦片战争后，凭借着曾在中国本土生活与传教的经历，能够驾驭官话与方言以及专门从事中国佛道典籍的阐释与译介工作，以戴遂良为代表的耶稣会士的汉学时代到来了。戴遂良的出现不仅使法国汉学研究的矛头转向了道家研究，而且在他的学术活动与成果的影响下，20 世纪初西方汉学界逐渐重视道家经典，使

① （法）戴仁编，耿昇译：《法国中国学的历史与现状》，上海辞书出版社，2010 年版，第 101 页。

得对道家思想的分析介绍成为可能。戴遂良在河间府度过了46年，最后客死献县。他在汉学方面的巨大成就使他获得法国汉学奖——儒莲奖。他关于道家思想与道教方面的巨著成为20世纪西方汉学家研究道家经典的主要参考文献，还被译介到英语世界。

戴遂良在河间府传教期间，顾赛芬既是他的师长，又是同工，他的汉学著述对戴遂良产生了深刻的影响。与此同时，戴遂良所出版的汉学巨著也引起了当时远在法国的著名汉学家沙畹、伯希和与马伯乐等的关注，他们纷纷撰文评价戴氏的译本。相对于顾赛芬对儒家典籍的翻译，沙畹、伯希和与马伯乐对道教的研究，戴遂良的道家典籍译本具有独特的阐释价值以及更深刻的学术价值与意义。

（一）顾赛芬

顾赛芬[①]（Séraphin Couvreur，1835~1919）是19世纪后期20世纪初期的法国来华耶稣会士汉学家。他于1870年来华，先在北京学习汉语，后被差派到河间府传教，并于1919年在河北献县去世。他在华传教期间，编写辞书《古汉语词典》（*Dictionnaire classique de la langue chinoise*），并翻译了《四书》（*Les quatre livres*）、《诗经》（*Cheu King：Texte chinois avec une double traduction en français et en latin，une introduction et un vocabulaire*）、《书经》（*Chou king，Les Annales de la Chine*）、《礼记》（*Li Ki. Ou Mémoires sur les Bienséances et les Cérémonies*）等。他在汉学方面尤其在中国儒家典籍法译方面取得了巨大成就，曾先后两次获得法国汉学奖——儒莲奖。法国后世学者对顾赛芬的汉学成就评价颇高，戴密微认为“顾赛芬对儒家经典的译介达到了无可挑剔的准确和优雅的程度，译文始终都严格忠实于朱熹学派的注疏”。[②]施舟人认为，理雅各与法国耶稣会士顾赛芬、德国同善会传教士卫礼贤并称“汉籍欧译三大师”。[③]

戴密微曾说：“在河间府传教士中，著述最丰者是顾赛芬和戴遂良。”[④]根据耶稣会士档案馆的档案记载，在19世纪晚期与20世纪初，河间府献县教区的印书房所出版的大量书籍均出自他们之手，正是由于他们的大量著作，印书馆才不曾亏本，还能赚得利润，这些都充分说明戴遂良与顾赛芬的著述颇丰，销路颇好，在当时的流传与影响也颇为深广。戴遂良的汉学思想深受顾赛芬的

---

① 参见 John W. Witek，“Séraphin Couvreur”，*Biographical Dictionary of Chinese Christianity*，New Haven，Conn.：Overseas Ministries Study Center，2013；张岱年：《孔子百科辞典》，上海辞书出版社，2010年版，第769页；林煌天：《中国翻译词典》，湖北教育出版社，1997年版，第249页。

②④ （法）戴仁编，耿昇译：《法国中国学的历史与现状》，上海辞书出版社，2010年版，第102页。

③ 河西：《自由思想——海外学人访谈录》，三联书店，2012年版，第178页。

影响，他在翻译道家经籍时，凡关涉儒家观点的篇章，皆参考顾赛芬的译本，他在《哲学文集》一书的前言中备注："本书中所引用的《四书》《诗经》与《礼记》均出自于顾赛芬的译本。"① 法国汉学家雅各·布洛斯曾说："直隶河间府两名传教士的译著颇丰，顾赛芬于1896~1916年把所有中国的经典都译成了法文，戴遂良发表了'道教祖师'们所有经典的编译文，即老子、列子和庄子的著作。"② 在中国儒道典籍法译史上，顾赛芬与戴遂良处于遥遥领先的地位，他们的译本开创了儒道典籍法译的先河。

（二）沙畹

沙畹（Édouard Chavannes，1865~1918）是19世纪末20世纪初法国著名的汉学家，被誉为"欧洲汉学泰斗"。他是西方汉学界最早整理研究敦煌与新疆文物的学者之一。他于1889年来华，为公使馆随员，同时研究中国语言。1893年，他出任法兰西学院中文教授，伯希和与马伯乐等均是其门下的学生。

沙畹在中国历史方面的著述颇丰。他将部分《史记》翻译成法文，名为《司马迁史记》（*Les mémoires historiques de Se-ma Ts'ien*）。此外，他还著有《泰山：中国祭礼专论》（*Le T'ai chan：essai de monographie d'un culte chinois*），于1910年出版，许光华认为："这本书后附的《古代中国的社神》（*Appendice：Le dieu du sol dans la Chine antique*）③ 的补编部分补充了道教科仪，其价值在于启发后世学者,走上以社会学研究汉学之途径。"④ 沙畹在这本书中介绍了道教的民间信仰，他认为在道教的影响下，五岳的山神们通常被想象成已经摆脱了世间的羁绊，长生不老，就是所谓的"成仙"。⑤ 沙畹在晚年开始涉足道教斋醮仪式，他的长篇论文《投龙简》和译注的杜光庭所编《台上灵宝匮明真大斋言功仪》在他去世以后才得以发表。他在《投龙简》一文中介绍说："投龙简是一种道教礼仪，即把金属牌上的愿望投入洞穴、峡谷或泉水中，向神祈愿。"沙畹在《台上灵宝匮明真大斋言功仪》译文中对玄宗皇帝54岁的投龙简加注说："此礼仪之目的在于使

---

① Léon Wieger，*Textes philosophes*，Hien–hien：Impr. de Hien–hien，1906，p.4.

② 谢和耐、戴密微等著，耿昇译：《明清间耶稣会士入华与中西汇通》，东方出版社，2011年版，第30页。

③ Édouard Chavannes，*Le T'ai chan：essai de monographie d'un culte chinois*，Paris：Ernest Leroux，1910，pp.437–525.

④ 许光华：《法国汉学史》，学苑出版社，2009年版，第127页。

⑤ Édouard Chavannes，*Le T'ai chan：essai de monographie d'un culte chinois*，Paris：Ernest Leroux，1910，pp.5–6.

皇帝自己得到长生，使皇帝在道教秘术的指导下成为与不死的仙人同样的人。”[①]沙畹在道教方面的研究主要是对道教中“长生不老”与“成仙”进行了概述，并没有涉及道家经典的翻译。

沙畹与戴遂良是同时期的汉学家，他们的学术互动主要体现在对彼此著作的评阅方面。1904 年，沙畹在戴遂良的《历史文集》发表以后，即在第一时间拜读了戴氏的这本著作，并及时为其写了书评，他肯定了这本书在中国历史研究方面的价值。随后，他又不断关注戴氏所出版的著述，并分别于 1906 年、1914 年在《通报》上发表了《哲学文集》与《佛传》的书评。戴遂良对沙畹的关注体现在他对沙畹《史记》译本的拜读与参考方面，他著述《中国宗教信仰与哲学思想史：从萌芽期到现代》一书时，在关于《史记》的翻译方面，多次参考引用沙畹的译本，这充分说明了他对沙畹译本的认可，及对其学术精神的敬仰。

（三）伯希和

伯希和（Paul Pelliot，1878~1945）是法国从事敦煌学术研究的著名学者。1900 年，他将原来的法属安南考古团改组为法国国立远东学院，总部设在河内。他在 1906~1908 年前往中国敦煌石窟探险，购置了大量的敦煌珍贵文物与手稿带回法国，现在大多藏在法国国家图书馆与法国吉美博物馆（Musée Guimet）。1911 年，法兰西学院为他特设“中亚语言、历史与考古讲座”，并聘其为讲座主讲人。他主要拓展了法国汉学界对远东诸国文化的研究，其研究范围涉及中国、印度、中亚、东北亚、东南亚和东亚诸国的古今学问。

伯希和的道教著作有《摩尼和〈化胡经〉》（*Mo-ni et manichéens*）[②]、《围绕〈道德经〉译成梵语的问题》[③]。他的文章大多为考据性的，故文中常是旁征博引与细考详证，篇幅冗长，他对道教的研究并未涉及经典的翻译，但是他却对戴遂良的译本作出了高度的评价。1911 年，他在写给戴遂良的信中，高度赞赏了戴遂良的《道家三祖：老子、列子与庄子》，他写道：“由于您的这本道教著述，我们今天才能很好地开展这方面的研究，我衷心地希望能够与您直接交流，我也

---

① MM. Senart, Bartil, Chavannes, Cordier, *Mémoires concernant l'Asie orientale* ;(*Inde*, *Asie centrale*, *Extrême-Orient*), Paris : Ernest Leroux, 1913, pp.19–64.

② Paul Pelliot, “Mo–ni et manichéens”, *Bulletin de l'Ecole Francaise d'Extréme-Orient*, 1903, Vol. 3, pp.461–470.

③ Paul Pelliot, “Notes sur quelques artistes des six dynasties et des T' ang”, *T'oung Pao*, 1923, Vol. 22, pp.215–291.

可以借此机会向您表达我对您巨著的赞赏。”[①]单单从伯希和写信的内容可知，他与戴遂良是有个人交往与学术互动的，他的信也透漏了戴氏译本对法国汉学界的道教研究起到了一定的促进作用，同时，也肯定了戴氏译本的文献价值。在戴遂良去世以后，伯希和致辞悼念，并肯定戴氏的汉学成就：“他去世的消息令人悲痛万分，我拜读了他的每一部著作，也深谙他长久以来所付出的艰辛。”[②]

（四）马伯乐

马伯乐（Henri Maspero，1883~1945）是法国著名汉学家、印度支那（中南半岛）诸语言专家，师承沙畹。他于1908年来华，亲眼目睹了晚清政局变革，溥仪被扶上皇位。1910年，他回到河内，写了关于北京与中国北方的报告。1921年，他继沙畹成为法兰西学院中国语言与文学讲座的主讲人，正式在法兰西学院开始授课。1936年，他被聘为法兰西学院碑铭与美文学院院士。1943年，他当选为院长。1944年，他出任法兰西学院文学部部长。1945年，由于他的儿子让·马斯佩罗被怀疑参加反法西斯组织，马伯乐夫妇被捕入狱，后在集中营病逝。

他生前的演讲稿以及在战争期间写作的一些未曾发表的手稿后经他的弟子与戴密微的整理，以《关于中国宗教和历史的遗稿》[③]（三卷本）为名出版，其中第二卷专以《道教》为题。戴密微在前言中说道：“公元1世纪之后的数个世纪是道教形成的关键时期，本书收录了关于这一时期道教发展史的未刊稿三篇，马伯乐是首位试图研究这一时期道教史与相关文献的汉学家，可以说他至今仍然是唯一通晓这门学问的人。”[④]后来，康德谟重新整理出版了第二卷，书名是《道教与中国宗教》（*Le Taoisme et les religions chinoises*），1981年，基尔曼（Frank A. Kierman）将其译成英文在美国出版。《不列颠百科全书》（*Encyclopedia Britannica*）评价这本书是“关于道教的最优秀的先驱者的著作，也是西方的权威著作”。[⑤]马伯乐与沙畹、伯希和一样，他也非常关注戴遂良在道家方面的著述。马伯乐在《道教与中国宗教》一书介绍道教的文献时，

① Paul Pelliot, “Quelques appréciations sur les travaux du P. Wieger”, On line : *Collection “Les auteur(e) s classiques” Léon Wieger, s.j.*, 1856–1933. *jésuite, missionnaire en Chine*, 1911.

② 引自戴遂良档案文献。

③ Henri Maspero, *Mélanges posthumes sur les religions et l'histoire de la Chine*, Paris : Civilisations du Sud, S.A.E.P., 1950 ; Henri Maspero, *Le taoïsme et les religions chinoises*, Paris : Gallimard, 1971 ; Henri Maspero, *Taoism and Chinese religion*, Amherst : University of Massachusetts Press, 1981.

④ Henri Maspero, *Le taoïsme et les religions chinoises*, Paris : Gallimard, 1971, preface.

⑤ 徐惟诚等主编：《不列颠百科全书》国际中文版第10册，中国大百科全书出版社，1999年版，第542页。

大量引用参考戴遂良所著的《道藏目录》。[①] 他在阅读了《道家三祖：老子、列子与庄子》以后，发表了文章《马伯乐阅读〈道家三祖〉纪要》（*Compte-rendu de lecture d'Henri Maspero*），文章译者序说："戴遂良在译文中加进的大量注疏以及他对注疏的总结，有助于读者理解原著。戴氏译本的价值不但在于促使老子、列子与庄子更好地为西方学者所知，而且正确地传达了原始道家思想中的概念词。"[②] 马伯乐的这篇文章是在1913年发表的，他是在译本发表的同年写的书评，可见，戴氏的译本一经发表，就得到了法国汉学家的及时关注。从马伯乐的评阅可知，一方面，他认可了译本中所加的原始注疏；另一方面，他也预测了译本的未来价值，即启发了西方学者对老子、列子与庄子的认识。

第二节　戴遂良对道家典籍的传播

一、戴氏译本的流传

根据《汉学研究选编》的记载，戴遂良的著作在1911~1976年的半个世纪中用四种语言，先后有24版面世，国际上共有78家图书馆有馆藏。[③] 这充分说明了戴氏著述在国际上的流传之广与影响之深。戴氏的道家经典法译本于1913年在中国献县首版，自1950年起，戴氏译本几乎每十年便会被重版一次，与此同时，英美学者还将译本翻译成英语，促进了译本在法语与英语世界的广泛流通。

（一）《道家三祖：老子、列子与庄子》的流传版本

表6-1 《道家三祖：老子、列子与庄子》的流传版本一览表

序号	出版年份	语言	著者（译者或编者）	书名	出版社
1	1913	法语	Léon Wieger	*Les Pères du système taoïste : Lao-Tzeu, Lie-Tzeu, Tchoang-Tzeu Par Léon Wieger*	Hien-hien : Impr. de Hien-hien

① Henri Maspero, "Notes", *Le taoïsme et les religions chinoises*, Paris : Gallimard, 1971, pp.233–283.

② Henri Maspero, "Compte-rendu de lecture d'Henri Maspero", *Bulletin de l'École française d'Extrême-Orient*, 1913, Vol. 13, No.1, pp.27–29.

③ Paul Demiéville, *Choix d'études sinologiques* (1921–1970), Leiden, E.J. Brill, 1973, pp.465–466.

续表

序号	出版年份	语言	著者（译者或编者）	书名	出版社
2	1950	法语	Léon Wieger	*Les pères du système taoïsme, Lao-tzeu, Lie-tzeu, Tchoang-tzeu*	Paris：Cathasia（impr. de Bellenand）
3	1950	法语	Léon Wieger	*Les pères du système taoïsme, Lao-tzeu, Lie-tzeu, Tchoang-tzeu*	Paris：Belles lettres
4	1950	法语	Léon Wieger	*Les pères du système taoïsme, Lao-tzeu, Lie-tzeu, Tchoang-tzeu*	Leiden：E.J. Brill
5	1950	法语	Léon Wieger	*Les pères du système taoïsme, Lao-tzeu, Lie-tzeu, Tchoang-tzeu*	Leiden：Cathasia
6	1966	法语	Léon Wieger	*Les pères du système taoïsme, Lao-tzeu, Lie-tzeu, Tchoang-tzeu*	Paris：Padoux
7	1975	法语	Léon Wieger	*Les pères du système taoïsme, Lao-tzeu, Lie-tzeu, Tchoang-tzeu*	Paris：les Belles lettres：Cathasia-Série culturelle des hautes études de Tien-Tsin
8	1976	英语	Léon Wieger（Charles Lucas 译）	*Taoism, The Philosophy of China by Léon Wieger*	California：Ohara Publications of Burbank
9	1983	法语	Léon Wieger	*Les pères du système taoïsme, Lao-tzeu, Lie-tzeu, Tchoang-tzeu*	Paris：Cathasia, Les Belles Lettres
10	1984	英语	Léon Wieger（Derek Bryce 译）	*Wisdom of the Daoist Masters, Lao Zi, Lei Zi and Zhuang Zi*	Burnham-on-Sea, Somerset：Llanerch Press
11	1991	法语	Léon Wieger（Jean Varenne 编）	*Tao-tê-king；trad. du chinois par le R.P. Léon Wieger, introd. par Jean Varenne*	Monaco, ed. du Rocher

续表

序号	出版年份	语言	著者（译者或编者）	书名	出版社
12	1992	英语	Léon Wieger（Derek Bryce 译）	*Lieh-Tzu：The Treatise of the Transcendent Master* of *the Void*	Burnham-on-Sea, Somerset：Llanerch Press
13	1994	英语	Léon Wieger（Derek Bryce 译）	*Chuang Tzu：The Treatise of the Transcendent Master from Nan-Hua*	Burnham-on-Sea, Somerset：Llanerch Publishers，Felinfach
14	1995	法语	Léon Wieger（Guy Rachet 编）	*Sagesse taoïste：avertissement，présentation et notes de Guy Rachet*	Paris：France Loisirs
15	2004	法语	Léon Wieger	*Lao-Tzeu，Lie-Tzeu，Tchoang-Tzeu：Laozi，Liezi，Zhuangzi：les pères du système saoïste*	Chicoutimi：J.–M. Tremblay
16	2015	法语	Léon Wieger（Robèrt Perrotto-André 编）	*Fables choisies：d'après les pères taoïstes Li-tzeu et Tchoang-tzeu*	Nîmes：C. Lacour éditeur

通过表 6–1 对戴氏法译本出版概况的梳理，可从三个方面展开分析：

第一，译本的流行概况。译本在 1913 年首版以后，随后又分别在 1950 年、1966 年、1975 年、1983 年再版。法译本发行地除了中国献县以外，其他大多在法国巴黎与尼姆、荷兰莱顿、摩洛哥和加拿大席库提米，这些地方均为西方汉学重镇。美国学者查尔斯·卢卡斯（Charles Lucas）与英国学者德里克·布莱斯（Derek Bryce）所翻译的英译本的发行地在美国加州与英国萨默赛特。另外，法译本除了多次再版，还有多位法国学者摘录了部分译文，再次出版。例如，瓦雷纳（Jean Varenne）节选了《道德经》（*Tao-tê-king*）① 的部分内容纳入他所编的《圣书选集》（*Textes Sacrés Collection dirigée par Jean Varenne*）；哈什（Guy Rachet）将译本的《庄子》与《列子》两部分选编入《道家圣人》

① Lao–Tseu，Léon Wieger，Jean Varenne，*Tao-tê-king*；*trad. du chinois par le R.P. Léon Wieger*，*introd. par Jean Varenne*，Monaco，ed. du Rocher，1991.

（*Sagesse taoïste*）[①]一书中；罗伯特（Robèrt Perrotto-André）节选了《列子》与《庄子》译本的寓言故事，将其纳入《中国寓言故事》[②]一书。在整个20世纪中，法国汉学界一直没有中断对戴氏译本的关注。英美学者对法译本的翻译，促进了译本在英语世界的传播，是不懂法语但对道教研究感兴趣读者的优秀读本。

第二，译本的再版状况反映了西方汉学界关于道家思想与道教的研究趋势。译本的首版是在1913年，再版却是在1950年以后，这说明在20世纪上半叶，学界对道家经典的研究仅仅处于开垦阶段。在1950年之前，法国汉学界的道家经典法译本主要有儒莲的《道德经》译本，戴遂良的《道德经》《列子》与《庄子》的全译本。1950年以后，随着学界对道家经典研究的不断深入，对译本的需求量也逐渐上升，戴氏译本被重新出版，不同版本的道典法译本也陆续问世。在法国道教研究中心成立以后，学界对道家经典与道教研究才逐渐走上专业汉学的道路，并最终达到炙热状态。

第三，译本的流传与读者的多样化。1950年的译本中醒目标注着《道家三祖：老子、列子与庄子》一书被纳入中国天津工商学院[①]、法国远东学院等的推荐书目。可见，从译本的初版到1950年的近半个世纪中，译本的主要读者有渴望了解道家文化的来华传教士、天津工商学院的师生们、戴遂良同时代的法国汉学家、法国远东学院的学者以及对道家文化感兴趣的西方读者。对于来华传教士而言，阅读戴氏译本的主要目的是了解中国的道家文化，获悉道教习俗的渊源，以打开向中国人传福音的门户。天津工商学院是天主教在华培养未来神职人员的重要机构，道家文化是学生的必修课程，译本在编撰方面所采取的中法对照形式，很适合作为汉语教材，迎合了教学的需求。法国汉学界专业汉学家、远东学院的学者以及学生对译本的关注更多出于研究与学习之需。多样化的读者群在一定程度上反映了译本的普遍适用性。正如戴遂良在译者序中所说，他的译介目的是使西方普通

① Guy Rachet，Léon Wieger，Jan-Julius-Lodewijk Duyvendak，Abel Rémusat，Laozi，*Sagesse taoïste*，Paris：France Loisirs，1996.

② Robèrt Perrotto-André，*Fables choisies：d'après les pères taoïstes Li-tzeu et Tchoang-tzeu*，Nîmes：C. Lacour éditeur，2015，pp.8-9.

① 天津工商学院（法语：Institut des Hautes Etudes et Commerciales），为20世纪初天主教献县教区在中国天津市创办的一所大学，始建于1920年，位于天津英租界马场道（Race Course Road）141号（现河西区马场道117~119号）。初名天津工商大学，后更名津沽大学，现河北大学前身，原址现为天津外国语大学。

读者能够了解中国道家思想家以及他们的思想。① 从多样化的读者群来看，戴氏的译本基本达到了他的预期翻译目的。

（二）《中国宗教信仰与哲学思想史：从萌芽期到现代》的流传版本

表 6-2 《中国宗教信仰与哲学思想史：从萌芽到现代》的流传版本一览表

序号	出版年份	语言	著者（译者或编者）	书名	出版社
1	1917	法语	Léon Wieger	*Histoire des croyances religieuses et des opinions philosophiques en Chine : depuis l'origine, jusqu'à nos jours*	Hsien-Hsien : Imprimerie de Hien-hien
2	1922	法语	Léon Wieger	*Histoire des croyances religieuses et des opinions philosophiques en Chine : Depuis l'origine, jusqu'à nos jours*	Hsien-Hsien : Imprimerie de Hien-hien
3	1927	法语	Léon Wieger	*Histoire des croyances religieuses et des opinions philosophiques en Chine : Depuis l'origine, jusqu'à nos jours*	Hsien-Hsien : Imprimerie de Hien-hien
4	1927	英语	Léon Wieger（Edward Theodore Chalmers Werner 译）	*A history of the religious beliefs and philosophical opinions in China from the beginning to the present time*	Hsien-hsien : Hsien-hsien Press
5	1927	英语	Léon Wieger（Ed-ward Theodore Chalmers Werner 译）	*A history of the religious beliefs and philosophical opinions in China from the beginning to the present time*	London : Probs-thain & Co

① Léon Wieger, *Les Pères du système taoïste : Lao-Tzeu, Lie-Tzeu, Tchoang-Tzeu Par Léon Wieger*, Hien-hien : Impr. de Hien-hien, 1913, p.3.

续表

序号	出版年份	语言	著者（译者或编者）	书名	出版社
6	1969	英语	Léon Wieger（Edward Theodore Chalmers Werner 译）	*A history of the religious beliefs and philosophical opinions in China from the beginning to the present time*	New York：Paragon Book Reprint Corp
7	1988	英语	Léon Wieger（Derek Bryce 译）	*Philosophy and Religion in China*	Burnham-on-Sea，Somerset：LLanerch Press
8	2004	法语	Léon Wieger	*Histoire des croyances religieuses et des opinions philosophiques en Chine：Depuis l'origine，jusqu'à nos jours*	Chicoutimi：J.-M. Tremblay

笔者在本书中将戴氏的《中国宗教信仰与哲学思想史：从萌芽期到现代》及译本的流传与影响放在一起探讨，是因为这本书是戴遂良应巴黎天主教学院之邀而撰写，并于 1917 年出版。这本书可以说是戴氏译文《道家三祖：老子、列子与庄子》一书在法国流传与影响的第一大硕果。1913 年，译本在出版以后，就受到了法国汉学界与宗教界的关注，比如法国汉学家马伯乐就译本所发表的前言评论等，巴黎天主教学院的神职人员在读了译本以后，强烈建议戴遂良神父能够为他们创作一部关于中国信仰与哲学史的书籍。[①] 在这本书中，戴遂良从史学的角度诠释了他的译本，这本书及译本的流传与影响可以说是并驾齐驱的。通过表 6-2 对《中国宗教信仰与哲学思想史：从萌芽期到现代》一书流传版本的梳理，可从以下三个方面展开分析：

第一，流传概况。《中国宗教信仰与哲学思想史：从萌芽期到现代》一经出版，在短短的 10 年之间，便历经三次再版，且被英国驻华外交官兼汉学家倭讷（Edward Theodore Chalmers Werner）译成英文。可见，这本书在 1917~1927 年，销路颇好，受众面广，颇受英法世界读者的青睐。这种畅销的情况连戴遂良本人也始料未及，正如他在书信中写道："我的《中国宗教信仰与哲学思想史：从萌芽期到现代》一书历经几度脱销，供不应求，以至于我要尽快修订再版。"[②] 这

①② 引自戴遂良档案文献。

本书的英法版本主要发行地在中国献县、英国伦敦与萨默赛特、美国纽约和加拿大席库提米。

第二，献县印书房为这本书的流通提供了很大的便利性。从表 6-2 可知，在 1917~1927 年 10 年间所出版的英法译本大部分由献县印书房所出版。献县印书房是由直隶东南教区的耶稣会士传教机构所办，在当时曾与上海的土山湾印书馆齐名，以印刷传教之需的宣传资料与书籍为主。印书房鼓励有创作能力的传教士出版自己的著作，这为戴遂良出版自己的作品提供了极大的便利。

第三，《中国宗教信仰与哲学思想史：从萌芽期到现代》一书的普遍适用性满足了多层次读者的需求。在 20 世纪前半期，这本书的主要出版地是中国献县与英国伦敦。当时，西方各国外交官、商人、基督教各传教差会与教士云集中国，遍布各地，以进行外交、商业与传教活动。他们要与中国人交往，了解中国宗教哲学文化成为他们的必修课程。戴氏的这本书以写史的方式叙述了中国儒道释渊源与发展，在一定程度上迎合了广大西方读者在宗教与哲学知识层面的需求。在戴氏之前，西方系统地介绍中国儒道释哲学与宗教文化的书籍寥寥无几，他这本著作是西方当时所存的关于中国哲学与宗教的重要著述之一。在 20 世纪后半期，这本书的主要出版地在美国纽约、英国萨默赛特与加拿大席库提米，主要读者是对道学感兴趣的学者与普通读者。1950 年起，随着西方汉学界对道家经典与道教研究的不断深入，英国学者德里克·布莱斯又重新对这本书进行了英译，他认为："戴遂良译文中选词是根据中国古籍中的意义，用词恰到好处，以期这本书也能够在英语国家获得更广泛的受众群体。"① 美国乔治敦大学的魏若望教授在评价戴遂良的汉学著述时，建议不懂法语但是对道学感兴趣的学者阅读纽约所再版的这本书。倭讷与德里克·布莱斯的英译本扩大了戴氏著作在英语世界的流传范围与影响。

通过以上论述可知，戴氏的《道家三祖：老子、列子与庄子》与《中国宗教信仰与哲学思想史：从萌芽期到现代》拓展了法国后世学者对道学的研究。翻译不是在真空中产生的，需要译者充分熟悉文本的历史文化背景，戴氏的译本与《中国宗教信仰与哲学史：从萌芽期到现代》一书中对道家文化历史史料的补充，是促成译本流传与扩大译本影响的不可缺少的一个因素。

---

① Léon Wieger, Darek Bryce, *Philosophy and Religion in China*, Burnham-on-Sea, Somerset：LLanerch Press, 1988, p.1.

二、戴氏译本在道典复译风潮中的影响

（一）道家经典在法国的复译风潮

笔者通过多种途径的检索与文献的考证，统计自 19 世纪至 2015 年，法语世界对道家经典的译介（按年代顺序排列），如表 6–3、表 6–4 和表 6–5 所示。

表 6–3 《道德经》法译本一览表[①]

序号	出版年份	译者	书名	出版社
1	1838	Guillaume Pauthier	*Le Tao-te-king：Ou，Le livre révéré de la raison suprême et de la vertu*	Paris：F. Didot Frères
2	1842	Stanislas Julien	*Le livre de la voie et de la vertu：Tao te king*	Paris：Á l'Imprimerie Royale
3	1891	Charles De Harlez	*Textes taoïstes*	Paris：Ernest Leroux
4	1894	Matgioi	*La Voie Rationelle* *Le Te de Laotseu，traduit du Chinois par Matgioi*	Éditions TraditionnellesParis：l' art indépendant
5	1913	Léon Wieger	*Les pères du système taoïste：Lao-tzeu，Lie-tzeu，Tchoang-tzeu*	Hsien-Hsien：Imprimerie de Hien-hien
6	1923	Pierre Salet	*Le livre de la voie et de la vertu，Tao te king de Lao Tseu*	Paris：Payot
7	1949	Paule Reuss	*Le Tao Te King de Lao Tseu*	Angers：Au Masque d'Or
8	1949	Houang-Kiatcheng；Pierre Leyris	*La voie et sa vertu*	Paris：Aux éditions du seuil
9	1951	Daniel Nazir	*Tao te king：Le livre du Tao et de sa vertu. Traduction nouvelle suivie d'Aperçus sur les enseignements de Lao Tseu*	Lyon：P. Derain

① 本列表的统计不包括一些学者对同一译本的整理再版。

续表

序号	出版年份	译者	书名	出版社
10	1952	Evrard de Rouvre；Ferdinand Springer	*Tao Te King*	Paris：Vrille
11	1953	Jan Julius Lodewyk Duyven-dak	*Tao Tö king：Le livre de la voie et de la vertu*	Paris：Librairie d'Amerique et d'Orient
12	1957	Kermor	*Pseudo Lao-Tseu：vertu du Tao：Libre interprétation du "Tao Te King" de Lao-Tseu d'après des traductions diverses*	Paris：publisher not identified
13	1962	Jacques Lionnet	*Tao te king：Traité sur le principe et l'art de la vie des vieux maitres de la Chine*	Paris：Adrien-Maisonneuve
14	1963	Armel Guerne	*Tao tê king：Texte français par Armel Guerne*	Paris：Club français du livre（La Madeleine-lez-Lille，Impr. Silic）
15	1967	René Etiemble；Liou Kia-Hway	*Tao tö king*	Paris：Gallimard
16	1971	Tam C. Gibbs	*Lao-tseu：Mes mots sont faciles à comprendre*	Paris：Le courrier du livre
17	1973	André Berry；Viet ho	*Tao të king*	Paris：De Tartas
18	1977	Claude Larre	*Tao te king：Le Livre de la voie et de la vertu*	Paris：Desclée De Brouwer；Montréal：Bellarmin
19	1981	Richard Wilhelm；Etienne Perrot	*Tao-te-king*	Paris：Librarie de Médicis
20	1984	Ma，Kou.	*Tao te king：Le livre de la voie et de la vertu*	Paris：Albin Michel
21	1984	Bernard Botturi	*Lao Tseu，Tao-tê-king，la tradition du Tao et de sa sagesse*	Paris：Édition du Cerf

续表

序号	出版年份	译者	书名	出版社
22	1990	Conradin Von Lauer	*Lao Tseu Tao Tö King Le livre de la voie et de la vertu nouvelle traduction de Conradin Von Lauer*	Paris：Jean de Bonnot
23	1991	Natarajan	*L' enseignement secret de Lao-Tseu；le Tao-te-King essentiel：Réminiscence d'une vie en Chine comprenant une nouvelle traduction et des commentaires*	Genève：Ed. Hélios
24	1993	D. Laguitton	*La voie du coeur selon un sage：Une interprétation du Tao Te King de Lao-tseu*	Ottawa：D. Laguitton
25	2000	Richard Payette	*Tao tö king，le livre de la voie et de la vertu*	La Prairie，Québec：Éditions RPMTAICHI
26	2000	Daniel Pardo；Myriam Béring	*Tao te king：livre de la sagesse et de la vertu*	Monaco：Arts et Couleurs
27	2000	Xiaomin Feng	*Lao Tseu：La Voie du Tao*	Paris：Ed. Alternatives
28	2002	Eulalie Steens	*Le Véritable Tao Te King*	Monaco：Editions du；Rocher：Jean-Paul Bertrand
29	2003	Agatha Miller	*Le Tao Te King：Le livre de la voie et de la vertu*	Outremont，Québec：Éditions Quebecor
30	2003	Marcel Conche	*Tao te king*	Paris：Presses universitaires de France
31	2004	Cheng Man Ch'ing	*Lao Tseu：Mes mots sont faciles à comprendre*	Le courrier du livre
32	2004	Henning Strom	*Livre de la voie et de la vertu (Laozi-Dao De Jing) a l'usage des acupuncteurs*	Éditions You-Feng

续表

序号	出版年份	译者	书名	出版社
33	2007	Rémi Mathieu	*Lao zi, Dao de jing - le livre de la voie et de la vertu*	ENTRELACS
34	2008	Stephen Mitchell; Benoît Labayle; Stephen Little	*Tao te king*	Paris: Synchronique éd., DL
35	2009	Gilbert Georges coudret; Philippe Denis	*Tao te king de l'efficenece de la Voie*	Éditions de la revue conférence
36	2009	Jean-Claude Lebensztejn	*Le canon de la voie et de la vertu*	Théâtre typographique, impr
37	2011	Daniel Giraud	*Tao te king: Le livre de la voie et de la conduite*	Paris: L'Harmattan
38	2012	Alain Castets	*Le tao et son pouvoir d'amour: Une nouvelle interprétation du Tao te king*	Gap: le Souffle d'or, impr
39	2013	Antoine de Vial	*Tao te king*	Paris: Orizons
40	2013	Claire Sachsé Fontaine	*Tao te King*	La Fontaine de Pierre
41	2013	Alain Menhard	*Tao te King: Voie de souverainneté*	Paris: Books on demand
42	2015	Guy Massat; Arthur Rivas	*Tao te king: Le livre du tao*	Sucy-en-Brie: Anfortas, DL

表 6-4 《庄子》法译本一览表

序号	出版年份	译者	书名	出版社
1	1891	Charles De Harlez	*Textes taoïstes*	Paris: Ernest Leroux, éditeur
2	1913	Léon Wieger	*Les pères du système taoïste: Lao-tzeu, Lie-tzeu, Tchoang-tzeu*	Hsien-Hsien: Imprimerie de Hien-hien

续表

序号	出版年份	译者	书名	出版社
3	1957	Jean-Pierre Grenier	*L'esprit du Tao*	Paris：Flammarion
4	1963	Claude Larre	*Texte, présentation, traduction, commentaire de la symphonie de l'empereur jaune：Un extrait du chapitre XIV du Zhuangzi*	Paris：Institut Ricci
5	1969	Jiahuai Liu	*L'oeuvre complète de Tchouang-tseu*	Paris：Gallimard
6	1985	E Rochat de la Vallée	*Saine incertitudes：texte, présentation, traduction, com-mentaire du debut du chapitre 2 du Zhuangzi*	Paris：Institut Ricci
7	1985	Henry Normand	*Les maitres du Tao：Lao-Tseu, Lie-Tseu, Tchouang-Tseu*	Paris：Éditions du Félin
8	1987	Guy Rachet	*Sagesse taoïste：Le livre de la voie et de la vertu, le vrai classique du vide parfait, traité du maître transcendant de Nan-hoa, le livre des récompenses et des peines*	Paris：France Loisirs
9	1988	Jean-François Rollin	*Les tablettes intérieures：Tirées du Tchouang Tseu (Zhuang Zi)*	Garamont：Libr Séguier-M.Chandeigne
10	1989	Fou-jouei Tchang	*Zhuangzi：Initiation à la langue classique chinoise à partir d'extraits de Zhuangzi*	Paris：Librairie You-Feng
11	1995	Elisabeth Rochat de la Vallée；Claude Larre	*De vide en vide：Zhuangzi, la conduite de la vie*	Paris：Institut Ricci；Desclée de Brouwer
12	1997	Jean Jacques lafitte	*Le rêve de papillon*	Paris：Éditions Albin Michel
13	1999	Jean-Claude Pastor	*Les chapitres intérieurs*	Paris：Ed. du Cerf

续表

序号	出版年份	译者	书名	出版社
14	1999	Etiemble	*Philosophes taoïstes : Lao-tseu, Tchouang-tseu, Lie-tseu*	Paris : Gallimard
15	2006	Jean Lévi	*Les oeuvres de maître Tchouang*	Paris : Editions de l' Ency-clopédie des nuisances
16	2010	Stephen Mitchell	*Le 2e livre du Tao : Le rire de Tchou-ang Tseu*	Paris : Synchronique Édi-tions

表 6-5 《列子》法译本一览表

序号	出版年份	译者	书名	出版社
1	1891	Charles De Harlez	*Textes taoïstes*	Paris : Ernest Leroux, éditeur
2	1913	Léon Wieger	*Les pères du système taoïste : Lao-tzeu, Lie-tzeu, Tchoang-tzeu*	Hsien-Hsien : Imp-rimerie de Hien-hien
3	1961	Benedykt Grynpas	*Le vrai classique du vide parfait*	Paris : Gallimard
4	1980	Etiemble	*Philosophes taoïstes : Lao-tseu, Tchouang-tseu, Lie-tseu ; avant-propos, préface et bibliographie par Etiemble ; textes traduits, présentés et annotés par Liou Kia-hway et Benedykt Grynpas ; relus par Paul Demiéville, Etiemble et Max Kaltenmark*	Paris : Gallimard
5	1993	Furui Zhang	*Liezi*	Paris : Libr. You Feng
6	1997	Jean-Jacques La-fitte	*Traité du vide parfait*	Paris : Albin Michel
7	1999	Lisa Bresner	*Du vide parfait*	Paris : Payot & Riva-ges
8	2011	Marielle Saint-Prix	*Textes taoïste Lie Tseu Yang Chu : Le jardin du plaisir*	Paris : Éditions Myo-ho

续表

序号	出版年份	译者	书名	出版社
9	2011	Sheng Fang	*Liezi. Le vrai classique de la vertu parfait du vide harmonieux*	You Feng
10	2012	Rémi Mathieu	*L'authentique classique de la parfaite vacuité*	Paris：Entrelacs
11	2014	Jean Levi	*Les Fables de Maître Lie*	Saint-Front-sur-Nizonne（Dordogne）：Éditions de l'Encyclopédie des Nuisances，impr

从上述统计表可知，相比较而言，《道德经》在法语世界的译本数量最多，《庄子》次之，《列子》最少。戴遂良的《道德经》法译本是20世纪的首个译本。在20世纪50年代之前，除了比利时鲁汶大学查尔斯（Charles De Harlez）的《庄子》与《列子》节译本以外，法语世界尚没有《庄子》与《列子》全译本。戴氏的《庄子》与《列子》是法语世界的首个全译本。根据《列子》译者莱维（Jean Levi）的统计，到2014年为止，法语世界仅有三个完整的《列子》译本①，戴遂良的译本是最古老的译本，是传教士之作。② 继戴遂良之后，《列子》的第一个法语全译本*Le vrai classique du vide parfait*是1961年出版的本内迪克特（Benedykt Grynpas）译本。《庄子》的第一个法语全译本*L'oeuvre complète de Tchouang-tseu*是柳家槐翻译的，于1969年问世。在20世纪50年代以后，《道德经》《列子》与《庄子》的译本数量在不断增加，这在一定程度上也反映了法国汉学界的道学研究趋势。

（二）戴氏译本在复译风潮中的影响

在戴遂良译本之后，不断有《道德经》《列子》与《庄子》的译本问世，但是后世多位译者均参考了戴氏译本，他的译本对道典复译风潮产生了较为广泛的影响，具体体现在以下四个方面：

第一，戴遂良对道家哲学核心词“道”“德”“阴阳”等的精辟阐释直接影响

① 三个完整的《列子》译本分别是：Léon Wieger、Benedykt Grynpas 和 Jean Levi 的译本。

② Jean Levi，*Les Fables de Maître Lie*，Saint-Front-sur-Nizonne（Dordogne）：Éditions de l'Encyclopédie des Nuisances，impr.，2014，p.7.

了后世译者对道家核心词的释义。丹尼尔（Daniel Nazir）在翻译与阐释《道德经》时，视戴氏译本为主要参考文献，他引用戴氏的《庄子》与《列子》译本中“不争”“无欲”“无知”“无为”“圣人”等核心词的释义作为脚注以阐释《道德经》。[①] 里奥内（Jacques Lionnet）在翻译《老子道德经》时，也多次引用戴氏的《道德经》与《庄子》译本中对“道”“玄德”“宠辱若惊”“愚人之心”等道家相关核心词的阐释。[②] 艾田蒲（René Etiemble）在为柳家槐所翻译的《道德经》作序时，主要参考了儒莲与戴遂良的译本解释“道”与“德”的含义，他充分肯定了戴遂良对“阴阳”的诠释。[③] 可见，戴遂良对道典核心字词的译介更多是意译，而不是字词表面意，这在一定程度上彰显了道学的哲学深度，并得到了后世多位译者的认可。

第二，戴遂良的汉语语言学知识对法国后世译者的影响。博图拉（Bernard Botturi）在翻译《道德经》时，参考了戴遂良的译本与《中国汉字》（*Caractère Chinois*）两书对道家的核心词“道”与“德”的释义。[④] 阿兰（Alain Menhard）在翻译《道德经》时，除了参考戴氏译本对核心词“道”与“德”的诠释以外，主要依据《中国汉字》一书中的字词释义进行翻译。[⑤] 瓦雷纳在编写《圣书选集》时，评价戴遂良的《道德经》译本说：“戴氏译本简单易懂，语言优美，从当时的印刷技术也可以看出戴遂良审慎认真的态度，这归功于他个人的努力。”[⑥] 戴氏译本以及最能代表他汉语语言学知识的巨著《中国汉字》对后世译者产生了深远的影响。他的《中国汉字》一书是从汉语语言学的角度系统介绍汉字，这本书几乎囊括了所有主要汉字的结构与释义，是阅读或研究中国道典的重要工具书。可见，译者的语言运用能力是扩大译本影响力的一个重要因素。

第三，戴遂良在译文中所采用的夹注释义形式提高了译文的文献价值，

---

① Daniel Nazir, *Tao te king : Le livre du Tao et de sa vertu. Traduction nouvelle suivie d'Aperçus sur les enseignements de Lao Tseu*, Lyon : P. Derain, 1951, pp.139–240.

② Jacques Lionnet, *Tao te king : Traité sur le principe et l'art de la vie des vieux maitres de la Chine*, Paris : Adrien–Maisonneuve, 1962, p.73, p.79, p.80.

③ Liou Kia–hway, préf. René Etiemble, *Tao tö king par Lao-tseu. Traduit du chinois par Liou Kia-hway. Préface de René Etiemble*, Paris : Gallimard, 1967, pp.7–30 ; Liou Kia–Hway, préf. d'Étiemble : *Tao-tö king. L'oeuvre complète de Tchouang-tseu. Le vrai classique du vide parfait*, Paris : le Grand livre du mois, 1992, pp.9–27.

④ Bernard Botturi, *Tao-tö king : la tradition du tao et de sa sagesse*, Paris : Éditions du Cerf, 1984, pp. 9–14.

⑤ Alain Menhard, *Tao Te King : Voie de souverainneté*, Paris : Books on demand, 2013, p.91.

⑥⑥ Lao–Tseu, Léon Wieger, Jean Varenne, *Tao-tê-king ; trad. du chinois par le R.P. Léon Wieger, introd. par Jean Varenne*, Monaco, ed. du Rocher, 1991, p.10.

对后世译者影响深远。勒内（René Brémond）赞同戴遂良将道家思想压缩成三位圣人的思想，他依据这种分法展开对老子、列子与庄子的论述，并说："戴氏的译本称不上是忠实的译本，但是他根据个人喜恶所引用的大量注释仍然不失为一种必不可少的参考文献。这些不忠实的译文中大量的注释具有不可估量的参考价值。"① 瓦雷纳在编写《圣书选集》时说："戴氏所采取的夹注形式，使汉语的原意一目了然。"因此，经他重新修订的译文保留了原译文的夹注释义形式。⑥ 戴遂良在译文中的夹注阐释承袭了中国传统道典释经学的章句依附经文疏义的风格，他的这种译介体例不遗余力地保留了原文的风格，向目的语读者忠实传达了传统道典的疏义形式，也受到了西方读者的青睐。

第四，戴遂良对道典的客观阐释对后世道典译者的影响。法国汉学家艾田蒲认为："法国对道家思想的研究可以追溯到法国国王路易十四所派往中国的五位数学家，这些数学家多从道典中寻求上帝启示的痕迹，但是后来的法国汉学家戴遂良没有附和他们的观点，从客观的角度进行了解释。"② 可见，译者客观译介的科学精神决定了译本的价值，戴遂良在阐释《道德经》《列子》与《庄子》中的同一哲学观点时，能够深入原作的内核，根据不同的注本坚持循环阐释，获得了后世汉学家的认可。

综上所述，在道家典籍的复译大潮中，戴氏译本在20世纪初期与中期充当了文化交流中的先锋军，以一种温和的手段打开了西方汉学界对道家思想的认识大门。尽管他的译本算不上是忠实的译本，也不排除笔者在前几章所提出的译本中的误读误译，甚至是扭曲变形，但是它确实为以后靠近道典的翻译和读者的接受起了一定的铺垫作用。他的译本是跨文化交际中不可或缺的一部分，译本的阐释价值促进了中西文化的沟通。因此，我们不应把眼光局限在戴氏译本的不忠实或有意无意的误读上，而应从交际过程的角度，看到译本具有的积极意义。

① René Brémond：*La Sagesse chinoise selon le Tao, pensées choisies*（*de Lao tseu*, *Lie tseu et Tchouang tseu*）*et traduites par René Brémond*, Paris：Éditions d'histoire et d'art, 1955, p.13, p.15, p.18.

② Liou Kia-hway, préf. René Etiemble, *Tao tö king par Lao-tseu. Traduit du chinois par Liou Kia-hway. Préface de René Etiemble*, Paris：Gallimard, 1967, pp.7–30；Liou Kia-Hway, préf. d'Étiemble：*Tao-tö king. L'oeuvre complète de Tchouang-tseu. Le vrai classique du vide parfait*, Paris：Le Grand livre du mois, 1992, pp.9–27.

三、道家经典的法译史

（一）道家经典翻译研究的阶段与特点

法国对道家经典的关注开始于16~18世纪来华耶稣会士对道教的介绍，笔者将道家经典在法语世界的引进与研究分为以下四个阶段：

1.草创期

道家经典经来华传教士的介绍传入法国。被称为西方汉学鼻祖的利玛窦视道教为崇拜偶像的宗教，他说："在中国有三种宗教，其中最古老，中国统治者和学者最为信奉的是儒教，其他两个皆拜偶像，互相敌视，而为学者卑视。读书人多不谈超性之事，至于伦理道德，则与我们的差不多，就这样借我所撰写的书籍，称赞儒家学说而驳斥另两家宗教的思想（指佛道思想）。"[①] 葡萄牙籍耶稣会士曾德昭（Alvare de Semedo）在其历史著作《大中国志》中对道教进行了较为详细的论述，他写道："道教是道士的教。其教主是一个叫老子的哲人，据说他在他母亲腹内有8年之久。他大约与孔夫子是同时代的人。直到今天他还有很多信徒，他们把自己最终的幸福寄托在肉体上，以求得安宁、平静的生活而无辛劳、烦恼。"[②]可见，曾德昭对道教的描述与介绍比利玛窦更详细，他注意到了道士们的生活。法国早期汉学就是经意大利、葡萄牙等邻国汉学家的启示与影响而兴起的，他们的汉学成果一经法国人之手，就被推向了欧洲汉学的中心地位。

法国耶稣会士对道教的研究始于1687年法国国王路易十四派遣五位数学家[③]以耶稣会士的身份前往北京传教。在这五位耶稣会士中，刘应对道教文化的研究颇为深刻。他说："道教起源于中国，是道上们所信奉的宗教。他们的伦理与伊壁鸠斯派非常吻合，他们把一切都归咎于懒散，更确切地说是一种温和的冷漠。他们似乎在灵魂也会死亡这一观点上与哲学家们相吻合。"[④] 可见，刘应对道教的了解和熟悉程度远超过了在他之前的耶稣会士前辈，他对道教"贵己重生"思想归纳得也较确切。在刘应之后，法籍耶稣会士中对道教颇有研究的是马若瑟（Joseph de Primara），他用拉丁文对《道德经》作了评注，并根据《易经》和

---

① （意）利玛窦著，罗渔译：《利玛窦书信集》（下），光启出版社，1986年版，第415页。

② （葡）曾德昭著，何高济译：《大中国志》，上海古籍出版社，1998年版，第105页。

③ 这五位数学家兼耶稣会士分别是白晋（Joachim Bouvet，1656~1730）、刘应（Claude de Visdelou，1656~1737）、洪若翰（Jean de Fontaney，1643~1710）、张诚（Jean-François Gerbillon，1654~1707）、李明（Louis Le Comte，1655~1728）。

④ （法）安田朴、谢和耐著，耿昇译：《明清间入华耶稣会士和中西文化交流》，巴蜀书社，1993年版，第151-152页。

李荣《道德真经注》用汉文撰写了《三一三》书[①]，比较“道”与三位一体的教义。[②]这一时期西方汉学界研究道教的主要是来华耶稣会士，以利玛窦与曾德昭为代表的耶稣会士主要是以文化的“他者”眼光否定道教文化。随着法国索引派耶稣会士的介入，道家典籍逐渐得到重视，但是其研究目的是在道家典籍中找到基督教的痕迹，并非是出于对中国文化的崇尚。

2.萌芽期

道家经典在西方的译介始于17世纪，率先将《道德经》翻译成拉丁文的是比利时的耶稣会士卫方济（P. Franciscus Noël，1651~1729），但是至今尚未得知译本的去向。[③] 18世纪，法国耶稣会士傅圣泽（Jean Francoise Fouquet，1665~1741）将《道德经》翻译成拉丁文[④]，译名是《道德经评注》。[⑤]德国神父格拉蒙特也将《道德经》翻译成拉丁文。这一阶段的译者主要以来华耶稣会士为主，上述这三个译本的译者均是耶稣会士，译文语言以拉丁语为主，其翻译的目的是在中国典籍中寻找基督教天主所启示的痕迹，尤其是索引派傅圣泽的译本。但是颇为遗憾的是，除了傅圣泽的译本，其他译本的去向至今仍是一个谜，傅圣泽对《道德经》的译介促进了道家思想在西方汉学界的传播。

3.发展期

发展期指的是19世纪至20世纪上半叶之间的150年。法国之所以能够成为西方道教研究的重镇，源于1814年创办的第一个汉学讲座——中国及鞑靼满洲语言和文学讲座，这个讲座一直延续至1918年。讲座的首任主讲人是雷慕莎，他在其著作《关于老子的一生及其作品的报告》中选译了《道德经》的第一章、第二十五章、第四十一章与第四十二章，他称老子思想与毕达哥拉斯学派和柏拉图学派所提出的学说有无可争辩的共同之处。[⑥]1838年，鲍梯翻译

① 《三一三》书现藏于巴黎耶稣会档案馆。马若瑟在书中讨论了雅赫维（Yahweh，耶和华）的名称与“道”的问题，他自认为从《老子》第十四章中发现了这一名字：视之不见名曰夷（Yi），听之不闻名曰希（Hsi），搏之不得名曰微（Wei），所以，Yihsiwei（雅赫微）就等于“夷希微”。

② （法）安田朴、谢和耐著，耿昇译：《明清间入华耶稣会士和中西文化交流》，巴蜀书社，1993年版，第150-151页。

③ （法）费赖之著，冯秉承译：《在华耶稣会士列传及书目》，中华书局，1995年版，第421-422页。

④ （法）费赖之著，冯秉承译：《在华耶稣会士列传及书目》，中华书局，1995年版，第559页。

⑤ Edward Harper Parker，*Studies in Chinese Religions*，London：Chapman and Hall，Ltd.，1910，p.92.

⑥ Jean Pierre Abel Rémusat，*Mémoire sur la vie et les opinions de Lao-tseu，philosophe chinois du VIe siècle avant notre ère，qui a professé les opinions communément attribuées à Pythagore，à Platon et à leurs disciples*，Paris：Imprimerie Royale，1823，p.2.

了拉丁语与法语对照的《道德经》[①]，但是对后世的影响微乎其微。1842年，雷慕莎的学生儒莲完成了《道德经》法语全译本[②]，他的译本被认为是19世纪较为忠实的法译本，理雅各的《道德经》英译本主要参考的就是儒莲的法译本。1913年，戴遂良在中国献县印书房出版了《道德经》《列子》与《庄子》的法语全译本，收入《道家三祖：老子、列子与庄子》一书。[③]他的《列子》与《庄子》译本是法语世界的首个完整译本。在20世纪上半叶，学界相继出现了3个《道德经》法译本[④]，但是对后世影响不大，几乎没有再版。这一时期内，道家经典在法国的译本进入一个新的阶段，译者不再仅限于前期的耶稣会士，同时受到了法国汉学界大师雷慕莎与儒莲的关注，在中国本土生活与传教的耶稣会士戴遂良也将《道德经》《列子》与《庄子》译成法语。儒莲与戴遂良的译本为20世纪下半叶法国汉学界翻译道家经典的鼎盛期铺就了道路。同时，法国本土的汉学家沙畹、伯希和、马伯乐与葛兰言均对道教做了不同程度的研究，但是均未再译道家典籍。

4.鼎盛期

自20世纪50年代起至今，法国汉学界对道家思想与道教的研究呈现出一派新气象，蒸蒸日上，进行得如火如荼，尤其是法国道教研究及资料中心将道教的研究方向推向了多元化，比如石秀娜（Anna Seidel）与贺碧来（Isabelle Robinet）对道教史的研究，施舟人对比较宗教学的研究，科特林·德斯帕（Catherine Despeux）主要致力于道教、禅宗与内丹的研究，穆瑞明（Christine Mollier）主要运用西方文学理论的结构主义方法剖析《神咒经》等。

随着道教研究的多元化，法国汉学界对道家典籍的译作也如雨后春笋一般，据笔者统计，1951年至今，有42个《道德经》的法译本、16个《庄子》的节译或全译本、11个《列子》的节译或全译本。其中，在《道德经》的译本中，利氏学社的创办人克劳德（Claude Larre）神父的译本被视为20世纪的最佳译本。柳家槐的《庄子》与《列子》译本是最佳译本。但是，对20世纪50年代以后的道家典籍法译本影响最深的是儒莲的《道德经》译本与戴遂良的《道德经》《列子》与《庄子》译本。勒内（René Bremond）、沃达（Albert Woda）、凯特琳

---

① G. Pauthier，*Le Tao-te-king : Ou，Le livre révéré de la raison suprême et de la vertu*，Paris : F. Didot Frères，1838.

② Julien Stanislas Aignan，*Le livre de la voie et de la vertu*，Paris : Imprimerie Royale，1842.

③ Léon Wieger，*Les pères du système taoïste : Lao-tzeu，Lie-tzeu，Tchoang-tzeu*，Hien–hien : Impr. de Hien–hien，1913.

④ 详参上文表6–3、表6–4与表6–5对道家典籍法译本的统计。

（Catherine Despeux）、诶拉克尔（Jean Éracle）等的译本均是在儒莲译本的基础上进行的重新翻译。赫伯特（Herbert Jean）、雷蒙德（Reymond Lizelle）、里奥内、瓦雷纳的法译本均参考了戴遂良的《道德经》《庄子》与《列子》译本，或在戴氏译本的基础上进行重新翻译。[①] 这一时期法国汉学界对道家典籍的翻译也呈现出多元化的特点。比利时学者马歇尔（Marcel Conche）主要从人文自然学的角度对《道德经》进行了翻译。斯提芬（Stephen Mitchell）主要从诗学的角度对《道德经》进行了译介。

总之，法国汉学界道教的研究也走向正规化，研究内容不再仅限于前期耶稣会士为实现耶道对话而进行对道教的研究，也不仅是对道教渊源或道士的描述，而是在更广阔的范围内展开多层次的研究。研究的范围不但涉及《道藏》、炼丹术、道教史，而且还实现了跨宗教与跨学科的研究，使法国汉学界对道教与道教思想的研究达到了前所未有的高度。与此同时，法国汉学界学者对道家典籍的翻译以及译本的数量均达到巅峰，但不可忽视的是儒莲与戴遂良译本对后世译本的影响。

（二）对道家经典在法语世界译介的思考

1.道家典籍在法语世界的翻译与研究完全是出于法语世界自身文化的需要

17~18 世纪的法国来华耶稣会士对道家典籍的研究与翻译主要是为了在中国的古籍中寻找上帝启示的痕迹，从而实现在华传播基督教文化的目的。这一阶段的译者大多是带着“他者”的文化偏见视道教为“异教之风”，因此，他们在译文中难以避免自我文化对他者文化的否定与质疑的态度，译本的数量更是寥寥无几。19 世纪，随着法国汉学机构的成立与成熟，加上西方殖民主义的扩张，西方国家迫切地想了解中国，与此同时，法国的专业汉学家雷慕莎与儒莲的介入使道家典籍的翻译步入正规的文化翻译的渠道。20 世纪两次世界大战后，欧洲掀起了研究中国文化的热潮。中国悠久的道家文明与文化成为医治欧洲社会与战争创伤的良方。法国汉学界在这股“中国热”的推动下，于 20 世纪下半叶对道家典籍的法译取得了非凡的成就。另外，敦煌学研究的发展使法国汉学家注意到关于敦煌藏经洞的道教研究，施舟人的《道藏通检》就是这一领域的学术硕果。道家典籍的法译在客观上促进了法国文化的多元化发展，对确立法国在欧洲汉学研究的中心地位起到了积极的促进作用。

2.应区别对待有意识的误译与无意识的误译

法国译者在对道家典籍法译的过程中，由于语言文化方面的障碍，误解与误

① 详参表 6-3~ 表 6-5 道家典籍法译本的统计。

译是不可避免的。译者在语言层面上所造成的误译是由于不能充分理解原文而导致的无意识误译，比如戴遂良在翻译《道德经》第四十二章中的“道生一,一生二,二生三,三生万物”时，误读了“道生一”的含义，将其翻译成“道生德”（Le Principe ayant émis sa vertu une，celleci se mit à évoluer selon deux modalités alternantes）。这里的“一”并非指“德”，这是由于他没能充分理解原文而导致的无意识误译。那么，对道家思想中一些异国思想的夸大便是法国译者有意识而为之。比如在戴遂良之前的耶稣会士将《道德经》中第十四章的“夷希微”解释为“耶和华”，这样的误译是对中国文化的歪曲与误解，是典籍翻译中所忌讳和应避免的。翻译是文化交流中的一部分，两种文化间的交流应建立在平等、互尊、互重的基础上的。

3.法语世界研究与翻译道家典籍的有耶稣会士、专业汉学家与文学研究者等

他们在译介的同时不但身体力行地进行了大量翻译实践，同时也尝试对中国文化与文学文献进行了综合性的研究，并在译本中大量参考中西道家研究的学术成果，这说明他们在传播与推广中国传统道家文化时，充分认识到了中西文化的差异在翻译中的重要性。儒莲、戴遂良、克劳德的经典译本均参考了大量中国文献，他们在译文的注释中频繁引用中国传统的文献对译文进行注释，以实现文化间的沟通，为传播中国传统的道教文化做出了巨大的贡献。

4.运用西方的宗教与哲学术语，将道家思想的研究纳入中西宗教与哲学的对立研究之中

由中国典籍扩展到宗教与哲学领域是求全之必然，而把握典籍的奥义而诉之以理论，则是求深之必需。法国译者在运用西方宗教与哲学术语对中国道家典籍进行分析时，难免存在偏颇之处，但也确实对跨宗教研究与跨哲学研究具有很大的启发性。法语世界对道家典籍的翻译与研究为我们提供了本民族典籍跨文化传播的实例，既有助于认识中国传统文化的国际影响，又可以启迪道家典籍研究以至整个中国典籍研究的新思路，扩大典籍研究的治学视野。

第三节　戴遂良对法国汉学界道学研究的贡献

一、对《道藏》的研究

《道藏》是一部大型的道教文献典籍结集，其内容涉及道教的方方面面，包

括道教的渊源、历史、教派以及道教典籍的各种版本注疏等，是研究道教的一手原始文献。《道藏》研究在法国汉学中占有重要的地位，汉学家在研究道教经典时多取材于两个方面：其一，《道藏》本身，被法国汉学家视为原始资料；其二，《道藏》以外的道教资料，比如敦煌经卷、碑铭文字，多是法国汉学家研究的主要内容。

《新唐书·艺文志》著录《道藏音义目录》113卷，始有"道藏"之称。明英宗正统九年（1444年）邵以正督查校勘道藏，刊印成《正统道藏》，有5305卷。万历三十五年（1607年）续道藏180卷，被称为《续道藏》。正续道藏共有5485卷。明刻道藏经版藏于北京正大光明殿，1900年八国联军入侵北京时被烧毁。1910年前后，巴黎国家图书馆得到两套残缺的明代正统《大明道藏经》（1444~1445年印），现藏于巴黎国家图书馆。《大明道藏经》及其续编《续道藏》是在法国研究道教的最可靠的研究文献。原北京白云观所藏的明代印刷的《道藏》是迄今为止所能见到的唯一保存完整的明代《道藏》。1926年，上海商务印书馆用摄影石影术复制出版了这本《道藏》。西方汉学界对中国道教的研究主要得益于这本《道藏》。

中国对《道藏》的研究始于1911年，刘师培（1884~1919）发表了《读道藏记》。同年，戴遂良发表了法文版的《道藏》目录。戴遂良在编撰《道藏》时，主要参考了北京白云观与日本图书寮馆藏，并且获得了北京白云观道长陈明霖与日本褊井緐的支持与帮助。[①] 在参考文献方面，他主要参考了金陵的《道藏》，明朝白云霁的《大明道藏目录四卷》《大明续道藏经目录一卷》《古今图书集成》中的《道藏目录》，白云观所藏的《道藏目录详注》以及刘师培在1911年《国粹学报》上所发表的《读道藏记》。[②] 此外，他还参考了《汉书·艺文志》《隋唐经籍志》《唐书·艺文志》《宋史·艺文志》《宋元艺文志》《辽金元艺文志》《国史经籍志》《四库全书》《皇朝续文献通考》以及库朗（M.Courant）先生帮他在法国国家图书馆查阅的道教相关的资料。他将《道藏》分为七部分，分别是洞真部、洞玄部、洞神部、太玄部（辅洞真）、太平部（辅洞玄）、太清部（辅洞神）与正一部（辅三洞）。其中，洞真部、洞玄部与洞神部又分为12类，分别是本文、神符、玉诀、灵图、谱录、戒律、威仪、方法、众术、记传、赞颂与表奏（洞真部没有表奏）。国际版本《道藏》多分为三洞（洞真部、洞神部、洞玄部）与四辅（太玄辅洞真、太平辅洞玄、太清辅洞神、正一贯通三洞），三洞又分为"12类"（本文、神符、

① Léon Wieger, *Tome I. Bibliographie générale*, Hien-hien：Impr. de Hien-hien, 1911, p.5.

② Léon Wieger, *Tome I. Bibliographie générale*, Hien-hien：Impr. de Hien-hien, 1911, p.6.

玉诀、灵图、谱录、戒律、威仪、方法、众术、记传、赞颂与章表）。[①]将戴氏对《道藏》的分部分类与国际分法相对比，可以发现，他的分部分类法与传统《道藏》的分类是一致的，但遗憾的是，他将洞真部与洞玄部分为12类，洞神部却遗漏了表奏。

在1926年之前，西方汉学界对《道藏》的研究几乎为零，即使在1926年《道藏》的影印本发行以后，西方汉学界对《道藏》的关注也很有限，正如法国汉学家施舟人所述："民国十五年，上海涵芬楼翻印了几百部明版《道藏》，价钱很贵，当时一般的中国大学买不起，结果大部分被日本、欧美学术界买走了。那时候，《道藏》被研究出来的还不到百分之十，日本、法国等很多人研究，才愈来愈多人注意。"[②]1935年，哈佛燕京学社在北平出版了翁独健（1906~1986）编的《道藏子目引得》[③]，1986年，上海古籍出版社对其进行重版，这本书是西方汉学家常用的道藏检索工具书，其影响甚广。全书内容包括序、叙例、道教宗源、道藏目录凡例、分类引得号数表（附魏哲道藏目录号数推算表）、魏哲氏道藏分类表、史传引得引书表、笔书检字、拼音检字、中国字庋撷、引得（分类引得、经名引得、撰人引得、史传引得）。这本书主要是依据万历《续道藏》、魏哲的《道藏引得》、明《正统道藏》、元人的《道藏阙经目录》和清末的《道藏辑要》编成，所录资料独详，编制精审，是研究道教必备的工具书。在这本书中，翁独健所提到的"魏哲"即是戴遂良。他在前言部分肯定了戴遂良在《道藏引得》方面的成就。他写道："在1937年以前，关于《道藏》的工具书，中文方面，有《道藏目录详注》四卷，西文方面，仅有魏哲氏的《道藏引得》。魏哲氏的这本书以'编号解题目录'为主，'分类表''经名引得''撰人引得'等为附，算是比详注进一步的工具书了。"[④]他在书中收录了魏哲《道藏引得》之一的《道藏分类表》，以供那些没有魏氏书的读者参考。可见，戴遂良的《道藏目录》在《道藏子目引得》问世之前，是中西方学者研究《道藏》的主要西文参考文献。

戴遂良在编撰《道藏目录》时，几乎没有任何可供参考的西文文献，他之所以能对卷帙浩繁的《道藏》展开研究，这与他自己学术的需要是分不开的。他在1911年7月的一封信中描述了在研究中所遇到的困难，"我的系列著作由于缺乏中国文学通史的文献而受阻，从目前的完整目

① 徐惟诚等主编:《不列颠百科全书》国际中文版第5册，中国大百科全书出版社，1999年版，第141页。

② 王家凤、李光真:《当西方遇见东方》，光华杂志社，1980年版，第144页。

③ 翁独健:《引得》第二十五号《道藏子母引得》，哈佛燕京学社，1935年版。

④③ 翁独健:《引得》第二十五号《道藏子母引得》，哈佛燕京学社，1935年版，序言。

录来看，很有必要亲访一些图书馆以确定一些文献是否尚存”。[①]可见，戴遂良在研究中克服资料的不足，并对《道藏》进行整理是源于个人研究之需。翁独健在《道藏子目引得》写到，因为要收集道教史中的一部分材料，时时检用《道藏》，但是苦于《道藏》的分量很重，同时又没有适当的工具书，每次翻查都感到很困难，因此，他便提议编撰《引得》。[③] 1975年，施舟人在编撰《道藏通检》时说，1964年，他为了方便自己在道教上的研究，便编了一本道藏书目索引，当时这本以手抄写的工具书，完全是在他个人研究时，助他参考而用。[④]由此可见，戴遂良、翁独健与施舟人对《引得》的编撰皆是源于个人研究所需，他们的著作开拓了西方学界对《道藏》的研究。戴遂良本着脚踏实地的学术态度与持之以恒的学术精神，所做的已经远远超过一个传教士的分内工作，他对《道藏》的研究开拓了西方汉学界对道学的研究，他所编撰的《道藏》是西方学者早期研究道学的重要参考文献。

二、对道家典籍翻译的价值

戴氏译本的价值主要体现在以下三个方面：

首先是译本对后世道家思想与道教研究的开拓价值。第一，戴氏译本促进了法国汉学界对庄子与列子的认识。在20世纪初期，法国汉学界对道家典籍的关注最多的是《道德经》《太上感应篇》等，但是对《列子》与《庄子》的翻译，几乎无人问津。早在1913年，马伯乐曾预测说：“戴氏译本的价值在于促进了老子、列子与庄子更好地为西方学者所知。”[③]事实上也是如此，他的《庄子》与《列子》译本是法语世界的第一个全译本。正如法国汉学家艾田蒲所述：“在戴遂良的《庄子》译本之前，法国汉学界接触《庄子》译本的机会是微乎其微的。”[④]根据《列子》的译者莱维的统计，到2014年为止，法国仅有三个完整的

① 引自戴遂良档案文献。

④（法）施舟人原编，陈耀庭改编：《道藏索引——五种版本道藏通检》，上海书店出版社，1996年版，序言。

③ Henri Maspero，“Compte-rendu de lecture d’Henri Maspero”，*Bulletin de l’École française d’Extrême-Orient*，1913，Vol. 13，No.1，pp.27-29.

④ Liou Kia-hway，préf. René Etiemble，*Tao tö king par Lao-tseu. Traduit du chinois par Liou Kia-hway. Préface de René Etiemble*，Paris：Gallimard，1967，pp.7-30；Liou Kia-Hway，préf. d'Étiemble，*Tao-tö king. L’oeuvre complète de Tchouang-tseu. Le vrai classique du vide parfait*，Paris：Le Grand livre du mois，1992，pp.9-27.

《列子》译本[①]，戴遂良的译本是最古老的译本。[②]可见，戴氏译本在向法国介绍道家典籍《庄子》与《列子》上起着先锋的作用，对法国汉学界认识庄子与列子起到了一定的推动作用。法国后世多位道学学者对《列子》与《庄子》的翻译研究均以戴氏译本为主要参考对象。本内迪克特与丽萨在翻译《列子》时视戴氏的译本为道教研究的主要参考文献。[③]丹尼尔在翻译与阐释《道德经》时，大量参考并引用戴氏的《庄子》与《列子》译本中的翻译与释义。[④]第二，启发了后世学者对比较宗教学的研究。早在 1910 年，戴遂良在《基督》(*Christus*)杂志上发表了一篇论文《中国的宗教与学说》(*Les Religions et Doctrines de la Chine*)。[⑤]这篇文章一经发表，英国伦敦的真理协会随即将其翻译成英文，书名是《中国宗教》(*The Religion of China*)，并在译者序中说："戴遂良的这篇文章启发了比较宗教学的研究，目前在英国尚没有天主教徒对比较宗教学进行研究，并呼吁英国的学者要重视宗教史的研究。"[⑥]他的译本与《中国宗教信仰与哲学思想史：从萌芽期到现代》一书可以说是对这篇论文的具体化，他在书中照搬了他之前论文中表达的所有观点。

其次是译本的诠释价值。戴遂良在译介与阐释道典的过程中，他不仅依据中国历代道家经典的注疏对道家经典进行解题、注释和翻译，同时还参考了西方汉学家的学术成果，比如儒莲的《道德经》法译本、理雅各的《道德经》与《庄子》英译本、沙畹的《史记》法译本等，他不断运用西方的哲学概念阐释道家经籍，挖掘原文的思想本意，以求独立阐释。戴氏的译本释义为后世学者考究道典古汉语释义树立了典范。他将"道"翻译成"le Principe"，释义符合传统道典疏义，他的译法实现了词义上的功能对等，忠实地传达了"道"在中国经籍中的原义。此外，他对道典其他核心文字的诠释，基本上严格沿袭传统道典的观点，对后世译者产生了深刻的影响。里奥内与艾田蒲均认可并参考了戴氏对道家经典核心词的诠释。丹尼尔在译介《道德经》时，大量参考并引用戴氏《庄子》与《列

---

① 三个完整的《列子》译本分别是 Léon Wieger、Benedykt Grynpas 和 Jean Levi 的译本，详见表 6–5。

② Jean Levi, *Les Fables de Maître Lie*, Saint–Front–sur–Nizonne (Dordogne): Éditions de l'Encyclopédie des Nuisances, impr., 2014, p.7.

③ Benedykt Grynpas, *Le vrai classique du vide parfait*, Paris: Gallimard, 1961, p.9, p.21; Lisa Bresner: *Du vide parfait*, Paris: Payot & Rivages, 1999, pp.7–20.

④ Daniel Nazir, *Tao te king: Le livre du Tao et de sa vertu. Traduction nouvelle suivie d'Aperçus sur les enseignements de Lao Tseu*, Lyon: P. Derain, 1951, pp.139–240.

⑤ Joseph Huby, *Christus Maunel d'histoire des religion*, Paris: G. Beauchesne & Cie, 1913, pp.95–120.

⑥ Léon Wieger, *The Religion of China*, London: Catholic Truth Society, 1911, p.1.

子》译本来诠释《道德经》中的“不争”“无欲”“无知”“无为”“圣人”。[①] 里奥内在翻译《老子道德经》时，也是大量参考引用戴氏的《道德经》与《庄子》译本阐释“道”“玄德”“宠辱若惊”“愚人之心”等道家思想相关的核心词。[②] 诺曼（Henry Normand）在考察道家“道”的含义时，高度评价了戴遂良从古汉语的角度对“道”的解读。[③] 法国赛尔齐—蓬多瓦兹大学（L’Université de Cergy-Pontoise）研究诗学的凯瑟琳（Catherine Mayaux）教授在《圣约翰西的读者与诗人：西方的学者》一文中论述《道德经》的翻译诗学时，她评价说，戴氏的译本体现了丰富的古汉语表意文字释义。[④] 这充分反映了译本的诠释与解说价值，戴氏对道家典籍的诠释得到了后世道家经典译者的认可，并影响着他们对道典的诠释。虽说戴氏的译本被一些译者视为不忠实于原文的译作，但是译本的诠释价值往往占了上风，从而使译本成为其他译者选择的参考文献。

最后是译本的文献价值。戴氏译本在道家典籍的复译大潮中，是法国后世道典译者进行道学与道教研究的主要参考文献。[⑤] 勒内认为戴氏的译本称不上是忠实的译本，但是他根据个人喜恶所引用的大量注释仍然是必不可少的参考文献，这些不忠实的译文中大量的注释具有不可估量的参考价值。[⑥] 戴氏的《列子》与《庄子》法译本在道家典籍的复译大潮中，是后世译者所选择的重要参考文献。同时，他的《中国宗教信仰与哲学思想史：从萌芽期到现代》一书中所包括的与宗教史实相关的材料是法国汉学界研究宗教思想史的重要参考文献。比如法国汉学家葛兰言（Marcel Granet）在著述《中国思想》一书时，主要参考了戴氏的《道家三祖：老子、列子与庄子》和《中国宗教信仰与哲学思想史：从萌芽期到现代》中与中国宗教史相关的内容，他将戴氏的著述纳入了他同时期的重要道家典籍的参考文献。[⑦] 同时，他在《中国文明》一书中还参考了《中国宗教信仰与

---

① Daniel Nazir, *Tao te king : Le livre du Tao et de sa vertu. Traduction nouvelle suivie d’Aperçus sur les enseignements de Lao Tseu*, Lyon : P. Derain, 1951, pp.139–240.

② Jacques Lionnet, *Tao te king : Traité sur le principe et l’art de la vie des vieux maitres de la Chine*, Paris : Adrien-Maisonneuve, 1962, p.73, p.79, p.80.

③ Henry Normand, *Les Maîtres du Tao : Lao-Tseu, Lie-Tseu, Tchouang-Tseu*, Paris : Éd. du Félin, 1985, p.158.

④ Catherine Mayaux, *Saint-John Perse lecteur-poète : Le lettré du monde occidental*, Bern ; New York : P. Lang, 2006, p.65.

⑤ 参考本章第二节中的第二部分。

⑥ René Brémond, *La Sagesse chinoise selon le Tao, pensées choisies* (*de Lao tseu, Lie tseu et Tchouang tseu*) *et traduites par René Brémond*, Paris : Éditions d’histoire et d’art, 1955, p.13, p.15, p.18.

⑦ Marcel Granet, *La Pensée chinoise*, Paris : Editions Albin Michel, 1968, p.5, p.347, p.441.

哲学思想史：从萌芽期到现代》一书所记载的先秦时期南北之间战争的史料。[①]

通过以上论述可知，戴氏译本与他的《中国宗教信仰与哲学史：从萌芽期到现代》拓展了法国后世学者对道学研究的领域。翻译不是在真空中产生的，需要译者充分熟悉文本的历史文化背景，戴氏的译本与《中国宗教信仰与哲学史：从萌芽期到现代》一书对道家发展史料的补充，是促成译本流传与影响的不可缺少的一个因素。这两本书自从问世以来，就是20世纪西方学者研究中国宗教史、道家思想与道教的重要参考文献。他的《道藏目录》《道家三祖：老子、列子与庄子》与《中国宗教信仰与哲学思想史：从萌芽期到现代》均被纳入《环球百科全书》（*Encyclopaedia Universalis*）[②]关于道教哲学研究的重要参考文献中。他的著述起到了向西方传递中国道家文化的桥梁作用，是他那个时代西方汉学家道家思想与道教研究的里程碑，为有志研究道学的西方人提供了一个关于中国哲学与宗教知识的全面读本。

三、对道教史的研究

戴遂良在《中国宗教信仰与哲学思想史：从萌芽期到现代》一书中对道教的历史做了详细的梳理，并介绍了公元前500年至公元1000年道教的发展概况，其主要内容有：公元前6世纪至公元1世纪的道教史，包括老子生平（17课），道家三祖的思想（18~22课），杨朱论（23课），汉武帝（36课封禅书），西汉的刘德、刘安、淮南子（39课）；公元2~12世纪的道教史，包括2世纪儒道相互影响作用（50课）、3世纪的佛道相互影响作用（51课）、4世纪的道教：葛洪与《抱朴子》（52课）、3~6世纪的神秘主义道教史（61课）、9~10世纪的道教史（66课）、唐朝道教史（67课）、11~12世纪的道教史（69课）、儒道释相参的民俗（70课）。1927年，晚清英国驻华外交官兼汉学家倭讷将这本书译为英文，书名是 *A history of the religious beliefs and philosophical opinions in China from the beginning to the present time*[③]，由献县印书房出版，全书共774

---

① Marcel Granet, *La Civilisation chinoise* : *La Vie publique et la vie privée*, Paris : La Renaissance du livre, 1929, p.68.

② Encyclopaedia Universalis, *Dictionnaire de la Philosophie* : *Les Dictionnaires d'Universalis*, Encyclopaedia Universalis France, 2015.

③ Léon Wieger, Edward Theodore Chalmers Werner, *A history of the religious beliefs and philosophical opinions in China from the beginning to the present time*, Hsien-hsien : Hsien-hsien Press & London : Probsthain & Co., 1927.

页。1969 年在美国纽约再版，1988 年，英国的学者德里克·布莱斯对其重译，书名是《中国哲学与宗教》[1]，由英国拉内奇（Llanerch）出版社出版。

关于道教史的叙述，在戴遂良之后，法国的汉学家葛兰言在介绍中国古代道教时，并没有对道教思想展开详细的论述，而是仅仅介绍了《抱朴子》，他曾说："要想更深刻地了解中国人的思想，就要具备足够的知识，但是创作一部能够与其他国家的哲学史相媲美的中国哲学史书籍是件有难度的事情。"[2] 同时，马伯乐也着手对道教浩瀚缤纷的文献进行分类研究，但是他的遗作直到 1950 年经过戴密微等人的整理才得以面世。他在《道教与中国宗教》一书中主要介绍了道教徒、长生不老书、中国六朝时期的道教概况、1 世纪的道教概况、古代道教对生命本原的论述。[3]1963 年，康德谟着手纂写《老子与道教》（*Lao Tseu et le taoïsme*）[4]，这本 128 页的著作奠定了西方人编写中国哲学史的丰碑。1972 年，他又出版了著作《中国哲学》（*La philosophie chinoise*）。程艾兰（Anne Cheng）于 1997 年出版了 600 页的《中国思想史》（*Histoire de la pensée chinoise*），这本书叙述了 1919 年以前中国的思想史。1991 年，法国马赛大学中文教授贺碧来（Isabelle Robinet）出版的《道教从发轫到 14 世纪发展史》[5]，是西方人写的第一部以道教史命名的著作。这本书除了绪论以外，全书共 256 页，分为八章。第一章追溯了宗教史，介绍了道教哲学的先驱老子与庄子；第二章阐述了汉代的方士；第三章至第六章分别叙述了天师派、丹鼎派、上清派与灵宝派；第七章论述了道教在唐代的发展概况；第八章罗列了宋元时期道教与佛教互相影响的不同形式，尤其是从古至今内丹的修炼活动；随后是索引和参考书目。这本书追溯了道教从发轫到元末的历史。她的这本书引起了欧美

---

① Léon Wieger, Derek Bryce, *Philosophy and Religion in China*, Burnham-on-Sea, Somerset : Llanerch Press, 1988, preface.

② Marcel Granet, *La Pensée chinoise*, Paris : Editions Albin Michel, 1968, pp.179-200 ; Marcel Granet : *Trois études sociologiques sur la Chine* : *Remarques sur le Taoïsme ancien*, Paris : Ink Book édition, 2013. 这本书包括 L' article sur *Remarques sur le Taoïsme ancien*（paru dans *Asia Major* en 1925），L' article sur *L'esprit de la religion chinoise*, daté du 15 juin 1924（paru dans *Scientia* en mai 1929），La communication sur *La droite et la gauche en Chine*（été faite à l' Institut Français de Sociologie le 9 juin 1933）. 葛兰言的这三篇文章后被纳入《关于中国社会学文集》。（*Essais sociologiques sur la Chine*, Paris : Les Presses universitaires de France, 1990.）

③ Henri Maspero, *Le Taoïsme et les Religions chinoises*, Paris : Éditions Gallimard, 1971, pp.293-589.

④ Max Kaltenmark, "Lao Tseu et le taoïsme", *Microcosme. Maîtres spirituels*, Paris : Editions du Seuil, 1972.

⑤ Isabelle Robinet, *Histoire du taoïsme des origines au XIVe siècle*, Paris : Les Editions du Cerf, 1991.

学者的重视，美国学者菲利斯布鲁克斯（Brooks Phyllis）将其翻译成英文在斯坦福出版[①]。

虽说戴遂良的书并不是专门以道教史命名的著作，但是他在这本书中对道教从古至今的发展史做了详细的论述。将戴氏的著述与贺碧来的道教史进行对比，可以发现：第一，戴遂良更注重道教发展史中核心人物的重要性，比如戴遂良的著述中详细地论述了老子、列子、庄子、杨朱、汉武帝、刘德、刘安、葛洪、吕洞宾等人物及其对道教发展史的影响。贺碧来更注重对道教派别的论述，例如，她在书中详细地论述了道教发展史中的汉代方士，以及天师派、丹鼎派、上清派与灵宝派等派别。戴氏以人物为核心，更像是模仿了司马迁《史记》中的纪传叙事方式，他书中的参考文献有多处出自司马迁的《史记》，以传写史的方式在西方是很少见的。相比较而言，贺碧来以道教派别写史的方式即是记事写史，这种方法更容易被西方读者所接受。第二，由于戴氏的著述是关于中国哲学宗教史的专著，因此，他在论述道教史的过程中不断论及道教与中国儒释两教间的相互关系与相关影响，他在第 50~51 课中详细讨论了道教与儒教、佛教的相互影响与相互作用，并在第 70 课中专门讨论了儒道释三教影响下的民俗与民风。而贺碧来的著述主要是关于道教史的专著，仅在第八章涉及宋元佛道之间的相互影响，而且并没有谈到宋元之前佛道相互作用的概况。因此，相比较而言，戴氏的著述更适合充当宗教比较学方面的文献，而贺碧来的著述更适合作为道教史的专题研究参考文献。第三，戴遂良对道教史的论述仅仅截至 12 世纪，贺碧来对道教史叙述截止于元朝即 14 世纪，她描述的时间跨度比戴遂良要长，因此，贺氏著作对道教史的论述要更完善一些。总之，戴氏的著述写于世纪初，贺氏的专著作于世纪末。戴遂良同时代的法国汉学家葛兰言、马伯乐等对道教史的论述均是片面的，不完全的，戴氏对道教史的论述比同时代的法国汉学家对道教史的叙述更全面，他的著述是那个时代道教史的先驱之作。这本书一经出版就被译成英文，并被学界看作是研究比较宗教学的开篇之作。[②] 可见，戴氏的这本书指引了比较宗教学研究的方向，也促进了中西方宗教研究课题的多元化。

第四节　小结

纵观整个 20 世纪，戴遂良的译本《道家三祖：老子、列子与庄子》与著述

---

① Robinet Isabelle，*Brooks Phyllis Taoism*：*Growth of a religion*，Stanford，Calif.：Stanford University press，1997.

② Léon Wieger，*The religion of China*，Catholic Truth Society，1909，p.4.

《中国宗教信仰与哲学思想史：从萌芽期到现代》自从世纪初首次出版后，在20世纪下半叶不断再版，其主要流通范围有中国、法国、荷兰、英国、美国与摩洛哥等地。与同时代的法国汉学家相比，顾赛芬既是他的同工，又是他的师长，顾赛芬在儒家典籍的法译方面做出了巨大的贡献，戴遂良没有沿袭他的研究方向，而是转向了对佛道两教的研究，他们生活在中国的本土，没有师承，以传教为主，是业余汉学家。相比较而言，戴遂良同时代的沙畹、伯希和、马伯乐是法国本土的汉学家，他们不像戴遂良与顾赛芬那样具有长期的在华生活经历，但是，在学术方面，他们具有优良的师承，是专业的汉学家。

将戴遂良在道家思想与道教方面的著述与法国专业汉学家在道教方面的著述相比，戴遂良的著述更全面，他的《道藏目录》是第一部西文道藏著述，他还强调，如果要研究道家思想，不能忽视庄子与列子的思想。他的观点在他那个时代颇具学术先见。虽说他对道家经典的译本不能算是忠实于原文的译本，但是他对道家思想的诠释影响了法国对道家典籍的复译风潮，后世多个译本均是参考戴氏译本完成的。他的《中国宗教信仰与哲学思想史：从萌芽期到现代》一书系统地阐述了道教的发展史，可以说是西方道教史的开篇之作，同时也启发了同时代的英国学者对比较宗教学的研究。

结　论

本书以戴遂良的《道德经》《列子》与《庄子》译文为范例，从译者的生平事业、译介目的、译介策略与译介内容等方面，全面考察了法国传教士兼汉学家戴遂良对中国道家典籍的跨文化阐释。戴遂良倾其毕生精力研究中国经典，向西方汉学界译介了中国的道家经典，同时也成就了这位文化巨人，正如在他去世以后，天津《大公报》于 1933 年 4 月 13 日报道所说：不仅文艺界失去了一位重要人物，中国也失去了一位文艺合作者和改革者……[①]

一、跨文化身份构成译介道家经典的首要条件

澳大利亚研究翻译史的学者皮姆（Anthony Pym）提出研究翻译史不能忽视"文化会通性或文化的交互性（Interculture）"。他认为，文化的交互性指的是人们在进行跨文化交流时，由于信仰或习俗的交叉重叠，人们很快能将两种或者两种以上的文化结合到一起，译者便是这种交互文化的综合体。[②]可见，文化的交互性是两种及两种以上文化的互动，译者在对他者的文化读本进行译介时，不可避免地会结合自己本身所具有的重叠文化背景结合原著的文化创造出独特的第三种文化。这里的第三种文化既不属于目的语文化，也不属于源语文化，是数种文化在译者翻译过程中相互妥协的结果，这种结果为异质文化的交流与互动提供了对话的平台。要完成异质文化间的互动与交流，只有具有跨文化知识背景的译者方能完成译介的使命。

毫无疑问，戴遂良是位具有跨文化身份的汉学家，他具有全球的学术视野与广博的知识，既有西欧的知识文化背景，又置身于中国本土文化语境中，他在诠释中国道家文化时，熟练地掌握了西方与东方对话的模式，因此，他能有效地将东方大国的文化译介到西方。正是由于他的跨文化身份，他所译介的道家经典具有明显的"文化会通"特征，成为 20 世纪后世学者研究中国道家典籍的重要参

---

① 刘献堂：《献县教区简史　庆祝教区成立 150 周年》，台湾印刷内部资料，2006 年版，第 225 页。

② Anthony Pym，*Method in Translation History*，Beijing：Foreign Language Teaching and Research Press，2007，p.xii.

考文献。这显然与戴遂良先天的个人禀赋，在法国所接受的早期教育以及在华的种种努力密不可分。

戴遂良的道家经典法译本不同于他之前的耶稣会士的译本，他已经摆脱了索引派耶稣会士以求在中国经典中寻求上帝启示痕迹的翻译目的，他将西方传教士的翻译目的由单纯的宗教目的上升到宗教与文化的双重目的，由单纯的介绍中国道教文化上升到阐释评判道家文化的高度。他的译本和著述给我们的感受更多是，他不单单是一个译者，更多的是一个中国文化的研究者与传播者。

二、尊重源语文化使道家经典译介成为一种跨文化交际

戴遂良去世以后，墓碑上刻着“光绪七年（1881 年 1 月 21 日）入耶稣会，晋升司铎后于光绪十三年（1887 年 10 月 15 日）来中国传扬圣教数载，即从事于著作翻译之工”①。不论对于中国还是西方，墓志铭最能反映对一个人一生及其事迹的评价。笔者认为这一评价是建立在戴遂良及其汉学成就的基础上的中肯合理的总结，可以说是公平的评价。这简短的数句话概括了戴遂良来华的精确时间，以及他在华期间的传教与翻译之工。其中，传扬圣教的时间仅有数载，继而便由传教转为“著作翻译之工”。可见，戴遂良在华期间，著述与翻译之工占去了他大部分时间。他的第一部汉学著述《汉语入门》的问世便是他传教生涯与汉学生涯的分水岭。

戴遂良长期生活在中国河北沧州，随着他对中国语言文化的热爱，他的传教动机也在不断弱化，他倾注大量时间与精力专注于中国文学经典的研究就是一个很好的明证，诚如他在《汉语入门五、六：民间故事》一书的前言部分所述：“这些民间故事涵盖了大量鲜为人知的中国家庭生活理念、宗教活动、思想行为方式，以及这个被人误传的伟大民族。这卷书中不像那些现代作家不实的伪作或是骇人听闻的道听途说之言，类似于这一类的心理学家和社会学家们已经增长至四百万，当他们的船在广州和上海的港口靠岸，那些服务生就会向他们讲述一些荒诞不经的鬼怪算命术，他们将此称之为中国，遗憾的是一些旁观者还对此津津乐道。对于我来说，我既不是小说家，也不是招摇撞骗的江湖郎中，我生活在中国人中，谨借自己文笔描述我所热爱的中国人，在这些生动简单的故事中表达中国人的言语与思想。”② 可见，戴遂良对中国文学典籍的译介是建立在对中国文化尊重的基础上以传递中国文化的。

① 参见图 2 戴遂良的墓碑。

② Léon Wieger, *Rudiments 5 et 6. Narration populaires*, *Hien-hien* :*Impr. de la Mission catholique*, 1903, p.3.

晚清各国的传教士多带着傲慢与偏见的姿态来华，以试着将中国从“外邦异教的崇拜”中拯救出来。在戴遂良以前的耶稣会士研究中国道家经典的主要目的是在中国经典中寻求天主启示的痕迹，因此，他们对待中国的道教文化多持负面消极的态度。戴遂良与他们不同，他能客观地研究中国道家的“道”，并客观地总结“道”非“上帝”论。可见，戴遂良在研究道家经典时并没有随波逐流地附和前人的观点，而是尽量保持客观公允的文学心态。虽说，戴遂良也并没有完全摆脱以西方基督教为中心的牢笼，也不时在其著述的前言中称中国儒道释三教混合的民俗为异教之风，但是他对道家经典的译介主要还是建立在承认耶道不同文化间差异的基础上的，并能客观地采取“异化”译法，克服中西学者的“前见”，肯定真理。他对道家典籍的译介，不仅是单纯的语言层次的字词转换，更是一种文化会通的交际。他作为译者，不仅是道家源语文化的解读者或讲解员，同时也是东西方文明沟通的代表者。戴遂良来华的最初身份是传教士，后来转向汉学研究，因此，他所扮演的角色更倾向于中国文化交流者。

戴遂良是中西文化交流的使者，是架设中西文化的“桥梁”。通过他对道家典籍的译介以及对中国从古至今的宗教信仰与哲学史的介绍，西方人以及法国汉学界才得以有一面了解中国宗教文化与哲学的镜子。他对中国道家典籍《道德经》《列子》与《庄子》的翻译研究是20世纪西方研究道家思想与道教的起点，他的译本与著作是20世纪学者研究道家经典与道教文化不可缺少的参考文献。他的工作不但具有历史性的意义，而且具有一定的现代意义。现在我们身处的21世纪是西方研究汉学的炽热时代，西方汉学界依然渴望不断了解中华文明，同时，中华文明也需要被世界所了解，典籍是中华泱泱文明的载体，因此，中国典籍要走向世界，典籍翻译工作者需要向戴遂良学习他那种为中国古典典籍的西传而耗尽终生精力的执着精神，学习他的那种敢于开拓创新的精神，在译介中国典籍的过程中，充分了解中华文化，忠实传递典籍的精髓。戴遂良对道家典籍的翻译有效地传达了中国的道家文化和道教历史知识，为我国典籍翻译的工作者树立了丰碑。

三、体现传统与创新相结合的阐释思想

戴遂良对道家典籍的译介主要倚重明朝张洪阳的《道德经》注本、张湛的《列子》注本与郭象的《庄子》注本。他在译文中旁征博引，采用意译加详尽注释的翻译方法进行译介。他在译文中所采取的夹注释义法，最大限度地还原了道家典籍的注本原貌，不遗余力地传达了原著的诠释风格。在戴遂良看来，道典本身所特有的权威性决定了翻译的依据必须是中国传统的多家注本。他与儒莲译本

最大的相异之处是，他在译文序言中就点明他更多是对道典释义的翻译，因此，他在翻译的过程中更注重忠实于典籍的原始文本释义，较少地关注译文对原著句式的忠实与否。他在译文中的注释涉及历史文化背景、语言文字训诂、前人注释评价等，这充分体现了他对中国传统道家文化的尊重。此外，戴遂良在翻译中还运用西方的哲学概念阐释道家经籍，挖掘原文的思想本意，以求独立阐释。这与他少年时期在法国所受到的良好教育，以及他根深蒂固的西式思维是密不可分的，作为在中国生活了大半生的传教士，他的思想必然会受到中西方宗教文化融合的影响，他的译本便是中西方文化交流、碰撞的结晶。虽说他同时作为传教士，并没有完全摆脱西方传教士对中国“异教”道教的偏见，但是，他在译本中也并没有牵强地用道家思想附会基督教的教义进行创造性地误读。

戴遂良在翻译中，虽参考多家注本，但是并没有完全迷信注本，而是力求创新地阐释，以求在注本的批评与自我思想的交汇中开辟自己的道路，从而形成集经典、哲学、史学与神学于一体的独特的阐释风格。他在译介的过程中，有意识或者无意识地践行了阐释的循环。戴氏在译介《道德经》时，经常对《道德经》的传统注本与评注进行阐述比较，再对其进行批判性地改写与评论，这体现了他在翻译中的独立创新意识。在译介道家典籍时，也多从西方哲学与宗教的角度出发，并提出自己的独特见解，比如他认为道家的“仁”是伪善，是无法与基督的博爱相比较的。同时，他也看到了老子的“愚民”思想对中国社会的负面影响，他的见解无疑也是反观中国道家文化弊端的一面镜子。

四、推动西方汉学界对道家经典的研究

戴遂良的译本《道家三祖：老子、列子与庄子》与《中国宗教信仰与哲学思想史：从萌芽期到现代》一书分别于 1913 年与 1917 年首次出版以后，在 20 世纪下半叶不断再版，其主要流通范围是中国、法国、摩洛哥、荷兰、英国、美国与加拿大等。与其同时代的法国汉学家顾赛芬在儒家典籍的法译方面做出了巨大的贡献，戴遂良没有沿袭他的研究方向，而是转向了对佛道两教的研究。他的《道藏目录》是第一部西文道藏著述，他的道典译本对后世道家思想与道教研究具有宝贵的开拓价值、诠释价值与文献价值，后世的多个译本均是参考戴氏的译本诠释完成的。他的《中国宗教信仰与哲学思想史：从萌芽期到现代》一书系统地阐述了道教的发展史，可以说是西方汉学家道教史的开篇之作，也启发了同时代的英国学者对比较宗教学的研究。

戴氏译文在 20 世纪的初期与中期充当了文化交流中的先锋军，以一种温和的手段打开了西方汉学界对道家思想的认识大门。戴遂良及其道典译本对 20 世

纪法国道典的复译大潮产生了深刻的影响，主要体现在：他对道家哲学核心词的精辟阐释、他的汉语语言学知识、在译文中所采取的夹注的形式与释义以及他对《庄子》与《列子》的客观诠释都获得了法国后世译者的认可。中国道家经典用古代汉语著成，具有丰富的含义与特殊的文辞之美，在其外译的过程中，必然会有信息的流失，甚至被误读误译，译者的翻译目的与主体性决定了译文所传递原典信息的正误。尽管戴氏译本算不上是忠实的译本，也不排除笔者在本书中所讨论的译本中的误读误译，甚至是扭曲变形，但是它确实为以后靠近道典的翻译和读者的接受起了一定的铺垫作用。他的译本是跨文化交际中不可或缺的一部分，译本的阐释价值促进中西文化的沟通。因此，我们不应把眼光局限在戴氏译本的不忠实或者有意无意的误读上，而应从交际过程的角度，看到译本具有的积极意义。

戴遂良作为传教士，他的工作远远超出了传教的范围，将丰富的中国道家经典文库完整地呈现在西方世界面前。他对道家经典的诠释既有中国传统道典注本的释义特征，又具有西方学者对《圣经》诠释的特征，他的译作是中西文化交汇的结晶。他使传统道典的诠释发生了质的变化，汉籍西译的翻译理念发生了转变。

附录　戴遂良的汉学著述

在来华传教士中，戴遂良的中文能力为个中翘楚，其汉学著作颇丰。据汉学家裴化行的统计[①]，戴遂良的著述达52本。根据《传教士丛书》[②]第30卷中1959年的统计记载，戴遂良的著述超过了四万页。据《沧州古今书征》[③]（上卷·历史书目）记载，戴遂良的主要著述有：《汉语初阶》12卷、《民间故事》、《中国哲学语录》（上、下）、《大众教义》、《宗教训诂》2卷、《十诫》、《日用量》、《佛的汉文传记》、《道家先贤》、《口语汉语课本》、《文言文的写作技巧和语言结构》、《新中国》10卷。尽管这份记载不完全，但是也可见其著作颇丰。就目前所掌握的资料来看，戴氏的汉学著作主要分为汉语语言类、哲学类、宗教类、民俗文化类与历史类五大类，共计约62部，其主要馆藏地有法国国家图书馆（BNF）、法兰西学院图书馆（BCF）、索邦大学图书馆（BIS）、里昂市图书馆（BML）、里昂第三大学图书馆（Bu.univ-lyon3）与中国国家图书馆（NLC），个别书籍珍藏于法国的巴黎天主教图书馆（BICP）、冈巴斯诺曼底大学图书馆（Université de Caen Basse-Normandie,UCBN）与中国北京大学图书馆（PUL）。下面分类逐一介绍：

一、汉语语言类

戴遂良在汉语文学方面的主要研究成果是《汉语入门》，这一套系列汉语教材共有十二卷，是晚清来华西人学习汉语的重要教材。在这套教材中，汉语语言类的书目约占了1/4的篇章，内容主要涉及官话口语、书面语、汉语语法、声韵与成语的运用。下面略作分类介绍：

关于官话与方言学习的著作有《官话入门：汉语口语实用教程，供直隶东南部传教士使用，河间府日常口语声韵》（*A.M.D.G.* 官话入门 *Koan hoa jou menn.*

---

① Henri Bernard,"Bibliographie méthodique des oeuvres du père Léon Wieger", *T'oung Pao*, *Second Series*, Vol. 25, 1927, pp.333-345.

② Robert Streit, *Bibliotheca missionum Bd. 30. Missionsliteratur Japans und Koreas 1910 - 1970 und Nachtrag zu B. M. IV, V, VI, X*, Rom, Freiburg: Wien Herder, 1974, pp. 626–637.

③ 穆国聊、李继光：《沧州古今书征》。河间市印刷厂印刷，1995年，第171–172页；又见陈义：《献县教区简史》，天主教沧州教区，2000年版，第73页。

Cours pratique de chinois parlé à l'usage des missionnaires du Tcheuli S.E. Sons et tons usuels du Houe kien fou)，这本书于 1892 年面世，主要内容包括简易语法、10 个情景对话以及 45 篇小故事。随后，戴遂良对这本书的第一部分专论口语部分进行了修订，冠以《汉语口语教程》(*Rudiments de parler chinois. Dialecte du* 河间府）之名出版，共 1513 页，以两卷单行印刷的形式付梓。第一卷于 1895 年出版，共 748 页，全书包括音素、汉语语法结构与汉语表达三部分；第二卷于 1896 年出版，共 765 页。第二版《汉语口语教程》(*A.M.D.G. Parler et style chinois Rudiments*）于 1899 年面世；第三版的书名更改为《汉语口语：北方官话手册，非北京地区》(*Chinois parlé, Manuel,* 官语 *koan-hoa du Nord, non-Pékinois*)，于 1912 年出版，共 1146 页，主要介绍了北方官话日常口语、河间府方言与民间俗语。这几本书是当时西方人学习河间府方言、官话入门、汉语语法、汉语口头常用语、俗语与谚语等的重要用书。

随着戴遂良对汉语研究的不断深入，数本汉字词典与语法工具书先后问世。第十二卷《汉语入门》(*Parler et style chinois. Rudiments par le P. Léon Wieger, S. J.…douzième volume. Caractères*）于 1900 年出版，包括《词汇》与《汉字》上下两册，全书按声旁、字母以及部首三个序列为汉字排序。随后，戴遂良对这本书进行了反复的修订，以《中国汉字》(*Caractères Chinois*）书名出版，这卷书出版不久，获得的好评如潮，甚至出现了脱销的现象，随后很快分别于 1905 年、1916 年、1924 年及 1932 年四度再版。1915 年，应英语国家读者的要求，达夫胡（L. Davrout）将这本书翻译成英语，分别冠以《基于汉语文献对汉字的全面研究——中国汉字：起源、词源、历史、分类与意义》(*Chinese Characters: Their Origin, Etymology, History, Classification, and Signification: A Thorough Study from Chinese Documents*）与《中英词汇表》(*Chinese—English Lexicons*）之名出版，前者有 602 页，后者有 517 页。随着这本书阅读范围的扩大，戴遂良的汉学影响也逐渐变得显著起来，1965 年，纽约的多佛出版社（Dover Publications）再次出版了这本书，使这本巨著得到了更广泛的普及，直到如今，这本书仍在使用中。这本书的实用价值主要体现在它讲述了汉字的历史、构词与多种分类方法。戴氏在这本书中选出 224 个原字，并将这些汉字分解成 1500 个部首，根据拼音或者部首对汉字进行排序，全书分为 177 课，是汉语学习者学习汉字必不可少的词典工具书。

1908 年，戴遂良出版了汉语语法工具书《汉语入门七、八：书面语、语法与成语》(*Rudiments 7 et 8. Collection des Rudiments. Langue écrite. Mécanisme. Phraséologie*)，共 102 页，这本书重点讲了汉语语法，主要包括书面语的运用、汉语构词法与常用词组语境，是西方人学习汉语语法重要的参考工具书。第二版更名为《书面语、简明语法、成语与新词》(*Chinois écrit. Précis. Grammaire.*

Phraséologie. Néologie. Deuxième édition)，于1919年出版，共254页。第三版《书面语、简明语法与成语》(*Chinois écrit. Précis. Grammaire. Phraséologie*)于1922年出版，共102页。第四版《新词》(*Néologie*)于1925年出版，共324页。

二、哲学类

戴遂良对哲学的研究可以说是他对汉语中意蕴丰富的术语与概念进行研习的副产品，这些术语蕴含了中国汉语数千年来的演进。1906年，戴遂良出版了以儒道释核心思想为主的文集《汉语入门九、十：哲学文集》(*Rudiments 9 et 10. Texte philosophiques*)，共555页，采取中法对照的版式，这本书是最早以双语刊行的中国哲学文集之一。全书分为12章：第一章周前哲学；第二章洪范；第三章周朝书经与诗经；第四章周礼；第五章周易；第六章春秋时期；第七章老子；第八章孔子；第九章公元前5世纪至公元3世纪的孔门弟子；第十章非儒家弟子学派；第十一章公元前5世纪至公元2世纪的道教；第十二章十二世纪的朱子。这本书随后于1930年再版。戴遂良编著这本书的目的是向西方人介绍中国哲学的核心文化，他在译者序中说，"我渴望了解并传递中国古籍所蕴含的中华民族的哲学历史与文化，本书向西方人讲述了中国古老文化的历程丰碑"。[①] 这本书不但向西方的读者展示了儒教十三经与道家经典对同一词的诠释，而且也介绍了儒道哲学的发展史。它为西方学者考证中国历来的儒道经籍中所蕴含的"上帝、自然、灵、魂"等与基督教相关的词汇提供了丰富的基础文献。根据美国汉学家魏若望的统计，1960年以前，西方对中国哲学的系统研究尚未出现，戴遂良是这一领域的先行者。[②] 对于19世纪与20世纪初期的来华传教士来说，他们多视道教为异教，其汉学研究重心倾向于儒家经典，戴遂良在此能够将道教研究提升到哲学的角度，这点认识在当时也是难能可贵的。

三、宗教类

戴遂良为了解中国宗教文化，对佛道教典籍进行了深刻的研究，同时，作为传教士，他也从未忘记自己的宗教使命，撰写了不少传播福音和教义的作品。他的宗教类著述为西方人了解中国佛道两教，中国人了解天主教教义提供了良好的

---

① Léon Wieger, *Textes philosophiques,* Hien-hien: Impr. de la Mission catholique, 1906, p. 2.

② （美）魏若望：《在中国从事汉学研究：戴遂良著述回顾》，《世界汉学》2009年秋季号，第146-156页。

读本。本书将他的宗教类作品分为两类：中国宗教类与西方天主教类。

（一）中国宗教类

1909年，戴遂良在《基督》（*Christus*）上发表了论文《中国宗教与教义》（*Les Religions et Doctrines de la Chine*），这篇文章后被天主教真理会改译成英文，题为《中国的宗教》（*The Religion of China*）。内容包括十部分：中国宗教的起源、周朝前的宗教、周朝时的宗教、周朝末的宗教、无政府时期的宗教、宋朝的宗教、朱熹理学、文人统治时期的宗教、结语与附录。

1911年，戴遂良先去了上海徐家汇藏书楼查阅文献，不久，便起程去日本。他在日本江户幕府发现一些稀有的珍贵文献。他从日本回来，又前往北京白云观阅览了明朝时出版的《正统道藏》。[①]他的这场旅行促进了他四部佛道巨著的问世。

《道教》（*Dr. L. Wieger, S. J. Taoïsme*）分为上下两卷。《卷一道藏目录》（*Tome I. Bibliographie générale*）于1911年出版，共338页，内容包括道藏目录、官方和民间合编的道家经典索引。1913年，《卷二道家三祖：老子、列子与庄子》（*Tome II. Les pères du système taoïsme, Lao—tzeu, Lie— tzeu, Tchoang—tzeu*）一书问世，共521页。这本书是《道德经》、《南华真经》与《冲虚真经》的法译文。

《中国佛教　摘自〈三藏经〉、评论、论文等》（*Le Bouddhisme Chinois. Extraits du Tripitaka, des Commentaries, Tracts, etc. par le P. Léon Wieger, S. J.*），分为上下两卷。1910年，《卷一中国佛教小乘：戒律、君权与惩戒》（*Tome I.Vinaya, Monarchisme et discipline (Hinayana, Véhicule inférieur*））问世，这本书主要摘自《三藏经》、一些佛教相关的评论与论文等，全书479页，采用中法文对照的形式著成，主要包括引言部分、文献部分与正文部分。其中，引言部分介绍了佛教的渊源与发展史、佛教派别小乘与大乘、中国佛教等；文献部分介绍了《三藏经》的作者、译者与版本。正文部分包括15章，主要译自《三藏经》的《律藏》，重点介绍了小乘佛教的戒律、佛门寺庙的僧侣管理制度、和尚与尼姑的入寺戒律、寺庙生活中日常规章与违反佛规案例等。1913年，《卷二中国佛传》（*Tome II. Les vies chinoises de Bouddha*）出版，共453页，这本书译自明代宝成的《释迦如来应化录》，全书包括208个释迦生平故事，配有大量佛教相关的插图，因为戴遂良认为要理解佛教文献，就必须了解佛的生平故事。[②]《中日净土宗》（*Amidisme Chinois et Japonais*），于1928年出版，共51页，全书分为两部分：中国的净土宗与日本的净土宗。

---

① 详参第一章戴遂良生平。

② Léon Wieger, *Tome II. Les vies chinoise du Buddha*, Hien-hien: Impr. de Hien-hien, 1913, préface.

1917 年秋，戴遂良应巴黎天主教学院之约，出版了《中国宗教信仰与哲学史：从萌芽时期到现代》(*Histoire des Croyances religieuses et des Opinions philosophiques en Chine depuis l'origine jusqu'à nos jours*)。[①] 这本书共 774 页，第二版于 1922 年面世，共 789 页。这本书可以说是中国宗教及哲学观点的总览，戴遂良在这本书中将儒道释思想放到中国宗教与哲学史的发展框架之中进行讨论。他从宏观的角度，对中国的宗教教派、观点和发展史做了梳理和探索，将中国宗教历史分为四个阶段，即从远古到公元前 500 年的古代有神论阶段、公元前 500 年至公元 65 年的中国哲学和政治阶段、公元 65 年至公元 1000 年的佛教与道教阶段、公元 1000 年至 1912 年的唯理论和冷漠主义阶段。戴氏在书中采取的编年史纪年的排序方法主要参考了《通鉴纲目》和《竹书记年》，他在书中对中国宗教及其历史演变所做的全面、客观的分析和考察，是前一时期汉学家无法企及的。

（二）西方天主教类

1871 年 9 月，献县张庄总堂为了培养华籍青年初学修士，设了耶稣会初学院，并建立公学，学生数量每年呈递增的趋势，到 1874 年，公学在校的学生达 130 多名[②]。1904 年，戴遂良负责献县总堂的中学，有 260 名在校生（其中 53 名是修生），17 位教师。在此期间，他始终不忘自己的在华传教使命，还创作了大量的教义问答，编入《汉语入门》丛书。

《汉语入门二：教理问答》(*Rudiments de parler chinois* 汉语入门 *Dialecte du* 河间府*, 2e volume, Catéchèses*) 是关于天主教教理的书，这本书篇幅达 894 页，于 1897 年出版，内容是关于口头宣教义理，文中附有大量的注释，主要用于圣诞夜、受难日与坚振礼的布道。1905 年，这本书经过修订再版，书名被简化为《汉语入门二：教理问答与评注》(*Rudiments. 2. Catéchèses et gloses*)，内容被压缩成 566 页，戴氏加进去一些汉语课文、法文概述与注释。第三版《新信徒用书：教理问答》(*Catéchèses à l'usage des néo-missionnaires*) 于 1909 年面世，这本书在第二版的基础上增加了基本的信仰术语用词，删减了注释，比较容易记忆。

《汉语入门三：讲道集　从诸圣瞻礼到复活节》(*Parler et style chinois. Rudiments par le P.L.W. ...Troisième volume. Sermons de la Toussaint à Pâques*) 共分为三卷：第一卷共有 696 页，于 1902 年出版。第二卷收录了早在 1897 年出版的《传教布

---

① 刘献堂：《献县教区简史　庆祝教区成立 150 周年》，台湾：台湾印刷内部资料，2006 年，第 162 页。

② 中国人民政治协商会议献县委员会文史资料研究委员会：《献县文史资料　第 1 辑》，献县：政协献县学习文史委员会，1987 年版，第 95 页。

道》(*Sermons de mission*)，全书 880 页。第三卷《戴士劝语》(*Ta che k' iuan*)用汉语著成，主要是针对天主教重大节日布道的，全书分为三小部分，包含 56 篇布道文，于 1909 年面世。戴氏在 1913~1914 年将《汉语入门三：复活节诸圣瞻礼节布道文》修订成拉丁语—汉语版，冠以《戴遂良神父的新传教士讲道文集》(*Conciones néo—missionnaiis dicatae a P. Leone Wieger S.J.*)之名出版，全书分为三卷，第一卷出版于 1913 年，包含 80 篇布道文，篇幅达 858 页；后两卷出版于 1914 年，共有 1770 页，包括 179 篇布道文。戴氏又在 1925~1926 年为这版书增补了第四卷，该卷主要是由《汉语入门二：教理问答》改编而成，书名保持《戴遂良神父的新传教士讲道文集》(*Conciones néo—missionnaiis dicatae a P. Leone Wieger S.J. edition altera*)不变，主要供中国神父所用，形式是拉丁文的布道词摘要，采取汉语拼音对照的样式排版。

戴氏在 1906 年到 1911 年先后出版了七本汉语宣教布道著作：《耶稣受难》，供受难日布道使用，共 105 页；《四末》，供传福音与布道使用，共 164 页；《敬慕圣体》，供领圣体时布道使用，共 40 页；《十诫》，传布天主的律法，共 160 页；《日用量》，供应信徒的日常信仰所需，共有两卷，共 434 页；《一心体心》用于圣心节的布道，共 14 页；《瞻礼》用于主日布道，共 296 页。

戴氏在 1918 年到 1919 年又陆续出版了三本布道类的书：《特别类别布道要点》(*Brèves sommes pour catégories spécials*)，包括四篇，分别是《辅助传教》(*Auxiliaires. Directoire*)、《望教须知》(*Païens qui s'informent*)、《君问愚答》(*Catéchumènes*)、《奉教须知》(*Néophytes*)；《致非信徒书册，黄皮》(*Tracts pour paiens, série jaune*)，包括《天理》、《路遇》、《孝经》、《婚姻》、《慎独》、《一心两色》、《比国》与《日用粮》；《致信徒手册，绿皮》(*Tracts pour chrétiens, série verte*)，包括《泉州》(*Ts'iuan—tcheou*)、《魔罗》(*Mouo—louo*)、《公主》(*Kong—tchou*)与《财神》(*Ts'ai—chen*)。

四、民俗文化类

天主教文化作为外来文化，在中国传播的过程中，必然会与中国传统民俗文化发生碰撞，甚至会引发大大小小的教案。赵树好将晚清直隶省百起教案具体诱因分为四种：经济冲突、中西文化冲突、三重危机与其他冲突。[①] 受到基督教文化影响的西方人信仰、价值观念与习俗和中国传统习俗有着很大的差别，天主教

① 赵树好：《建国以来反教会斗争研究的回顾与展望》，载苏位智、刘天路：《义和团研究一百年》，齐鲁书社，2000 年版，第 48-53 页。

文化与直隶省当地的习俗也截然不同，传教士的言谈举止与价值观念在短期内也很难被当地人完全认同与接受。因此，天主教信仰在与当地的信仰习俗相融合的过程中也必然会发生摩擦。在直隶东南教区，因为文化差异而引发的冲突不在少数。比如，有些地区经常出现持续性的旱灾。人们往往会祈雨，希望龙王爷或者神灵显灵赐下甘露。1869 年 5 月，直隶广平县久旱不雨，乡民进城赴庙求雨，哄传是教堂十字架之故，他们便以天主教不崇拜神明，以致上干天和，祈祷天灵，纷纷义聚，瞻望咨嗟。维时该武生魏长庆遂携锯上房，将十字架锯毁，乡民人等亦哄然进堂聚观，以致将教堂家具等物毁坏，诸如此类因文化冲突引发的教民冲突不在少数①。对于传教士来说，想要改善教与民的关系，就必须先了解传统民俗文化，故此，学习中国民俗文化成为传教士的必修之课。

戴遂良在华生活期间，目睹了为数不少的文化冲突教案，在庚子教案发生时，他曾亲自指挥教友作战，打败围攻献县天主堂的拳民②。他有感于教民之间文化冲突的严重后果，为了帮助西方传教士了解中国民俗文化，编撰了中法文与方言对照版的民俗文化教程。他对晚清民俗的书写是基于他在生活中的认真观察与亲身体会，正如他在《中国现代民间故事》（*Folk-lore Chinois moderne*）一书的前言中说道，“我仅想借助自己的笔向西方人描述与自己朝夕相处的中国人的习俗，这不是道听途说的编造，而是身临其境感受后的创作”。③ 他对直隶省民俗文化的研究成果有：

（1）《汉语入门四：道德信条与民间习俗》（汉语入门 *Rudiments de parler chinois. Dialecte du* 河间府 *par le P.L.W.S.J.4e volume, Morale et Usages populaires*），这本书出版于 1894 年，共 968 页，主要介绍了晚清直隶省民间道德信条与习俗。这本书发表以后，颇受读者青睐，很快于 1905 年再版，同时，英语国家的读者纷纷来信，希望能有英文版问世。1913 年，达夫胡（L. Davrout）应欧美国家读者们的要求，将这本书翻译成了英文，冠以《戴遂良博士的中国道德信条与习俗 中英文对照版　达夫胡译注　附罗马拼音与插图》（*Dr. L. Wieger's Moral tenets and Customs in china. Texts in Chinese, translated and annotated by L.Davrout, S.J., with Romanization and illustrations*）书名出版，全书共 603 页，这本书对晦涩难懂的民俗词汇、历史人物与节日名字等文化词进行了注解，还附有大量的插图，颇受英语国家读者的青睐。

① 中央研究院近代史研究所：《教务教案档》第一辑（二）直隶教案，中国台北：中央研究院近代史研究所，1974 年版，第 585–677 页。

② 引自戴遂良的档案文献。

③ Léon Wieger, *Folk-lore Chinois modern*. Sienhsien: Impr. de Sienhsien, 1909, p.3.

（2）《汉语入门五：民间叙事》（汉语入门 *Rudiments de parler chinois. Dialecte du* 河间府 *, 5e volume. Narration vulgaires*）于 1893 年出版，全书共 521 页，这本书选译了多部小说，包括《聊斋志异》、《家宝二集》与《今古奇观》等。1895 年，戴遂良根据读者来信中的需求对这版书进行了修订并再版。1903 年，《汉语入门六：民间叙事》（汉语入门 *Rudiments de parler chinois. Dialecte du* 河间府 *, 6e volume. Narration vulgaires*）问世，全书包括 10 篇长故事，篇幅达 699 页。同年，戴氏又将《汉语入门五：民间叙事》与《汉语入门六：民间叙事》合并为《汉语入门五、六：民间叙事》（*Rudiments 5 et 6. Narration populaires*），全书讲述了 63 篇故事，共 784 页。

（3）《中国现代民间故事》出版于 1909 年，共 421 页，这本书收集了中国 3 世纪至 19 世纪的民间故事，戴遂良认为这些故事体现了中国人思想的变迁。他在这本书中节译了 222 篇志怪传奇类小说以讲述中国民俗，尤其是具有民间宗教特色的传奇志怪题材，主要篇章选自《新齐谐》、《聊斋志异》、《广异记》、《太平广记》、《搜神记》、《暗室灯》、《红楼梦》、《西游记》等。

1919 年，五四运动倡导对白话文的运用。其实，这一重大语言变革早在 1919 年之前就可以找到源头，新词与复合词的引进反映了通俗语的变革。戴遂良注意到这一演变，他希望他的读者们能够适应这场信息演变，这种适应主要体现在汉语的专业性规范。因此，他试着运用白话文改编文言文故事或进行创作性的写作。他在《汉语入门五、六：民间叙事》一书中运用白话文对《聊斋志异》进行改编，在《汉语入门四：道德信条与民间习俗》一书中用白话文对《太上感应篇直解》进行了改编，并用白话文描写了晚清直隶省的民间习俗。这两本书的体例均采取汉语、河间府方言与法文对照的形式。此外，他还倾向于选择一些白话文通俗文学进行翻译，比如《家宝二集》、《聊斋志异》、冯梦龙的《喻世明言》、《警世通言》和《醒世恒言》与凌濛初的《初刻拍案惊奇》和《二刻拍案惊奇》等小说。他对志怪传奇类的小说兴趣盎然，这是因为他在传道布施中发现，“从人群中随便找一个自称是佛教徒或者道教徒的人，问他几个关于佛道教的问题，他一个也回答不上来”。[①] 他深知对中国人影响深刻的不是佛道教教义，而是人们喜闻乐见、耳熟能详的佛道民间故事，基于此，他的《中国现代民间故事》一书应运而生。这本书选译了 222 篇志怪故事，重点讨论了 21 个与民间信仰相关的主题，譬如地狱、灵魂、投胎转世、鬼、神等话题。

---

① Léon Wieger, *Histoire des croyances religieuses et des opinions philosophiques en Chine depuis l'origine jusqu'à nos jours*, Sienhsien: Impr. de Sienhsien, 1917, p. 613.

五、历史类

戴遂良关于中国历史的研究成果主要有《汉语入门十：历史文集》(*Rudiments 10. Textes historiques*)，完成于1903~1905年，全书分为三卷，共2173页。随后，在1922~1923年，这本书又被修订为系统的中国历史文集《历史文集：从远古时期至1912年的历史政治》(*Textes historiques. Histoire politique de la China depuis l'origine, jusqu'en 1912, par le P. Léon Wieger, S. J.*)。这本书分为上下两卷，将中国史分为三部分，分别是上古史、中古史（公元前2500年到公元前2145年）、近古史（从公元前2145年至公元前222年的封建帝国时期与从公元前222年至1911年的君主专制时期）。戴遂良对这本史书纪年的编撰主要参考了《竹书纪年》和《通鉴纲目》。上古史部分主要参考了《易经》、《礼记》、司马贞的《三皇记》、司马光的《稽古录》等；中古史部分主要参考了司马迁的《史记》；近古史部分主要参考了《书经》、《诗经》、《春秋》、《左传》、《国语》、《战国策》、《三礼：周礼、礼仪与礼记》、《史记》、《资治通鉴》与《通鉴纲目》等典籍。

《跨时代的中国、人、事、简易传记索引与文献索引》(*La Chine à travers les âges. homes et choses, Précis, Index Biographique,Index Bibliographique*),共543页，出版于1920年。第二版出版于1924年,共531页。这本书共19课,包括七部分，分别是封建帝国时期、中央集权的秦汉时期、佛道盛行时期、鼎盛时期、衰退期、外敌频繁入侵期与结语。

戴遂良在中国亲眼目睹了晚清政府的倒台，国民政府的成立以及中国的拳拳赤子为救国而发表的种种言论,他将此都纳入他的巨著《现代中国》。《现代中国》(*La Chine Moderne*)包括以下十卷：

《卷一　前兆》(*Tome I. Prodromes*)，出版于1920年，全书共529页。这本书主要内容选自《经世文编》与梁启超的《饮冰室全集》(1902—1903)，涉及论功德、论自由、论自尊、论合群、论毅力、禁早婚、进化论等36个主题。

《卷二　新潮》(*Tome II. Le flot montant*)，出版于1921年，全书共483页，主要选自《新青年》、《民国日报》、《少年中国》、《青年进步》、《学生杂志》、《东方杂志》等报纸、杂志，内容涉及宗教、儒学、尼采与托尔斯泰哲学、新精神与进步文明、学校与教育、社会主义共产主义与无政府主义、女性婚姻与家庭等。

《卷三　动荡的浪潮》(*Tome III. Remous et* écume)，出版于1922年，全书共452页，主要选自《生命月刊》、《中华归主》、《青年进步》、《民国日报》等。全书分为8章，内容涉及非基运动、学生学校与教育、新马尔萨斯主义、礼仪与习俗、女性主义与时事。

《卷四　意料之外》(*Tome IV. L'outre d'Eole*)，出版于1923年，全书共474

页，主要选自民国宪法、世界宗教大同会章程、《真理周刊》、《太平洋期刊》（*la revue du pacifique*）、《北京政治时事》（*la politique de pékin*）、《中国青年周刊》、《民国日报》、《妇女周报》与《平民周刊》等报纸、杂志。全书分为 14 章，主要介绍了民国历年大事记与民国宪法、宗教诸论、中国新教的解放、中法成就、中国青年、联合会与抵制日货、女性主义、社会主义与共产主义、总统选举等。

《卷五　民族主义、排外情绪与非基运动》（*Tome V. Nationalisme. Xénophobie. Antichristianisme*），出版于 1924 年，共 294 页。内容主要选自《真理周刊》、《妇女周报》、《中国青年》、《民国日报》与《天津妇女日报》等。全书分为 17 章，主要介绍了国民党第一次全国代表大会、中国基督徒论祭祖、收还教育权、国家的独立、非基督教同盟、女性主义、社会主义与共产主义等内容。书后附有 1923 年 10 月至 1924 年 10 月的大事记。

《卷六　一触即发》（*Tome VI. Le Feu aux Poudres*），出版于 1926 年，全书共 292 页。这本书讨论了发生在 1924 年 8 月 1 日至 1926 年 4 月 10 日的 150 个事件。书的前面介绍了 1924 年至 1926 年战争前的风雨事件，内容具体到年月日，后文中详细展开论述了其中的 150 个事件。

《卷七　骤变》（*Tome VII. Boum*），出版于 1927 年，全书共 250 页。这本书讨论了发生在 1924 年 1 月 20 日至 1927 年 9 月 29 日的 90 个事件。书的前面介绍了 1924 年至 1927 年的战火大事记，内容具体到年月日，后文中详细展开论述了其中的 90 个事件。

《卷八　战乱》（*Tome VIII. Chaos*），出版于 1931 年，全书共 207 页。这本书讨论了发生在 1927 年 3 月 21 日至 1931 年 9 月 18 日的事件。书的前面介绍了 1927 年至 1931 年的战乱事件，内容具体到年月日，后文中详细展开论述了其中的 78 个事件。

《卷九　道德主义》（*Tome IX. Moralisme*），出版于 1920 年，全书共 468 页。内容主要选自民国期间小学至中学的 9 本德育课本，主要有《新制单级修身教科书》（中华书局）、《国民女子修身教科书》（商务印书馆）、《新式修身教科书》（中华书局）、《高等女子修身教科书》（商务印书馆）、《实用修身教科书》、《新法修身教科书》、《经训教科书》、《新修身教本》（中华书局）、《修身要义》（商务印书馆）与《新体修身讲义》（商务印书馆）。书中附有教科书的图片，生动而详细。

《卷十　诸种主义提要》（*Tome X. Ismes Divers. Syllabus*），出版于 1932 年，全书共 314 页。全书分为四部分，包括孙文主义（三民主义）、公民、中国基督教的解放与各种主义大纲。《现代中国》为当时西方人了解民国重大时事、国际关系、社会教育、女性地位与宗教变革提供了丰富的阅读素材。

附表 戴遂良学术著作表①

编号	类别	年份	论著名称	语言	馆藏地
1	汉语语言类	1892	*A.M.D.G. 官话入门 Koan hoa jou menn. Cours pratique de Chinois parlé à l'usage des missionnaires du Tcheuli S.E. sons et tons uauels du Houe kien fou*	汉法	BNF，BML
2	民俗文化类	1893	汉语入门 *Rudiments de parler chinois. Dialecte du* 河间府 *, 5e volume. Narration vulgaires*	汉法	BNF
3	民俗文化类	1894	汉语入门 *Rudiments de parler chinois. Dialecte du* 河间府 *par le P.L.W.S.J.4e volume, Morale et Usages populaires*	汉法	BNF
4	民俗文化类	1895	汉语入门 *Rudiments de parler chinois. Dialecte du* 河间府 *, 5e volume. Narration vulgaires, second édition*	汉法	BNF
5	汉语语言类	1895	*Rudiments de parler chinois. Dialecte du* 河间府 *vol.1*	汉法	BNF, BCF
6	汉语语言类	1896	*Rudiments de parler chinois. Dialecte du* 河间府 *vol.2*	汉法	BNF
7	宗教类	1897	*Rudiments de parler chinois* 汉语入门 *Dialecte du* 河间府 *, 2e volume, Catécheses*	汉法	BNF
8	宗教类	1897	汉语入门 *Rudiments de parler chinois. Dialecte du* 河间府 *par le P.L.W., 3e volume, seconde partie. Sermons de mission*	汉法	BML
9	汉语语言类	1899	*Rudiments de parler chinois. Dialecte du* 河间府 *(A.M.D.G. Parler et style chinois Rudiments), second edition*	汉法	BNF，BML
10	汉语语言类	1900	*Parler et style chinois. Rudiments par le P. Léon Wieger, S. J....douzième volume. Caractères*	汉法	BNF
11	汉语语言类	1900	*Parler et style chinois. Rudiments par le P. Léon Wieger, S. J....douzième volume. Lexiques*	汉法	BNF

① 表内著作为出版年份基本确凿之作品，按年份顺序排列。

续表

编号	类别	年份	论著名称	语言	馆藏地
12	宗教类	1902	*Parler et style chinois. Rudiments par le P.L.W.…Troisième volume. Sermons de la Toussaint à Pâques*	汉法	Bu.univ-lyon3
13	民俗文化类	1903	汉语入门 *Rudiments de parler chinois. Dialecte du* 河间府，*6e volume. Narration vulgaires*	汉法	UCBN
14	民俗文化类	1903	*Rudiments 5 et 6. Narration populaires*	汉法	BNF, BCF
15	历史类	1903~1905	*Rudiments 11. Rudiments. 10. Textes historiques*	汉法	BNF
16	宗教类	1905	*Rudiments. 2. Catéchéses et gloses*	汉法	BNF
17	民俗文化类	1905	*Rudiments. 4. Morale et Usages*	汉法	BNF
18	汉语语言类	1905	*Dr. L. Wieger, S. J. Rudiments 12. Lexiques. Deuxième edition*	汉法	Bu.univ-lyon3
19	汉语语言类	1905	*Dr. L. Wieger, S. J. Rudiments 12. Caractères, Deuxième édition*	汉法	BNF，BML
20	宗教类	1906	*Rudiments 9 et 10. Texte philosophiques*	汉法	BNF
21	汉语语言类	1908	*Rudiments 7 et 8. Collection des Rudiments. Langue écrite. Mécanisme. Phraséologie*	汉法	BCF
22	宗教类	1908~1909	戴氏劝语 *Conciones neo-missionariis dicatae*	汉语	BML
23	民俗文化类	1909	*Folk-lore chinois moderne. Léon Wieger, S. J.*	汉法	BNF
24	宗教类	1909	*Ta che k'iuan*	汉法	已佚
25	宗教类	1909	*Catéchéses l'usage des néo -missionnaires… Troisième edition revue par l'auteur, avec un index des termes de première nécessité, à apprendre par cœur*	汉法	BML
26	宗教类	1909	*Dictionnaire Apologétique de la Foi catholique, (publié sous la direction de A. d'Alès, Beauchesne)*	法语	BML

续表

编号	类别	年份	论著名称	语言	馆藏地
27	宗教类	1910	*Le Bouddhisme Chinois. Extraits du Tripitaka, des Commentaries, Tracts, etc. par le P. Léon Wieger, S. J. Tome I. Vinaya, Monarchisme et discipline (Hinayana, Véhicule inférieur)*	汉法	BNF, BCF
28	宗教类	1911	*Dr. L. Wieger, S. J. Taoïsme Tome I. Bibliographie générale*	汉法	BNF
29	宗教类	1906~1911	耶稣受难	汉语	BML, NLC
30	宗教类	同上	四末	汉语	BML, NLC
31	宗教类	同上	敬慕圣体	汉语	BML, NLC
32	宗教类	同上	十诫	汉语	BML, NLC
33	宗教类	同上	Yi sin t' i sin 一心体心	汉语	BML, NLC
34	宗教类	同上	瞻礼	汉语	BML
35	汉语语言类	1912	*Rudiments de parler chinois. Dialecte du* 河间府 *(Chinois parlé, Manuel,* 官语 *koan –hoa du Nord, non-Pékinois), troisième edition*	汉法	BNF, BCF
36	宗教类	1913	*Le Bouddhisme Chinois. Extraits du Tripitaka, des Commentaries, Tracts, etc. par le P. Léon Wieger, S. J. Tome II. Les vies chinoises de Bouddha*	汉法	BNF, BCF
37	宗教类	1913	*Dr. L. Wieger, S. J. Taoïsme Tome II. Les pères du système taoïsme, Lao-tzeu, Lie-tzeu, Tchoang-tzeu*	汉法	BNF
38	民俗文化类	1913	*Dr. L. Wieger's Moral tenets and Customs in china. Texts in Chinese, translated and annotated by L.Davrout, S.J., with romanisation and illustrations. Ho-kien-fu, Catholic Mission Press*	英语	BML, BCF
39	宗教类	1913~1914	*Conciones néo-missionnaiis dicatae a P. Leone Wieger S.J.*	拉丁 汉语	BML
40	汉语语言类	1916	*Dr. L. Wieger, S. J. Caractères Chinois. Troisième edition.*	汉法	BNF, BCF

续表

编号	类别	年份	论著名称	语言	馆藏地
41	宗教类	1917	*Histoire des Croyances religieuses et des Opinions philosophes en Chine depuis l'origine jusqu'à nos jours*	法语	BNF
42	宗教类	1918	辅助传教	汉语	BML
43	宗教类	1918	望教须知	汉语	BML
44	宗教类	1918	君问愚答	汉语	BML
45	宗教类	1919	日用粮：全部	汉语	BML, NLC
46	宗教类	1919	奉教须知	汉语	BML
47	宗教类	1919	比国	汉语	BML
48	宗教类	1919	一心两色	汉语	BML
49	宗教类	1919	天理	汉语	BML
50	宗教类	1919	婚姻	汉语	BML
51	宗教类	1919	路遇	汉语	BML
52	宗教类	1919	孝经	汉语	BML
53	宗教类	1919	慎独	汉语	BML
54	宗教类	1919	公主	汉语	BML
55	宗教类	1919	魔罗	汉语	BML
56	宗教类	1919	财神	汉语	BML
57	宗教类	1919	泉州	汉语	BML
58	汉语语言类	1919	*Chinois écrit. Précis. Grammaire. Phraséologie. Néologie. Deuxième edition*	汉法	BCF
59	历史类	1920	*La Chine à travers les âges, homes et choses, Précis, Index Biographique*	法语	BCF
60	历史类	1920	*La Chine moderne Tome I. Moralisme official et école en 1920, 1921*	汉法	BNF
61	历史类	1920	*La Chine moderne Tome IX Moralisme*	汉法	BNF
62	历史类	1921	*La Chine moderne Tome II. Le flot montant*	汉法	BNF
63	历史类	1922	*La Chine moderne Tome III. Ramous et écume*	汉法	BNF
64	汉语语言类	1922	*Chinois écrit. Précis. Grammaire. Phraséologie. Troisième édition*	汉法	BNF

续表

编号	类别	年份	论著名称	语言	馆藏地
65	宗教类	1922	*Histoire des Croyances religieuses et des Opinions philosophes en Chine depuis l'origine jusqu'à nos jours. Deuxième edition augmentée*	法语	BNF, BCF
66	历史类	1922~1923	*Textes historiques. Histoire politique de la China depuis l'origine, jusqu'en 1912, par le P. Léon Wieger, S. J.*	汉法	BCF
67	历史类	1923	*La Chine moderne Tome IV. L'outre d'Ecole*	汉法	BNF
68	历史类	1924	*La Chine moderne Tome V. Nationalisme. Xénophobie. Antichristianisme*	汉法	BNF
69	历史类	1924	*La Chine à travers les âges, homes et choses, Précis, Index Biographique. Deuxième edition*	法语	BNF
70	汉语语言类	1924	*Caractères Chinois. Étymologie. Graphies. Lexiques par le P. Léon Wieger, S. J. Quatrième edition*	汉法	BCF
71	历史类	1925	*La Chine moderne Tome VI. Le Feu aux Poudres*	汉法	BNF
72	汉语语言类	1925	*Néologie*	汉法	BNF，BCF
73	宗教类	1925~1926	*Conciones néo-missionnaiis dicatae a P. Leone Wieger S.J. edition altera*	拉丁汉语	BML
74	历史类	1926	*La Chine moderne Tome VII. Boum*	汉法	BNF
75	宗教类	1927？	*Les Religions et Doctrines de la Chine*	法语	PUL
76	历史类	1927	*La Chine moderne Tome VIII. Chaos*	汉法	BNF
77	宗教类	1928	*Amidisme Chinois et Japonais*	汉法	BICP
78	历史类	1932	*La Chine moderne Tome X. Ismes Divers. Syllabus*	汉法	BNF
79	宗教类	1933	*Spiritualité Comparée*（遗作）	法语	已佚
80	宗教类	1934	*Controversiæ: evolutio opinionum apud Sinenses ab antiquitate ad hodiernum diem*（遗作）	法语	BML

参考文献

外文文献

[1] Felix Adler, *An Ethical Philosophy of Life*, *Presented in Its Main Outlines*, New York: D. Appleton and Company, 1918.

[2] Gerald H. Anderson, *Biographical Dictionary of Christian Missions*, New York: Macmillan Reference USA, 1998.

[3] Stanislas Aignan Julien, *Le livre de la voie et de la vertu*, Paris: Imprimerie Royale, 1842.

[4] Scott Atran, *Au nom du seigneur: La religion au crible de l'évolution*, Paris: O. Jacob, impr. 2009.

[5] Scott Atran, *In gods we trust: The evolutionary landscape of religion*, New York: Oxford University Press, 2002.

[6] Audi Robert, *The Cambridge Dictionary of Philosophy*, Cambridge; New York: Cambridge University Press, 1999.

[7] Mona Baker, *Routledge Encyclopedia of Translation Studies*, Shanghai: Shanghai Foreign Language Educational Press, 2004.

[8] Frederic Henry Balrour, *The Divine Classic of Nan - hua; Being the Works of Chuang Tsze*, *Taoist Philosopher with an Excursus*, *and Copious Annotations in English and Chinese*, Shanghai; Hongkong: Kelley/ Walsh, 1881.

[9] Henri Bernard, "Bibliographie méthodique des oeuvres du père Léon Wieger", *T'oung Pao Second Series*, Vol. 25, No. 3/4, 1927, pp.333–345.

[10] Jean–Paul Blatz, "Léon Georges Frédéric Wieger", *Nouveau dictionnaire de biographie alsacienne No.* 40 *Wel à Y*, Strasbourg: Strasbourg Fédération des Soc. D' Histoire et d' Archéologie d' Alsace, 2002, pp.4236.

[11] Bernard Botturi, *Tao-tö king: La tradition du tao et de sa sagesse*, Paris: Éditions du Cerf, 1984.

[12] René, Brémond, *La Sagesse chinoise selon le Tao*, *pensées choisies* (*de*

Lao tseu, Lie tseu et Tchouang tseu) et traduites par René Brémond, Paris : Éditions d'histoire et d'art, 1955.

[13] Lisa Bresner, "The Fathers of Sinology : From the Ricci Method to Léon Wieger' s Remedies", *Diogenes*, 1997, vol 45 : 2, No.178, pp.107–124.

[14] Lisa Bresner, *Du vide parfait*, Paris : Payot & Rivages, 1999.

[15] Edouard Chavannes, "Appréciations, 1904", *Histoire des croyances religieuses et des opinions philosophiques en Chine depuis l'origine jusqu'à nos jours.* Sienhsien : Impr. de Sienhsien, 1917.

[16] Edouard Chavannes, *Le T'ai chan : essai de monographie d'un culte chinois*, Paris : Ernest leroux éditeur, 1910.

[17] Edouard Chavannes, "Les vies chinoises du Buddha by Léon Wieger", *T'oung Pao*, Second Series, 1914, Vol. 15, No. 2, pp.287–290.

[18] Edouard Chavannes, "Textes philosophiques by Léon Wieger", *T'oung Pao*, Second Series, 1906, Vol. 7, No. 4, pp.533–534.

[19] Encyclopaedia Universalis, *Dictionnaire de la philosophie : Les dictionnaires d'Universalis*, Encyclopaedia Universalis France, 2015.

[20] Claudia von Collani, "Daoismus und Figurismus. Zur Inkulturation des Christenstums in China", *TAO, Reception in East and West*, Bern : Peter Lang, 1994, pp.3–34.

[21] Henri Cordier, "Appréciations, 1903", *Histoire des croyances religieuses et des opinions philosophiques en Chine depuis l'origine jusqu'à nos jours.* Sienhsien : Impr. de Sienhsien, 1917 .

[22] Joseph P.Deherhne, *Les Histoire Jésuite du Taoïsme, Actes du Colloque Internationale de Sinologue : La mission Française de Pékin aux siecles*, Paris : Les Belle Letters, 1976, pp.59–67.

[23] Hans-Georg Gadamer, *Truth and Method*, London : Sheed and Ward, 1989.

[24] Hans-Georg Gadamer, "Aesthetic and Religious Experience", *The Relevance of the Beautiful and Other Essays*, Cambridge : Cambridge University Press, 1986, pp.140–154.

[25] Marcel Granet, *La Civilisation chinoise : La Vie publique et la vie privée*, Paris : La Renaissance du livre, 1929.

[26] Marcel Granet, *La Pensée chinoise*, Paris : Editions Albin Michel, 1968.

[27] Benedykt Grynpas, *Le vrai classique du vide parfait*, Paris : Gallimard, 1961.

[28] Joseph Huby, *Christus Maunel d'histoire des religion*, Paris : G. Beauchesne & Cie, 1913.

[29] Melville J.Herskovits, *Cultural relativism : Perspectives in cultural pluralism*, New York : RandomHouse, 1972.

[30] Max, Kaltenmark, *Lao Tzu and Taoism*, Stanford, Calif. : Stanford University Press, 1969.

[31] Hugh LaFollette, *The international encyclopedia of ethics*, Malden, MA : Wiley-Blackwell, 2013.

[32] Joseph Nguyen Huy Lai, *La tradition religieuse, spirituelle et sociale au Vietnam : sa confrontation avec le christianisme*, Paris : Beauchesne, 1981.

[33] Andre Lefevere, *Translation, rewriting and the manipulation of literary fame*, Shanghai : Shanghai Foreign Language Education Press, 2010.

[34] James Legge, "Preface to The Texts of Taoism", *The Sacred Books of the East*, vols. XXXIX, XL, Oxford : Oxford University Press, 1891, pp.xix.

[35] Jean, Levi, *Les Fables de Maître Lie*, Saint-Front-sur-Nizonne (Dordogne) : Éditions de l'Encyclopédie des Nuisances, impr., 2014.

[36] Liou Kia-hway, *Tao tö king par Lao-tseu. Traduit du chinois par Liou Kia-hway. Préface de René Etiemble*, Paris : Gallimard, 1967.

[37] Lion Kia-hway, *Tao-tö king. L'oeuvre complète de Tchouang-tseu. Le vrai classique du vide parfait*, Paris : le Grand livre du mois, 1992.

[38] Jacques Lionnet, *Tao te king : Traité sur le principe et l'art de la vie des vieux maitres de la Chine*, Paris : Adrien-Maisonneuve, 1962.

[39] Piet Van der Loon, *Taoist books in the libraries of the Song period : A critical study and index*, London : Ithaca Press, 1984.

[40] Charles Lucas, *Taoism, the philosophy of China by Léon Wieger*, California : Ohara Publications of Burbank, 1976.

[41] Jeremy Mundey, *Introduction translation studies theories and applications*, London and New York : Routledge, 2001.

[42] Henri Maspero, "Compte-rendu de lecture d'Henri Maspero", *Bulletin de l'École française d'Extrême-Orient*, 1913, pp.27-29.

[43] Henri Maspero, *Mélanges posthumes sur les religions et l'histoire de la Chine*, Paris : Civilisations du Sud, S.A.E.P., 1950.

[44] Henri Maspero, *Le taoïsme et les religions chinoises*, Paris : Gallimard, 1971.

[45] Henri Maspero, *Taoism and Chinese religion*, Amherst : University of Massachusetts Press, 1981.

[46] Guy, Massat Arthur Rivas, *Tao te king* : *Le livre du tao*, Sucy–en–Brie : Anfortas, DL., 2015.

[47] Catherine Mayaux, *Saint-John Perse lecteur-poète* : *Le lettré du monde occidental*, Bern ; New York : P. Lang, 2006.

[48] Alain Menhard, *tao Te king* : *Voie de souverainneté*, Paris : Books on demand, 2013.

[49] Daniel Nazir, *Tao te king* : *Le livre du Tao et de sa vertu. Traduction nouvelle suivie d'Aperçus sur les enseignements de Lao Tseu*, Lyon : P. Derain, 1951.

[50] Christiane Nord, *Translating as a purposeful activity functionalist approaches explained*, Shanghai : Shanghai Foreign Language Educational Press, 2001.

[51] Henry Normand, L*es Maîtres du Tao* : *Lao-Tseu*, *Lie-Tseu*, *Tchouang-Tseu*, Paris : Éd. du Félin, 1985.

[52] Edward Harper Parke, *Studies in Chinese Religions*, London : Chapman and Hall, Ltd. 1910.

[53] G Pauthier, *Le Tao-te-king* : *Ou*, *Le livre révéré de la raison suprême et de la vertu*, Paris : F. Didot Frères, 1838.

[54] Paul Pelliot, "Appréciations, 1911", Histoire des croyances religieuses et des opinions philosophiques en Chine depuis l' origine jusqu' à nos jours. Sienhsien : Impr. de Sienhsien, 1917.

[55] Paul Pelliot, "Mo–ni et manichéens", *Bulletin de l'Ecole Francaise d' Extréme-Orient*, 1903, Vol 3, pp.461–470.

[56] Paul Pelliot, "Notes sur quelques Artistes des Six Dynasties et des T' ang", *T'oung Pao*, 1923, Vol 22, pp.215–291.

[57] Robèrt Perrotto–André, *Fables choisies* : *D'après les pères taoïstes Li-tzeu et Tchoang-tzeu*, Nîmes : C. Lacour éditeur, 2015.

[58] AnthonyPym, *Method in translation History*, Beijing : Foreign Language Teaching and Research Press, 2007.

[59] Guy Rachet, Léon Wieger, Jan–Julius–Lodewijk Duyvendak, Abel Rémusat . *Sagesse taoïste*, Paris : France Loisirs, 1996.

[60] Jean Pierre Abel Rémusat, *Mémoire sur la vie et les opinions de Lao-tseu*, *philosophe chinois du VIe siècle avant notre ère*, *qui a professé les opinions communément*

attribuées à Pythagore, *à Platon et à leurs disciples*, Paris：Imprimerie Royale, 1823.

[61] Paul Ricoeur, *Hermeneutics and the human science*, Cambridge：Gambridge University Press, 1981.

[62] Paul Robert, *Dictionnaire alphabétique et analogique de la langue française*, Paris：Société du Nouveau Lettré le Robert, 1966.

[63] Isabelle Robinet, *Les commentaires du Tao to king jusqu'au VIIe siècle*, Paris：Collège de France, Inst. des hautes études chinoises, 1977.

[64] Isabelle Robinet, *Méditation taoïste*, Paris：Dervy Livres, 1979.

[65] Isabelle Robinet, *Histoire du taoïsme des origines au XIVe siècle*, Paris：Les Editions du Cerf, 1991.

[66] Isabelle Robinet, *Lao Zi et le Tao*, Paris：Bayard éd., 1996.

[67] Isabelle Robinet, Julian F. Pas, Norman J. Girardot, *Taoist meditation：The mao-shan tradition of great purity SUNY series in Chinese philosophy and culture*, New York：State University of New York Press, 1993.

[68] Isabelle Robinet：Brooks Phyllis, *Taoism：Growth of a religion*, Stanford, Calif.：Stanford University Press, 1997.

[69] Kristofer Marinus Schipper, *The Taoist body*, Berkeley：University of California Press, 1993.

[70] Kristofer Marinus Schipper, Jiaran Chen, Hong Ge, *Baopuzi nei pian tong jian*, Paris：Bali da Xue Han Xue Yan Jiu Suo, 1965.

[71] Kristofer Marinus Schipper, Franciscus Verellen, *The Taoist canon：A historical companion to the Daozang*（volumes 1–3）, Chicago：Univcrsity of Chicago Press, 2005.

[72] Anna Scidel, "A Chronicle of Taoist studies in the west 1950–1990", *Cahiers d'Extrême-Asie*, 1990, Vol. 5, pp. 223–347.

[73] MM Senart, Bartil, Chavannes, Cordier, *Mémoires concernant l'Asie orientale*（*Inde*, *Asie centrale*, *Extrême-Orient*）, Paris：Ernest leroux éditeur, 1913.

[74] George Steiner, *After babel：Aspects of language and translation*, Shanghai：Shanghai Foreign Language Education Press, 2001.

[75] Robert Streit, *Bibliotheca missionum Bd.* 30. *Missionsliteratur Japans und Koreas* 1910-1970 *und Nachtrag zu B. M.* IV, V, VI, X, Rom, Freiburg（im Breisgau）, Wien Herder, 1974.

[76] Walter T. Swingle, "Chinese historical sources", *The American Historical*

Review, 1921, Vol. 26, No. 4, pp.717–725.

[77] Holmes Welch, *Taoism : The parting of the way*, Boston : Beacon Press, 1966.

[78] Leon Wieger, *Textes philosophiques*, Hien–hien : Impr. de la Mission catholique, 1906.

[79] Leon Wieger, *Folk-lore chinois modern*, Hien–hien : Impr. de la Mission catholique, 1909.

[80] Leon Wieger, *The religion of China*, Hong Kong : Catholic Truth Society, 1909.

[81] Leon Wieger, *Tome I. Bibliographie générale*, Hien–hien : Impr. de Hien–hien, 1911.

[82] Leon Wieger, *Les Pères du système taoïste : Lao-Tzeu, Lie-Tzeu, Tchoang-Tzeu Par Léon Wieger*, Hien–hien : Impr. de Hien–hien, 1913.

[83] Leon Wieger, *Histoire des croyances religieuses et des opinions philosophiques en Chine depuis l'origine jusqu'à nos jours*, Hien–hien : Impr. de Hien–hien, 1917.

[84] Leon Wieger, *Histoire des croyances religieuses et des opinions philosophiques en Chine depuis l'origine jusqu'à nos jours*, Hien–hien : Impr. de Hien–hien, 1922.

[85] Leon Wieger, Edward Theodore Chalmers Werner, *A history of the religious beliefs and philosophical opinions in China from the beginning to the present time*, Hsien–hsien : Hsien–hsien Press & London : Probsthain & Co., 1927.

[86] Leon Wieger, Derek Bryce, *Wisdom of the Daoist Masters, Lao Zi, Lei Zi and Zhuang Zi*, Complete Pinyin edition, Burnham–on–Sea, Somerset : Llanerch Press, 1984.

[87] Leon Wieger, Derek Bryce, *Philosophy and religion in China*, Burnham–on–Sea, Somerset : LLanerch Press, 1988.

[88] Leon Wieger, Derek Bryce, *Lieh-Tzu : The treatise of the trancendent master of the void*, Burnham–on–Sea, Somerset : Llanerch Press, 1992.

[89] Leon Wieger, Derek Bryce, *Chuang Tzu : The treatise of the transcendent master from Nan-Hua*, Burnham–on–Sea, Somerset : Llanerch Publishers, Felinfach, 1994.

[90] Leon Wieger, Derek Bryce, *Tao-Te-Ching of Lao-Tzu*, Publisher : RedWheel / Weiser, 1998.

[91] Léon Wieger, Jean Varenne, *Tao-tê-king ; trad. du chinois par le R.P.*

Léon Wieger, *introd. par Jean Varenne*, Monaco, ed. du Rocher, 1991.

[92] A. R. Wright, "Chinese merry Tales by Y. T. Woo ; Chinese fables and folk stories by Mary Hayes Davis ; Chow–Leung ; Folk–Lore Chinois Moderne by Léon Wieger", *Folklore*, 1909, Vol. 20, No. 4, pp.517–520.

[93] John W. Witek, "Séraphin Couvreur", *Biographical dictionary of Chinese christianity*, New Haven, Conn. : Overseas Ministries Study Center, 2013.

[94] Weng Tu–chien, *Harvard-Yenching institute sinological index series No.25 combines indices to the authors and titles of books in Two Collections of Taoist Literature*, Peiping : Harvard–Yenching Institute Sinological Index Series, 1935.

[95] John W. Witek, "Georges Frederic Léon Wieger", *Biographical dictionary of Chinese christianity*, on line http : //www.bdcconline.net/en/stories/w/wieger–georges–frederic–leon.php, 3th Mar. 2016.

中文文献

[1]（法）安田朴、谢和耐著，耿昇译：《明清间入华耶稣会士和中西文化交流》，巴蜀书社，1993 年版。

[2]（法）戴仁编，耿昇译：《法国中国学的历史与现状》，上海辞书出版社，2010 年版。

[3]（法）费赖之著，冯秉承译：《在华耶稣会士列传及书目》，中华书局，1995 年版。

[4]（法）费赖之著，梅乘骐、梅乘骏译：《明清间在华耶稣会士列传 1552~1773 年》，上海光启社，1997 年版。

[5]（法）霍尔巴赫著，管士滨译：《自然体系》上卷，商务印书馆，1999 年版。

[6]（德）汉斯·格奥尔格·伽达默尔著，洪汉鼎译：《真理与方法》，上海译文出版社，1999 年版。

[7]（意）利玛窦著，罗渔译：《利玛窦书信集》下，光启出版社，1986 年版。

[8]（法）让·保罗·萨特著，陈宣良译：《存在与虚无》，三联书店，1987 年版。

[9]（法）荣振华著，耿升译：《在华耶稣会士列传及书目补编》，中华书局，1995 年版。

[10]（法）施舟人原编，陈耀庭改编：《道藏索引——五种版本道藏通检》，上海书店出版社，1996 年版。

[11]（美）魏若望著，赵倞译：《在中国从事汉学研究：戴遂良著述回顾》，《世界汉学 2009 秋季号》，2009 年版。

［12］（希腊）伊壁鸠鲁，包利民等译：《自然与快乐——伊壁鸠鲁的哲学》中国社会科学出版社，2004 年版。

［13］（葡）曾德昭著，何高济译：《大中国志》，上海古籍出版社，1998 年版。

［14］（比利时）钟鸣旦等编：《徐家汇藏书楼明清天主教文献》（五册），方济出版社，1996 年版。

［15］（比利时）钟鸣旦、杜鼎克编：《耶稣会罗马档案馆明清天主教文献》，利氏学社，2002 年版。

［16］曹顺庆：《中外比较文论史》（上古时期），山东教育出版社，1998 年版。

［17］蔡尚思：《蔡尚思自选集》，重庆出版社，1999 年版。

［18］陈鼓应：《老子注译及评介》，中华书局，1984 年版。

［19］陈鼓应：《老庄新论》，上海古籍出版社，1992 年版。

［20］陈耀庭：《道教在海外》，福建人民出版社，2000 年版。

［21］陈义：《献县教区简史》，天主教沧州教区出版，2000 年版。

［22］澄观：《大方广佛华严经随疏演义钞》，大正一切经刊行会出版，1934 年版。

［23］辞海编辑委员会：《辞海》，上海辞书出版社，2001 年版。

［24］戴君仁：《经疏的衍成》，《孔孟学报》，1970 年第 19 期。

［25］丁福宝：《说文解字诂林及补遗》（第九册），商务印书馆，1966 年版。

［26］恩格斯：《自然辩证法》，人民出版社，1953 年版。

［27］方豪：《中国天主教史论丛》，商务印书馆，1948 年版。

［28］方豪：《中国天主教人物传》，中华书局，2007 年版。

［29］范应元：《老子道德经古本集注》，中华书局，1998 年版。

［30］冯友兰：《中国哲学史史料学初稿》，上海人民出版社，1962 年版。

［31］冯友兰：《中国哲学史新编》（中卷），人民出版社，2004 年版。

［32］冯友兰：《冯友兰文集 第二卷》（中国哲学史），长春出版社，2008 年版。

［33］辅仁神学著作编译会编：《基督宗教外语汉语神学词语汇编》，光启文化事业出版，2005 年版。

［34］福建省文史研究馆编：《宋刊老子道德经 /（汉）河上公章句》，福建人民出版社，2008 年版。

［35］傅林：《河北献县方言一百二十年来的语音演变——以戴遂良（Léon Wieger）系列汉语教材和民国〈献县志〉为基础》，《河北师范大学学报》，2017 年第 1 期。

［36］高定彝：《老子道德经研究》，北京广播学院出版社，1999 年版。

［37］高明：《帛书老子注》，中华书局，2007 年版。

［38］葛力：《十八世纪法国哲学》，商务印书馆，1991 年版。

［39］（清）龚自珍著，夏田蓝编：《龚定庵全集类编》，中国书店，1991 年版。

［40］国家档案局明清档案馆编：《义和团档案史料》，中华书局，1959 年版。

［41］（晋）郭象注，成玄英（唐）疏，曹础基、黄兰发点校：《南华真经注疏》，中华书局，1998 年版。

［42］河北省政协文史资料委员会：《河北文史集萃　民族宗教卷》，河北人民出版社，1992 年版。

［43］洪汉鼎：《理解与解释——诠释学经典文选》，东方出版社，2001 年版。

［44］河西：《自由思想——海外学人访谈录》，三联书店，2012 年版。

［45］侯外庐等：《中国思想通史》第二卷，人民出版社，1957 年版。

［46］胡奇光、方环海：《尔雅译注》，上海古籍出版社，2004 年版。

［47］黄怀信：《鹖冠子汇校集注》，中华书局，2004 年版。

［48］胡孚琛：《中华道教大辞典》，中国社会科学出版社，1995 年版。

［49］姬艳芳：《戴遂良〈老子〉法译本（1913）的流传与影响》，《北京行政学院学报》，2019 年第 6 期。

［50］姬艳芳：《诠释还是重写——戴遂良对道家治世哲学的译介》，《牡丹江大学学报》，2019 年第 1 期。

［51］姬艳芳：《误读还是文化偏见？——法国汉学家戴遂良对道家生命哲学的译介》，《成都师范学院学报》，2019 年第 2 期。

［52］（清）焦循：《孟子正义》卷一，中华书局，1987 年版。

［53］兰喜并：《老子解读》，中华书局，2005 年版。

［54］李建盛：《理解事件与文本意义——文学诠释学》，上海译文出版社，2002 年版。

［55］李天纲：《早期天主教与明清多元社会文化》，《史林》，2000 年第 1 期。

［56］李天纲：《天儒同异——明末清初中西文化学说评述》，载《复旦学报》，1997 年第 3 期。

［57］李养正：《当代道教》，东方出版社，2000 年版。

［58］黎志添：《宗教研究与诠释学：宗教学建立的思考》，香港中文大学出版社，2003 年版。

［59］联共（布）中央特设委员会编：《联共（布）党史简明教程》，人民出版社，1938 年版。

［60］梁启超、章太炎、闻一多等：《国学大师说老庄及道家》，云南人民出版社，2009 年版。

［61］林彬晖：《域外汉语教科书编选　中国古代小说戏曲作品研究》，湖南

人民出版社，2010 年版。
[62] 林煌天：《中国翻译词典》，湖北教育出版社，1997 年版。
[63] 林庆彰：《中国经学史论文选集》上册，文史哲出版社，1992 年版。
[64] 刘丽霞：《近代来华耶稣会士对中国文学中他界书写的译介——以戴遂良、禄是遒等为例》，《齐鲁学刊》，2012 年第 5 期。
[65] 刘乾先、韩建立、张国昉、刘坤：《韩非子译注》，黑龙江人民出版社，2003 年版。
[66] 刘献堂：《献县教区简史　庆祝教区成立 150 周年》，台湾印刷内部资料，2006 年版。
[67] 刘亚男：《戴遂良与河间府方言文献〈汉语入门〉》，《文化遗产》，2017 年第 2 期。
[68]（唐）刘知几著，黄寿成点校：《史通》，辽宁教育出版社，1997 年版。
[69] 楼宇烈：《老子道德经注校释》，中华书局，2008 年版。
[70]（唐）陆德明著，（清）吴承仕注：《经典释文序录疏证》，中华书局，2008 年版。
[71] 卢梦雅、刘宗迪：《戴遂良与中国故事学》，《民族文学研究》，2017 年第 2 期。
[72] 鲁迅：《鲁迅全集》（第 11 卷），人民文学出版社，1981 年版。
[73] 吕思勉：《吕思勉读史札记》，上海古籍出版社，2005 年版。
[74] 罗传芳：《道教文化与现代社会》，沈阳出版社，2001 年版。
[75] 孟华：《比较文学形象学》，北京大学出版社，2001 年版。
[76] 穆国聊、李继光：《沧州古今书征》，河间市印刷厂印刷，1995 年版。
[77] 马克思、恩格斯：《马克思恩格斯选集》（第 4 卷），人民出版社，1995 年版。
[78] 马宗霍：《中国经学史》，商务印书馆，1998 年版。
[79] 蒙文通：《古学甄微　蒙文通文集》（第 1 卷），巴蜀书社，1987 年版。
[80] 彭启福：《理解之思：诠释学初论》，安徽人民出版社，2005 年版。
[81] 钱钟书：《管锥编》，三联书店，2000 年版。
[82] 饶尚宽：《老子》，中华书局，2007 年版。
[83] 任继愈：《中国哲学史》，人民出版社，1964 年版。
[84]（唐）释道宣：《广弘明集》二十九卷，在线 http：//www.cmingde.com/gxw_14039/29.html，2016 年 3 月 1 日。
[85] 宋莉华：《〈汉语入门〉的小说改编及其白话语体研究》，《社会科学》，2010 年第 11 期。

［86］汤用彤：《理学·玄学·佛学》，北京大学出版社，1991 年版。
［87］汤一介：《儒释道与内在超越问题》，江西人民出版社，1991 年版。
［88］汤一介：《非实非虚集》，华文出版社，1999 年版。
［89］汤一介：《郭象与魏晋玄学》，北京大学出版社，2000 年版。
［90］田汉云：《六朝经学与玄学》，南京出版社，2003 年版。
［91］王卡点校：《老子道德经河上公章句》，中华书局，1993 年版。
［92］王弼著，楼宇烈校：《老子道德经》，中华书局，2008 年版。
［93］汪东亭：《体真心易》卷一，宁波蔡复阳印行，1913 年版。
［94］王晓毅：《王弼评传》，南京大学出版社，1996 年版。
［95］（晋）王弼：《老子注》，中华书局，1954 年版。
［96］（东汉）王充：《论衡》，上海人民出版社，1974 年版。
［97］王家凤、李光真：《当西方遇见东方》，光华杂志社，1980 年版。
［98］文史知识编辑部：《道教与传统文化》，中华书局，1992 年版。
［99］翁独健：《〈引得〉第二十五号〈道藏子母引得〉》，哈佛燕京学社，1935 年版。
［100］吴吉煌：《戴遂良〈汉语入门〉用字特点论略》，《汉字汉语研究》，2019 年第 3 期。
［101］吴相湘：《天主教东传文献》，学生书局，1982 年版。
［102］吴相湘：《天主教东传文献续编》，学生书局，1966 年版。
［103］吴相湘：《天主教东传文献三编》，学生书局，1984 年版。
［104］谢海涛：《浅析戴遂良的汉学研究》，《文汇报》，2013 年 11 月 23 日第 11 版面。
［105］献县文史资料编辑委员会编：《献县文史资料》（第 3 辑），政协献县学习文史委员会，1991 年版。
［106］献县教区纪念刊编辑组：《献县教区——我们的家》，天主教献县教区编辑出版，2003 年版。
［107］谢忠厚等：《近代河北史要》，河北人民出版社，1990 年版。
［108］谢和耐、戴密微等著，耿昇译：《明清间耶稣会士入华与中西汇通》，东方出版社，2011 年版。
［109］邢心蕊：《清末汉语教科书〈汉语入门〉词汇研究》，广州大学硕士学位论文，2019 年版。
［110］徐復：《尔雅诂林》，江苏古籍出版社，1992 年版。
［111］许光华：《法国汉学史》，学苑出版社，2009 年版。
［112］徐惟诚等主编：《不列颠百科全书》（国际中文版第 10 册），中国大百

科全书出版社，1999年版。

[113] 徐道勋、徐洪兴：《中国经学史》，上海人民出版社，2006年版。

[114] 续修四库全书编撰委员会：《续修四库全书》（第955册），上海古籍出版社，2013年版。

[115] 严灵峰：《无求备斋老子集成初编》，艺文印书馆，1965年版。

[116] 杨伯峻：《列子集释》，中华书局，1979年版。

[117] 杨伯峻：《孟子译注》，中华书局，1962年版。

[118] 阎纯德：《汉学研究·序》第一辑，中国和平出版社，1996年版。

[119] 尹永达：《戴遂良〈现代中国民间故事〉一书的耶稣会色彩》，《天津大学外国语大学学报》，2014年6期。

[120] 袁梅：《诗经译注》，齐鲁书社，1985年版。

[121] 张春林：《白居易全集》，中国文史出版社，1999年版。

[122] 张岱年：《孔子百科辞典》，上海辞书出版社，2010年版。

[123] 张洪阳：《道德经注解》，艺文印书馆印行，1965年版。

[124] 张西平：《中国与欧洲早期宗教和哲学交流史》，东方出版社，2011年版。

[125] 张双棣、张万彬、殷国光、陈涛：《吕氏春秋译注》下，吉林文史出版社出版，1987年版。

[126]（清）赵翼：《廿二史札记》，中华书局，1963年版。

[127] 赵树好：《建国以来反教会斗争研究的回顾与展望》，载苏位智、刘天路：《义和团研究一百年》，齐鲁书社，2000年版。

[128] 郑安德：《明末清初耶稣会思想文献汇编》，北京大学宗教研究所，2003年版。

[129] 政协献县学习文史委员会编：《献县文史资料》（第6辑），政协献县学习文史委员会，1997年版。

[130] 中国人民政治协商会议山西省献县委员会文史资料研究委员会编：《献县文史资料》（第1辑），政协献县学习文史委员会，1987年版。

[131] 中国科学院近代史研究所近代史资料编辑组：《近代史资料1963年》（第3期），中华书局，1964年版。

[132] 中国社会科学院近代史研究所《近代史资料》编辑组：《近代史资料专刊　义和团史料》（上），中国社会科学出版社，1982年版。

[133] 中央研究院近代史研究所编：《教务教案档》第一辑（二）直隶教案，中国台北：中央研究院近代史研究所，1974年版。

[134] 中国人民政治协商会议献县委员会文史资料研究委员会编：《献县文

史资料》(第 1 辑), 政协献县学习文史委员会, 1987 年版。

[135] 中国社会科学院语言研究所词典编辑室 :《现代汉语词典第 6 版》, 商务印书馆, 2012 年版。

[136] (南宋) 朱熹、吕祖谦撰集, 于民雄译注:《近思录》, 贵州人民出版社, 2000 年版。

后 记

在巴黎这个明媚绚丽多彩的春天里，窗外生机盎然，春意正浓，我最终完成了博士论文的写作。岁月如弹指间的烟云，三年的博士生涯马上就要接近尾声了。挥别昨日，无限感慨油然而生。这篇博士论文算是我所面临的最大挑战了，从英语典籍翻译、中西翻译理论、法语典籍翻译，到先秦文学、中西哲学史知识的恶补，大量的英法文献、中国典籍与中西哲学的结合，都使我捉襟见肘，举步维艰。所幸的是自己能够在蹒跚中缓缓前进，在书海中日益丰富，有时柳暗花明，有时豁然开朗，这使我对做学术的热爱之心也愈加弥坚。这三年来，我从香港中文大学图书馆、上海市图书馆、徐家汇藏书楼、上海师范大学图书馆、同济大学图书馆、华东师范大学图书馆、中国国家图书馆、北京大学图书馆、河北献县天主教堂，到法国巴黎国家图书馆、法兰西学院图书馆、索邦大学图书馆、里昂市图书馆、耶稣会士档案馆，一路艰辛地收集整理与论文相关的文献资料，沿途虽有舟车劳顿，查询资料的艰辛，但是每一次的新发现都使我惊喜万分。

在此，首先向我上海师范大学的导师宋莉华教授与法国高等研究院的导师Marianne Bujard教授致以最诚挚的谢意。在沪求学的两年与在巴黎求学的一年中，这两位导师以高尚的人格、深厚的学养、严谨的学风、无比的包容与耐心教导我做人为学，使我受益匪浅。在论文最初选题的困惑之际，正是因为宋莉华教授悉心指导与鼓励，我才有信心选择法国汉学研究课题，并申请到国家公派留学基金。论文从最初的选题到结论的确定，从思想的提炼到最终的定稿，无不凝聚着宋莉华教授的热诚心血。在我初到法国留学之际，面临着生活与语言环境上的调适，法国导师Marianne Bujard教授在生活上给予我无微不至的照顾，在学术上给予我一丝不苟的指导，这成为我在他乡的墨墨书海中写作论文的动力与源泉。正是由于两位导师的悉心指导与鼓励，才一次次地燃起我写作的信心，启发了我写作的灵感，最终，完成论文的写作。

在三年的求学与论文写作中，幸得上海师范大学比较文学与世界文学研究中心的刘耘华教授、陈红教授、闫明教授、李建英教授、郑克鲁教授与卢逸凡教授的指导与帮助，在此表示深深的谢意！感谢法国高等研究院的Pierre Marsone教授在道教研究方面对我的指导！感谢法国汉学研究中心图书馆岑咏芳老师、耶稣会士档案馆的 Barbara Baudry 女士在文献资料上给我提供的便利。感谢法国高等研究院 Vincent Goossaert 教授、利玛窦学院的 Michel Masson 神父与赵晓琴教授对我到法国留学的引见。感谢挪威朋友 Ida Karoline Kristoffersen 女士在论文的修订中对我的帮助！感谢法国高等研究院的同窗 Amélie Wager、贺梦莹、王华艳等在学习与生活上对我的帮助！感谢上海师范大学的同窗张书圣、高胜兵，师妹倪斯文、许方怡与汪岚对我的帮助！感谢巴黎国际大学城挪威楼的同学们与我在生活和学习中为伴！感谢河北献县天主教堂的付文检神父、张长松神父、田文帅神父在我到河北考察时，对我的接待与帮助！感谢河北献县的穆国聊先生向我赠书《沧州古今书征》！感谢北京大学好友郑海娟博士、聂卉博士帮我在北大图书馆收集资料！

特别要感谢国家留学基金委为我提供的在法国留学的经济资助，特别感谢同济大学的赫丽老师和妹妹芬芳为我留学期间提供的赞助，她们对我雪中送炭的帮助，是我在法国学习的动力。

特别感谢我挚爱的亲人们（父母、爱人、妹妹与妹夫）对我的关心与鼓励。每次经历学海孤旅的疲惫与气馁，幸福的家庭都是我栖息的港湾，正是由于他们为我承担了家庭的纷杂琐事，我才得以专心沉浸在学术的海洋中，顺利留学并完成学业。

本书是我读博期间研究课题的结晶，在本书即将出版之际，我在 2016 年提交的博士论文终稿的基础上，对文献综述部分进行了修订，加进了自 2016 年至 2019 年间学界所发表的关于戴遂良汉学研究的新文章。

2016 年 3 月
书于巴黎国际大学城挪威楼